Leitung gleicht fast immer einer emotionalen Achterbahn, die einem schwer auf den seelischen Magen schlagen kann. Peter Scazzero hat dieses Auf und Ab schmerzlich durchlebt und tief durchdacht. Sein kluges Buch hilft, gesund zu bleiben und sich nicht zu verlieren unter dem Druck eines Mandats.

Ulrich Eggers,
Vorsitzender Willow Creek Deutschland,
Herausgeber AUFATMEN

Peter Scazzero gilt weltweit als Autorität auf dem Feld emotionaler Gesundheit. Was er zu diesem Thema zu sagen hat, hat nachhaltige Wirkungen gezeigt. Sein professioneller Ansatz – in vielen Jahren des Studiums gewonnen – verbindet sich mit seinem tiefen christlichen Glauben zu einer kraftvollen Hoffnungsbotschaft für alle, die geistlich und emotional reifen und ihr Leben bewusst leben wollen.

Nicky Gumbel,
Holy Trinity Brompton Church, UK,
Begründer der Alpha-Kurse

„Gibt es denn in Gilead keine Salben mehr, ist dort kein Arzt zu finden?", fragen wir auf der zeitlosen Suche nach emotionaler Heilung. Zielführende Antworten gibt nun endlich Peter Scazzeros Buch „Emotional gesund leiten". Es ist ein Schatz an umsetzbaren, praxiserprobten Ideen, die man gut und gern revolutionär nennen kann. Jenseits kuscheliger spiritueller Klischees spricht Scazzero die schmerzhaftesten Aspekte von Führungsverantwortung an – und was er zu bieten hat, ist wirklich Balsam für die Seele.

Bischof T. D. Jakes,
Pastor und New-York-Times-Bestsellerautor

Peter Scazzero

Emotional gesund leiten

Was Sie stark macht für Gemeinde und Beruf

Deutsch von Renate Hübsch

BRUNNEN
Verlag GmbH · Giessen

Originally published in the U.S.A. under the title: The Emotionally Healthy Leader.

Published by arrangement with The Zondervan Corporation L.L.C.,
a subsidiary of HarperCollins Christian Publishing, Inc.

Titel der englischen Originalausgabe: The Emotionally Healthy Leader

Veröffentlicht mit freundlicher Genehmigung von The Zondervan Corporations L.L.C.,
einem Imprint von HarperCollins Christian Publishing, Inc.

Kürzungen im Vergleich zur Originalausgabe erfolgten mit Genehmigung des Autors.

Die Abkürzung der biblischen Bücher erfolgt nach den Loccumer Richtlinien.

Zum Schutz von Persönlichkeitsrechten wurden einige Namen und persönliche Details von genannten Personen geändert.

MIX
Papier | Fördert
gute Waldnutzung
FSC® C014496

7. Auflage 2025

Lektorat: Konstanze von der Pahlen
Umschlagmotiv: Shutterstock
Umschlaggestaltung: Jonathan Maul
Satz: Uhl + Massopust, Aalen
Druck: GGP Media GmbH, Pößneck
ISBN Buch 978-3-7655-0981-0
ISBN E-Book 978-3-7655-7493-1
www.brunnen-verlag.de

Für Geri,

die mich gelehrt hat,
was Integrität wirklich bedeutet
und nach sich zieht

Inhalt

Vom Agnostiker zum Pastor mit Führungsqualitäten

Ich stamme aus einer amerikanischen Familie mit italienischen Wurzeln. In Sichtweite der New Yorker Skyline wuchs ich in einem kleinen Vorort auf. Wir lebten zwar nur ein paar Minuten entfernt von einer der kulturell vielseitigsten Städte der Welt, aber das Leben, das wir führten, war klar begrenzt – ethnisch, sozial und auch geistlich. Ich kann mich noch an einen Kommentar meines Vaters erinnern, als ich etwa zehn war: Als Katholiken seien wir die Minderheit in einer Stadt, in der sonst mehrheitlich weiße, protestantische Amerikaner mit angelsächsischem Hintergrund lebten. Ich war verwirrt. Alle unsere Freunde waren doch katholisch und die meisten von ihnen Italiener. Konnte man überhaupt etwas anderes sein?

Mein Vater war ein treuer Kirchgänger; meine Mutter gar nicht. Sie hielt es eher mit Wahrsagern, Tarotkarten und noch ein paar anderen abergläubischen Praktiken, die in ihrer italienischen Familie seit Generationen weitergegeben wurden. Wenn wir krank waren, rief meine Mutter zum Beispiel als Erstes die Dicke Josie. Josie war ein „Medium". Sie sprach ein paar „Gebete", um festzustellen, ob wir den „Blick" hatten, jenes unsichtbare Anzeichen dafür, dass uns jemand mit einem Fluch belegt hatte. Dann gab sie Anweisungen, wie das „Unglück" abzuwenden sei.

Auch wenn mir das damals nicht bewusst war, nahm meine frühe Prägung doch Einfluss auf meinen eigenen spirituellen Weg. Mit sechzehn hatte ich der Kirche den Rücken gekehrt und war überzeugter Agnostiker.

Vier Bekehrungen

Man kann sagen, dass ich vier Bekehrungen erlebt habe, und jedes Mal bekam mein Leben dadurch eine vollkommen neue Richtung.

Bekehrung 1: Vom Agnostiker zum engagierten Christen

Meine Teenagerzeit verbrachte ich wie die meisten meiner Freunde damit, nach so etwas wie vollkommener Liebe zu suchen. Allerdings suchte ich an den komplett falschen Orten. Das änderte sich, als ein Freund auf dem College mich zu einem Konzert in einer kleinen Pfingstgemeinde einlud. Dem Konzert folgte ein Aufruf zur Lebensübergabe an Christus. Wenn ich diese Geschichte erzähle, sage ich immer: „Gott hat meine Hand gehoben, ohne mich vorher um Erlaubnis zu fragen." Angefühlt hat es sich jedenfalls so. Nach dem Aufruf schoss ich von meinem Platz hoch und stürmte nach vorn, beide Arme erhoben und mit einem Lobpreislied auf den Lippen. Ich kannte zwar nicht den Unterschied zwischen Altem und Neuem Testament, aber ich wusste eins: Ich war blind gewesen und jetzt konnte ich sehen. Ich wusste auch ohne den geringsten Zweifel, dass Gott mich verändert hatte und dass seine Liebe mir galt. Neun Monate später war ich Leiter einer christlichen Studentengruppe. Eifrig gab ich Woche für Woche weiter, was ich selbst in eben der Woche gerade erst gelernt hatte.

Das war im Jahr 1976.

Ich war so dankbar für Jesus, der aus Liebe zu mir Mensch geworden und gestorben war, dass ich nicht anders konnte, als diese Botschaft an jeden weiterzugeben, der bereit war, mir zuzuhören. Auch an meine Familie. Besonders mit meinem Vater führte ich lange Gespräche über Glaubensfragen. Ich versuchte, ihn zu Christus zu führen, aber er blieb skeptisch.

„Pete, wenn das wahr ist, was du da von deinem Glauben und von Jesus erzählst", sagte er, „wie kommt es dann, dass ich noch nie etwas von dieser ‚persönlichen Beziehung' gehört habe, von der du redest?"

Aus seinem Gesichtsausdruck sprach Ärger, aber auch eine unbestimmte Trauer. „Wo sind denn all diese überzeugten Christen, von denen du erzählst? Wieso habe ich in sechsundfünfzig Jahren noch nie einen getroffen?"

Ich sagte nichts, doch ich kannte die Antwort. Die meisten Christen, vor allem die aus evangelikalen Familien, hatten mit unserer italo-amerikanischen Welt nichts zu tun. Tatsächlich fand mein Vater später zum lebendigen Glauben an Christus, aber dieses Gespräch habe ich nie vergessen. Es hat in mir ein Feuer entfacht: Ich wollte diese Kluft überbrücken. Ich wollte das Evangelium an jeden weitergeben, der es hören wollte.

Ich wuchs weiter in meine Rolle als christlicher Leiter hinein, als ich als eine Art Reisesekretär bei einer überregionalen Studentenmissionsarbeit angestellt wurde, der Intervarsity Christian Fellowship. In dieser Aufgabe besuchte ich Studentengruppen, predigte, lehrte und unterstützte sie in ihren missionarischen Aktivitäten. In den drei Jahren, die ich dort war, habe ich es häufig erlebt, dass die Begegnung mit Christus Menschen radikal verändert hat. Aus diesen Erfahrungen erwuchsen in mir zwei Fragen: Gab es diesen Reichtum des Glaubens und die sichtbare Lebensveränderung nur unter Studenten? Konnten Veränderung und lebendiges Engagement nicht auch eine ganze Gemeinde ergreifen und prägen? Es würde doch sicher der Ehre Gottes dienen, wenn das geschah.

So war es folgerichtig, dass ich ein Studium begann, das mich für eine leitende Funktion in einer christlichen Gemeinde qualifizieren sollte. Während des Studiums heirateten Geri und ich; Geri war ebenfalls für Intervarsity Christian Fellowship tätig gewesen und wir kannten uns seit acht Jahren. Kurz nach dem Studienabschluss gingen wir für ein Jahr nach Costa Rica, um Spanisch zu lernen. Was mich antrieb, war meine Vision: Ich wollte in New York eine Gemeinde gründen, in der es keine trennenden Grenzen geben sollte – weder durch Rasse, kulturellen Hintergrund, finanzielle Verhältnisse noch Geschlecht.

Im September 1987 war es so weit. Fünfundvierzig Leute besuchten den Gründungsgottesdienst der New Life Fellowship Church. In den ersten Jahren nach der Gründung erlebten wir das spürbare Wirken Gottes. Die Gemeinde wuchs rasch auf 160 Mitglieder an. Nach drei Jahren gründeten wir einen spanischsprachigen Gemeindezweig. Am Ende des sechsten Jahres hatten wir 400 Gottesdienstbesucher in New Life und 250 beim spanischen Gottesdienst.

Für einen jungen Pastor wie mich waren das bereichernde und begeisternde Jahre. Menschen kamen zum Glauben. Wir engagierten uns vielfältig und einfallsreich für die Armen. Wir schulten Menschen zu Gruppenleitern, zahlreiche Kleingruppen entstanden, wir betrieben eine Suppenküche für Obdachlose und halfen bei anderen Gemeindegründungen. Aber unter der Oberfläche standen die Dinge nicht zum Besten. Und das galt ganz besonders für mein eigenes Leben.

Bekehrung 2: Von emotionaler Blindheit zu emotionaler Gesundheit

Meine Seele war dabei zu verkümmern. Es gab immer zu viel zu tun und zu wenig Zeit dafür. Das Leben in unserer Gemeinde begeisterte mich noch immer, aber meine Führungsaufgabe machte mir keine Freude mehr. Es kam mir vor, als ob ich nur noch endlose, mühselige und undankbare Aufgaben abhakte. Nach der Arbeit hatte ich kaum noch Energie übrig, um mich um unsere Töchter zu kümmern oder den Abend mit Geri zu genießen. Um ehrlich zu sein: Ich träumte vom Ruhestand. Mit Mitte dreißig! In mir kam die Frage hoch: *Muss ich wirklich unglücklich sein und ständig unter Druck stehen, damit andere im Glauben wachsen und Freude an Gott erleben können?* So war jedenfalls meine Gefühlslage.

Ich hatte mit Neid und Eifersucht zu kämpfen, die Kollegen aus anderen Gemeinden galten. Sie hatten mehr Mitglieder, schönere Gebäude, nicht so viele Schwierigkeiten. Ich wollte nicht zum Workaholic werden, wie mein Vater es gewesen war und viele Pastoren, die ich kannte. Ich wollte wieder etwas vom Frieden des Glaubens erleben; ich wollte meinen Dienst tun, aber mit der Gelassenheit und Ruhe, die ich bei Jesus sah. Die Frage war nur: Wie?

Die Talsohle war erreicht, als sich unsere spanischsprachige Gemeinde 1994 abspaltete. Der Schock, den ich damals erlebte, steckt mir noch heute in den Knochen: Als ich den Gottesdienstraum betrat, fehlten zweihundert bekannte Gesichter. Ganze fünfzig waren geblieben. Alle anderen hatten eine neue Gemeinde gegründet. Menschen, die ich zum Glauben geführt hatte, um die ich mich als Pastor jahrelang gekümmert hatte, waren einfach gegangen, die meisten ohne ein einziges Wort.

Ich gab mir die Schuld für alles, was zu dieser Spaltung geführt hatte. Ich bemühte mich, dem Beispiel Jesu zu folgen (oder dem, was ich dafür hielt): Ich schwieg zu Vorwürfen, ich blieb stumm wie ein Lamm an der Schlachtbank (Jes 53,7). Ich dachte oft: *Nimm's, wie es ist, Pete. Das würde Jesus auch tun.* Aber in mir tobten widersprüchliche und unbearbeitete Gefühle. Ich war tief verletzt und sehr wütend – vor allem auf den zweiten Pfarrer, der maßgeblich auf die Spaltung hingearbeitet hatte. Psalmworte sprachen mir aus der Seele: Ich war maßlos enttäuscht und am Boden zerstört durch den Verrat von jemandem, „der mir nahestand, [der] mein Freund und Vertrauter" gewesen war (Ps 55,14). Zorn und Hass erfüllten mich und ich wurde diese Gefühle einfach nicht los, obwohl ich mich sehr ernsthaft bemühte, den Beteiligten zu vergeben. Wenn ich allein im Auto fuhr, ertappte ich mich dabei, dass ich unwillkürlich fluchte: „Dieser @#&%!"

Ich hatte keine Theologie für das, was ich erlebte. Ich hatte auch keinen biblischen Bezugsrahmen für Trauer und Leid. Ein guter Pastor sollte doch seine Herde lieben und gern vergeben. Das konnte ich aber nicht. Ich wusste, ich war zornig und verletzt, aber was in der Tiefe in mir vorging und was sich in meinem Innenleben abspielte, entging mir.

Ich machte alles und jeden für meine Probleme verantwortlich – die Gemeinde war einfach zu komplex, Gemeindeaufbau verlangte zu viel von einem, Geri beanspruchte mich zu sehr, die Kinder kosteten zu viel Kraft, vermutlich waren gegnerische geistliche Kräfte am Werk, die Gemeinde betete zu wenig … Es kam mir überhaupt nicht in den Sinn, dass meine Probleme ihre Ursache in mir und meiner Person haben könnten.

Irgendwie gelang es mir, die Dinge noch ein ganzes Jahr am Laufen zu halten, bis der endgültige Schlag kam: Am 2. Januar 1996 teilte Geri mir mit, dass sie aus unserer Gemeinde aussteigen würde.[1] Es war das Ende jeglicher Illusionen, die ich noch hegte, dass ich an dem Chaos unbeteiligt sei, das in meinem Leben herrschte.

Die Gemeindeleitung riet uns zu einer Auszeit von einer Woche, in der wir versuchen sollten, eine Lösung für uns zu finden. Also verbrachten wir fünf volle Tage miteinander und im Gespräch mit zwei Seelsorgern in einem geistlichen Zentrum. Mein Ziel für diese Zeit war klar: Ich wollte Geris Probleme lösen, sie zur Vernunft bringen, damit unser Beziehungsschmerz aufhörte und wir uns wieder dem wirklich Wichtigen zuwenden konnten: der Gemeindearbeit. Womit ich nicht rechnete, war, dass Gott uns in dieser Zeit begegnen würde. Er tat es – und es hat unser Leben verändert.

Was ich erlebte, nenne ich meine zweite Bekehrung. Und wie bei der ersten erlebte ich auch diesmal: Ich war blind gewesen und hatte plötzlich neuen Durchblick. Gott öffnete mir die Augen und ich erkannte: Ich bin nicht nur Arbeiter in Gottes Weinberg. Ich bin sein geliebtes Kind. Entscheidend ist nicht, was ich tue, entscheidend ist, wer ich bin. Mit dieser Erkenntnis kam die Erlaubnis, schwierige Emotionen wie Zorn oder Trauer zuzulassen.

Außerdem wurde mir klar, wie viel Einfluss meine Ursprungsfamilie auf mein Leben hatte, auf meine Ehe, auf die Weise, wie ich die Gemeinde führte. Anfangs erschreckte mich diese Entdeckung; aber bald fand ich darin eine neue Freiheit. Ich konnte aufhören, jemand zu sein, der ich nicht bin, und machte erste Schritte darin zu lernen, der echte Pete Scazzero zu sein – mit meiner einmaligen Kombination aus Stärken, Leidenschaften und Schwächen.[2]

Aber diese zweite Bekehrung konfrontierte mich auch mit schmerzhaften Wahrheiten, die ich nicht länger leugnen konnte. Ich war auf dem emotionalen Entwicklungsstand eines Säuglings, versuchte aber, andere zu Müttern und Vätern im Glauben heranzubilden. Es gab weite Bereiche in meinem Leben, die von Jesus Christus überhaupt noch nicht berührt waren. Ich konnte die einfachsten Dinge nicht: wirklich präsent und wach sein oder einem anderen wirklich zuhören.

Fast zwanzig Jahre lang hatte ich die emotionale Komponente in meinem geistlichen Wachstum und in meiner Beziehung zu Gott ignoriert. Ich mochte noch so viele Bücher lesen oder Tage im Gebet verbringen – solange ich nicht zuließ, dass Christus selbst mein Leben in der Tiefe weit unter der Oberfläche veränderte, würde ich in meinem Schmerz und meiner Unreife gefangen bleiben.

Ich entdeckte, dass mein Leben einem Eisberg glich – nur ein kleiner Teil war mir bewusst, aber unter der Wasseroberfläche gab es einen weitaus größeren und meist unerforschten Kontinent. Und dieser unerforschte Kontinent hatte sich höchst unheilvoll auf meine Ehe und auf meinen Führungsstil ausgewirkt. Erst als ich verstand, dass die verborgenen, unterirdischen Aspekte meines Lebens noch gar nicht in Kontakt mit Jesus gekommen waren, entdeckte ich auch, dass geistliche Reife untrennbar verbunden ist mit emotionaler Gesundheit – es ist unmöglich, im Glauben zu reifen und gleichzeitig emotional stehen zu bleiben.

Das Eisberg-Modell
Was unter der Oberfläche ist

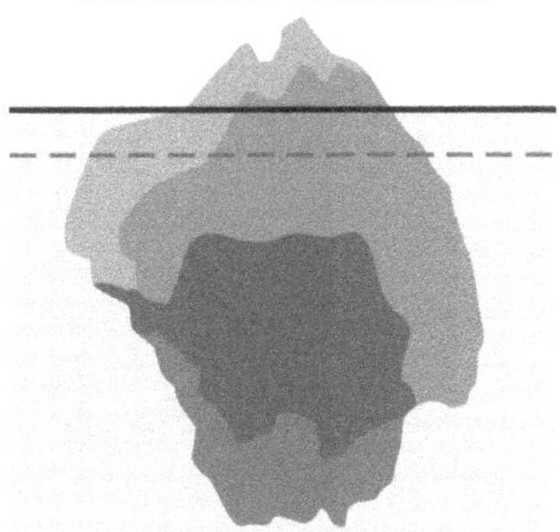

Es folgten Jahre, in denen Geri und ich unser Leben und unseren Dienst in der Gemeinde stark veränderten. Wir arbeiteten nur noch fünf Tage pro Woche, nicht sechseinhalb. In allem, was wir für Gott taten, war unser wichtigstes Anliegen, aus der Liebe und in Liebe zu handeln. Wir mussten lernen, was das heißt. Wir nahmen eine Menge Tempo aus dem Gemeindeleben in New

Life heraus. Wir unternahmen unsere eigene Entdeckungsreise auf den unbekannten Kontinent unter der Oberfläche – und wir luden die Mitarbeiter der Gemeinde ein, uns dabei zu begleiten. Das Ergebnis war nichts Geringeres als eine kopernikanische Wende – im Blick auf meinen eigenen Weg mit Christus, auf meine Familie, auf meine Leitungsaufgabe. Die Gemeinde New Life Fellowship blühte wieder auf.

Bekehrung 3: Von Überaktivität zu entschleunigter Spiritualität

Als ich zum Glauben kam, verliebte ich mich in Jesus. Zeit mit ihm zu haben, Gebet und Bibellesen waren mir wichtig. Aber schon sehr bald überschattete meine Aktivität (was ich für Jesus tat) die kontemplative Seite meines Lebens (einfach da sein vor Jesus, bei Jesus). Und es dauerte nicht lange, da war ich in zahllose Aktivitäten *für* Gott eingebunden, die sich aber nicht mehr aus meinem *Sein bei* und *vor* Gott speisen konnten.

Meine dritte Bekehrung erlebte ich in den Jahren 2003 bis 2004, in einer viermonatigen Sabbatzeit. In dieser Zeit besuchten Geri und ich eine Reihe von Klöstern (protestantische, orthodoxe und römisch-katholische) und ließen uns ein auf den klösterlichen Lebensrhythmus von Einsamkeit, Schweigen, Schriftbetrachtung und Gebet. Am Ende unserer Sabbatzeit hatten wir einige radikale Veränderungen vorgenommen, um unser Leben zu entschleunigen. Unsere wichtigsten geistlichen Übungen wurden jetzt Zeiten des Alleinseins, Schweigen, das Beten des Stundengebets und eine bewusste Gestaltung des Sonntags. Die Freude und Freiheit, die wir darin fanden, waren so groß, dass wir uns fragten, ob Gott uns vielleicht aus dem intensiven Großstadtleben in New York City heraus und an einen ruhigeren und beschaulicheren Ort rief. Aber sehr bald wurde deutlich, dass eben diese geistlichen Übungen grundlegend dafür waren, dass wir in Queens bleiben und die Gemeinde weiterhin leiten konnten.

Ich hörte auf, darum zu beten, dass Gott segnete, was ich mir vornahm. Ich betete stattdessen, dass sein Wille geschah.

Ich lernte, Gott selbst und seine Nähe im Gebet zu suchen – nicht nur seine Segnungen.

Ich arbeitete weniger. Gott arbeitete mehr.

Mein Bild von Gott entwickelte sich: Ich sah ihn jetzt als immanent und transzendent und erkannte mehr und mehr, dass er ebenso in mir wie auch weit über uns hinaus am Werk ist.

Ich fing an, den Erfolg meiner pastoralen Arbeit nicht mehr am Spendenaufkommen und an der Zahl der Gottesdienstbesucher zu messen, sondern daran, ob es im Leben der Menschen Veränderungen zum Besseren gab. Diese neue Ausrichtung hatte enorme Auswirkungen, sodass es mich drängte, über unsere Erfahrungen zu schreiben. Das Ergebnis war mein Buch *Glaubensriesen – Seelenzwerge.* Die Gemeinde wuchs. Es gab spürbare Veränderung im Leben von Einzelnen. Ich fühlte mich persönlich und auch beruflich gestärkt. Aber noch immer war ein Territorium meines Eisbergs unberührt: die Frage der Leitung.

Bekehrung 4: Vom „Durchmogeln" zu einem integren Führungsstil

Die Gemeinde gedieh in vielerlei Hinsicht, aber noch immer gab es eine deutliche Kluft zwischen dem, was ich über emotionale und geistliche Gesundheit gelernt hatte, und meinem eigenen Führungsverhalten als leitender Pastor. So bemühte ich mich im Hinblick auf mein persönliches Leben, unsere Familie, unsere Kleingruppen und unser Jüngerschaftstraining um eine emotional gesunde Spiritualität, aber auf mein Führungsverhalten hatte das kaum Einfluss. Mir war wohl bewusst, dass es an der Zeit war, emotional gesunde Spiritualität auch in den Strukturen unserer Gemeinde zu verankern, aber ich wusste nicht, wie das zu bewerkstelligen war.

Noch immer fühlte ich mich überfordert – ich musste mich um zu vieles kümmern (Predigen, Leitungsentscheidungen, Ausbildung von Mitarbeitern, Krisengespräche mit Mitarbeitern und Gemeindegliedern …). Und so mogelte ich mich um etliche schwierige Aspekte meiner Leitungsverantwortung herum.

- Ich drückte mich um Begegnungen, wenn ich wusste, dass sie schwierig werden würden.
- Ich beschönigte die Wahrheit, wenn es zu unbequem war, ganz ehrlich zu sein.
- Ich drückte mich darum, die Arbeit von Mitarbeitern zu bewerten, wenn sie zu wünschen übrig ließ.
- Ich stellte die notwendigen schwierigen Fragen nicht, wenn etwas offensichtlich schlecht lief.
- Ich ging zu wichtigen Sitzungen, ohne mir vorher die Zeit genommen zu haben, mir über die Tagesordnung und meine Ziele klar zu werden oder wichtige Entscheidungen im Gebet vorzubereiten.
- Ich plante nicht genügend Zeit ein, um übernommene Aufgaben auch auszuführen. Stattdessen gab ich allzu oft den Ball weiter und verhinderte so, dass meine Mitarbeiter ihr Bestes geben konnten.
- An Tagen mit wichtigen Beratungen vernachlässigte ich meine Zeit für Gebet und Stille.
- Und was vielleicht am schlimmsten war: Ich übersah konsequent die schmerzhaften Hinweise, dass mein Leben und mein pastoraler Dienst vielleicht doch nicht so gelungen waren, wie ich hoffte oder mir vormachte.

All das spitzte sich im Jahr 2007 zu. Verschiedene schmerzhafte Erfahrungen führten dazu, dass meine zwei Jahrzehnte lang betriebene Weigerung, wirklich zu führen, in sich zusammenbrach. Unter anderem musste ich eingestehen, dass die Gemeinde als Ganze an eine Grenze gekommen war. Wir waren zwar zahlenmäßig gewachsen und hatten eine emotional gesunde Kultur und eine kontemplative Spiritualität etabliert, aber am „Gemeindebetrieb“ und am Leitungsstil der Gemeinde hatte sich nichts verändert. Jetzt wurde deutlich: Wir mussten uns um dieses Problem kümmern. Und die Veränderung musste bei mir beginnen.

Noch einmal musste ich unter die Oberfläche meines Lebens sehen, und zwar genau – diesmal auf den unterschwelligen Schmerz und die Punkte, an denen ich als Leiter versagte. Als ich begann, darüber nachzudenken, welche Veränderungen wir brauchten, wurde mir bald deutlich: Die Prinzipien einer emotional gesunden Spiritualität im Leitungsstil und im Aufbau einer gesunden Gemeindekultur zu verankern, würde sehr viel komplizierter sein, als ich zunächst gedacht hatte.

Es gilt als Binsenweisheit bei Führungskräften, dass man Aufgabenfelder, in denen man selbst Schwächen aufweist, an Leute delegiert, die gerade dort ihre Stärken zur Geltung bringen können. Aber ich wusste: Das war keine Lösung. Stattdessen rückte ich die Schwachpunkte meines Führungsstils ins Zentrum der Aufmerksamkeit: Ich benannte in meiner Stellenbeschreibung ausdrücklich alle Aufgaben- und Verantwortungsbereiche des leitenden Pastors und übernahm so die Verantwortung dafür. Verrückt? Vielleicht. Aber ich war entschlossen, alles zu lernen, um diese Rolle auch ausfüllen zu können, zumindest eine Zeit lang. Ich nahm keine Vorträge mehr außerhalb der Gemeinde an, bildete ein Team für die Lehre, lehnte einen Vertrag für ein Buch ab und nahm selbst intensive Beratung im Blick auf die Unterwasserregionen meines Eisbergs in Anspruch – da ging es um alles, was mich daran hinderte, eine gesunde und effektive Führungsperson zu sein.

Im Lauf von zwei Jahren erwarb ich etliche neue Schlüsselfähigkeiten, die meisten mit erheblicher Mühe. Während dieser Zeit habe ich Fehler gemacht und Menschen verletzt. Aber es entwickelten sich auch mehr Mut und Bereitschaft, schwierige Gespräche zu führen, übernommene Verpflichtungen auch auszuführen und Daten und Fakten zu sammeln, bevor wichtige Entscheidungen getroffen werden. Manche Leute haben mich falsch verstanden, manche sind aus der Gemeinde ausgetreten. Aber ich habe gelernt, dass all das nicht so wichtig ist. Wichtig ist, dass ich meine Integrität nicht verliere. Und obwohl das oft schmerzhaft war, habe ich mit der Zeit gelernt, die Wahrheit nicht nur einzugestehen, sondern in jedem Fall danach zu suchen, ohne Rücksicht darauf, wohin das dann führt.

Ich war noch nie ein besonders begabter Leiter und werde es auch nie sein. Aber ich habe mich eine gewisse Zeit in diese Aufgabe investiert. Und Gott konnte ein paar Dinge an meiner Person verändern, die Veränderung dringend nötig hatten, wenn es mit der Gemeinde vorangehen sollte. Gerade durch die Feuerprobe meiner Führungsaufgabe konnte Gott ein paar Schichten meines falschen Ichs abschälen und mir zeigen, wie eine Veränderung von verborgenen Charakterseiten sich auf die Aufgaben und die Verantwortung eines Gemeindeleiters auswirkt.

Ja, es ist herausfordernd

Dieses Buch ist aus den Kämpfen und Lernschritten erwachsen, die ich im Anschluss an meine vierte Bekehrung 2007 durchlebt habe. In den Jahren seither habe ich regelmäßig Tagebuch geführt und darin meine Fragen, meine inneren Kämpfe mit Gott, meine Fehler und meine gelegentlichen Erfolge festgehalten. Trotzdem war ich sehr stark versucht, dieses Buch nicht zu schreiben. Ich bin mir sehr wohl bewusst, dass ich auf dieser Reise ein verwundeter Begleiter bin. Ich berichte ehrlich von den harten Lektionen meines eigenen Scheiterns. Und ich wünschte, ich hätte das, was ich hier beschreibe, lesen können, als ich selbst dreißig oder vierzig war.

Wenn Sie dieses Buch ernst nehmen wollen, wird es Ihnen eine Menge abverlangen – harte Arbeit, Ausdauer, Verletzlichkeit, Selbsterkenntnis und die Bereitschaft, sich zu verändern. Ja, es ist herausfordernd. Was ich Ihnen wünsche, ist, dass der Herausforderung eine überzeugende Vision zur Seite steht: eine Vision davon, wie viel sich zum Guten ändern kann, wenn wir mutig die Schritte tun, durch die Gott uns selbst und die Weise verwandeln kann, wie wir unsere Leitungsaufgabe wahrnehmen.

Was ich mit diesem Buch anbiete, ist die individuelle Perspektive eines Menschen, eines Pastors, der seit mehr als achtundzwanzig Jahren in einer Gemeinde engagiert ist. Sechsundzwanzig Jahre davon war ich der Hauptpastor; seit drei Jahren bin ich zuständig für Predigt und Lehre und allgemeine pastorale Aufgaben. Unsere Gemeinde in Queens besteht hauptsächlich aus ärmeren Mitgliedern, Leuten aus der unteren Mittelschicht, und umfasst dreiundsiebzig Nationalitäten. Es ist kein kuscheliges Umfeld, aber es hat guten, fruchtbaren Boden für Wachstum und Veränderung bereitgestellt – sowohl in meinem persönlichen Leben als auch in meiner Leitungsaufgabe.

Hinter diesem Buch steht ein leidenschaftliches Anliegen: Ich möchte, dass die Kirche langfristig ihrem Auftrag treu sein und darin fruchtbar sein kann. Aber wenn wir die Welt mit der guten Nachricht von Jesus verändern wollen, müssen wir uns zuerst auf eine persönliche Reise begeben. Und diese Reise wird uns unter die Oberfläche unseres eigenen Lebens führen. Auf den folgenden Seiten biete ich eine grobe Landkarte für diese Reise an und konkrete Vorschläge und Übungen, wie Sie den nächsten Schritt für sich selbst entdecken. Diese Landkarte richtet sich nicht nur an Pfarrer, Pastoren und Prediger. Jeder Christ, der in irgendeiner Hinsicht Leitungsaufgaben wahrnimmt – ob als Gemeindeleiter, Hauskreisleiter, Kirchenvorstandsmitglied, Ältester, Kleingruppenleiter, Kindergottesdienstmitarbeiter oder auch als Führungskraft in nichtkirchlichen Kontexten –, findet hier Anregungen, die ihm helfen, effizienter zu leiten und die eigene Person verändern zu lassen.

Wie Sie dieses Buch lesen können

Ich habe das Buch in zwei Teile gegliedert. Teil 1 beschäftigt sich mit dem inneren Leben, Teil 2 mit dem äußeren. In Teil 1 stellen wir uns vier Kernaufgaben, an denen kein Leiter vorbeikommt: den eigenen Schatten erkennen, Ehe oder Singledasein als Basis für gute Führungsqualität gestalten, das Leben verlangsamen, um Gottes Liebe zu erfahren, und die Einübung einer Sabbatkultur.

Teil 2 baut auf dem Fundament einer emotional gesunden Spiritualität auf und untersucht vier Kernaufgaben, mit denen jeder, der Führungsaufgaben wahrnimmt, konfrontiert wird: Planen und Entscheiden, Gemeindekultur und Arbeitsklima prägen, Umgang mit Macht und Grenzen, Abschiede und Neuanfänge gestalten.

Emotional gesund leiten lässt sich nicht schnell durcharbeiten. Lesen Sie langsam, machen Sie das Gelesene zum Gebet. Notieren Sie Ihre Gedanken und Fragen. Und wenn Sie den maximalen Nutzen von diesem Buch haben möchten, suchen Sie sich mindestens einen Lesepartner – oder nehmen Sie Ihr ganzes Leitungsteam – und lesen Sie es gemeinsam.

Mein Wunsch ist, dass dieses Buch die Tür öffnet zu einem ganz neuen Selbstverständnis und einer radikal anderen Weise, Leitung auszuüben. So wie Gott Abraham aus seinem vertrauten Umfeld herausrief, so, glaube ich, ruft er auch jeden von uns, vertrautes Gebiet zu verlassen und Gottes Ruf in unbekanntes, neues Territorium zu folgen – in ein Territorium voller Verheißung. Mein Wunsch ist, dass Sie auf diesen Seiten dem lebendigen Gott neu begegnen und wie Abraham entdecken, dass Gott vor Ihnen hergeht und Schätze und Erkenntnisse für Sie bereithält, die nicht nur Sie selbst verändern, sondern auch die Menschen, die Ihnen anvertraut sind.

1

Der emotional unreife Leiter

Was fällt Ihnen zuerst ein, wenn Sie an einen emotional unreifen Führungsstil denken? Oder besser: *Wer* fällt Ihnen zuerst ein? Ist es ein Vorgesetzter, ein Kollege, jemand aus Ihrem Team? Oder vielleicht sogar Sie selbst? Wie würden Sie eine emotional unreife Person beschreiben? Ist das jemand, der chronisch jähzornig ist? Oder aggressiv und kontrollierend? Oder eher jemand, der zögerlich, nicht authentisch und passiv ist? Ein emotional unreifer Führungsstil kann all das und noch viel mehr umfassen. Die grundlegende Definition ist vielleicht einfacher und zugleich facettenreicher, als man vermuten würde:

> *Der emotional unreife Leiter handelt aus einem andauernden emotionalen und spirituellen Defizit heraus. Es fehlt ihm an einer in Gott gegründeten Persönlichkeit, aus der sich sein Tun für Gott speisen könnte.*

Emotionale und spirituelle Defizite beeinflussen nahezu jeden anderen Aspekt des Lebens. Unreife Leiter sind zum Beispiel nicht im Kontakt mit ihren Gefühlen, ihren Schwächen und Grenzen. Sie sind sich nicht bewusst, wie ihre Vergangenheit sich auf ihr gegenwärtiges Verhalten auswirkt und wie sie auf andere wirken. Ihnen fehlen die Fähigkeit oder entsprechende Techniken, um die Gefühle und Sichtweisen anderer mitempfinden oder nachvollziehen zu können. Und diese Defizite tragen sie in ihre Teams und in alles, was sie tun, hinein.

Die Folge ist, dass emotional unreife Leiter sich durchmogeln, wenn sie eigene Werke aufbauen. Um mit dem Apostel Paulus zu sprechen: Statt mit soliden und dauerhaften Materialien zu bauen – Gold, Silber und Edelsteine (1 Kor 3,10-15) –, begnügen sie sich mit Holz, Stroh und Lehm. Sie bauen mit minderwertigem Material, das sie selbst nicht überdauern wird, ganz zu schweigen vom letzten Gericht. Und so verdunkeln sie den Glanz Gottes und seine Herrlichkeit, die sie doch nach ihren eigenen Worten der ganzen Welt verkünden wollen. Das tut niemand, der irgendwo eine Leitungsfunktion wahrnimmt, bewusst. Und doch passiert es immer und überall.

Sehen wir uns ein paar Beispiele an, wie das konkret aussieht.

Sarah ist verantwortlich für die Jugendarbeit in der Gemeinde. Sie ist überfordert. Aber sie bringt es nicht fertig, erwachsene Ehrenamtliche zu gewinnen, die sie unterstützen und die Reichweite der Arbeit vergrößern könnten. Sie verfügt durchaus über Führungsqualitäten, aber sie ist defensiv und leicht gekränkt, wenn andere eine andere Meinung haben als sie. Die Jugendarbeit stagniert und es geht sogar langsam bergab.

Josef ist Lobpreisleiter. Er ist ein dynamischer Typ, aber er ist sehr spontan und häufig unpünktlich und dadurch verliert er immer wieder wichtige Band-Mitglieder. Er erkennt nicht, dass das, was er seinen „Stil" nennt, Menschen abschreckt, die ein anderes Temperament haben. Er glaubt, er sei „authentisch", und steht dazu, dass er eben so ist. Er ist nicht bereit, anderen und deren Bedürfnissen entgegenzukommen. Kaum verwunderlich, dass die Qualität der Musik und der Anbetung im Gottesdienst immer mehr abnimmt.

Martin leitet als Ehrenamtlicher die Kleingruppenarbeit seiner Gemeinde. Seitdem ist diese Arbeit aufgeblüht – in den letzten Monaten sind drei neue Gruppen entstanden. 25 bisher kirchenferne Menschen treffen sich 14-tägig, um mehr über den Glauben zu erfahren. Aber unter der glänzenden Fassade gibt es Risse. Der Leiter der Kleingruppe, die am schnellsten gewachsen ist, führt den Kreis in eine andere Richtung als die, die die Gemeinde vorgibt und ansteuert. Martin ist beunruhigt, aber er vermeidet es, das Problem anzusprechen, aus Angst, dass das Gespräch schwierig werden könnte. Ein anderer Hauskreisleiter hat durchblicken lassen, dass er familiäre Probleme hat. In einer anderen Gruppe gibt es Vielredner, die andere aus der Gruppe vergraulen, und der Leiter hat Martin um Unterstützung gebeten. Aber Martin geht einem Gespräch aus dem Weg. Er ist konfliktscheu und hofft, dass die Dinge sich irgendwie von selbst lösen werden. Nach sechs Monaten sind drei der vier neuen Hauskreise eingeschlafen.

Vier Kennzeichen eines emotional unreifen Leiters

Die Defizite emotional unreifer Leiter beeinträchtigen praktisch jeden Bereich ihres Lebens und ihrer Führungsverantwortung. In den folgenden vier Bereichen wirken sie sich aber besonders unheilvoll aus.

1. Geringes Maß an Selbstwahrnehmung

Emotional unreife Leiter sind sich in der Regel nicht darüber im Klaren, was in ihnen selbst vorgeht. Und selbst wenn sie eine starke Emotion wie etwa Zorn wahrnehmen, wissen sie nicht, wie sie damit umgehen sollen oder wie sie sie ehrlich und auf angemessene Weise zum Ausdruck bringen können. Sie ignorieren Körpersignale, die eine Gefühlsbotschaft tragen – Erschöpfung, Krankheit, die auf Stress beruht, Gewichtszunahme, Kopfschmerzen oder Depression. Sie erkennen nicht, dass Gott ihnen durch diese „schwierigen" Gefühle vielleicht etwas sagen möchte. Meist fällt es ihnen schwer, Auslöser für eine emotionale Überreaktion zu erkennen und zu sehen, wie ihr Verhalten heute mit schwierigen Erfahrungen in der Vergangenheit zusammenhängen könnte.

Oft haben sie Persönlichkeitsmodelle mit Gewinn durchgearbeitet (etwa den Briggs-Myers-Typenplan, das Enneagramm oder das DISG-Modell). Aber wie ihr Verhalten mit den Mustern der eigenen Ursprungsfamilie zusammenhängt, bleibt ihnen meist verborgen. Das fehlende Bewusstsein für die eigenen Emotionen führt auch dazu, dass sie die emotionale Welt anderer oft nur schwer oder gar nicht verstehen und nachempfinden können. Oft sind sie blind dafür, wie ihre eigenen emotionalen Defizite sich darauf auswirken, wie andere sie wahrnehmen, ganz besonders in ihrer Rolle als Führungspersonen.

2. Dienst erscheint wichtiger als der private Lebenskontext

Egal, ob verheiratet oder nicht, die meisten emotional unreifen Leiter würden zustimmen, dass es wichtig ist, in guten und vertrauten Beziehungen zu leben, in denen man Intimität erfahren kann. Aber nur wenige haben eine Vorstellung davon, dass ihre Ehe oder ihr Singledasein die größte Gabe sein könnte, die sie in ihren Dienst für andere einbringen können. Viele betrachten ihre Ehe oder ihr Singleleben vielmehr als ein wichtiges und stabiles Fundament für etwas noch Wichtigeres – nämlich die Aufgabe, ein funktionierendes Werk oder Unternehmen oder eine attraktive Gemeinde aufzubauen. Das ist ihre oberste Priorität. Und so investieren sie den größten Teil ihrer Zeit und Kraft, um eine bessere Führungskraft zu werden, aber nur wenig, um eine gute Ehe zu führen oder ein eheloses Leben so zu gestalten, dass darin etwas davon deutlich wird, was die Liebe Jesu bedeuten kann.

Emotional unreife Leiter neigen dazu, ihr Privatleben – Ehe oder Single-Dasein – abzuspalten, sowohl von ihrer Führungsrolle als auch von ihrer Beziehung zu Jesus. So treffen sie etwa weitreichende Führungsentscheidungen, ohne zu berücksichtigen, wie sich diese langfristig auf die Qualität und Integrität ihrer Ehe oder ihres Lebens als Single auswirken. Sie verausgaben ihre besten Kräfte, Gedanken und kreativen Anstrengungen, um andere zu führen, aber sie investieren nichts, um ein erfüllendes und glückliches Leben in der Ehe oder Ehelosigkeit zu führen.

3. Mehr für Gott tun, als die tatsächliche Beziehung zu Gott zu tragen vermag

Emotional unreife Leiter sind chronisch überfordert. Obwohl sie ohnehin schon viel zu viel zu tun und für alles zu wenig Zeit haben, sagen sie reflexartig Ja zu jeder sich bietenden neuen Gelegenheit, aktiv zu werden. Sie nehmen sich aber nicht die Zeit, im Gebet danach zu fragen, was wohl Gottes Wille in dieser Sache ist. Die Vorstellung, sie könnten ihr geistliches Leben – oder die Art, wie sie führen – entschleunigen, damit das, was sie *für Jesus tun*, aus einem *in Jesus gegründet Sein* erwächst, ist ihnen fremd. Zeiten des Alleinseins oder Schweigen gelten ihnen als Luxus, keineswegs als zentrale geistliche Übung und schon gar nicht als unverzichtbar für wirksames Führen. Ihre oberste Priorität ist ihre Führungsaufgabe in ihrer Organisation, ihrem Team oder Dienstbereich in der Gemeinde, denn damit wollen sie ja die Welt für Christus gewinnen. Fragte man solche Leiter nach ihren drei Hauptprioritäten, nach denen sie ihre Zeit einteilen, wäre der Punkt: „eine tiefe, das Leben formende Beziehung zu Jesus zu pflegen“ wohl kaum darunter. Und so verwundert es nicht, dass der Normalzustand in ihrem Leben und ihrem Führungsstil von Abspaltung und Erschöpfung und Substanzverlust gekennzeichnet ist.

4. Fehlender Rhythmus von Arbeit und Ruhe

Emotional unreife Leiter kennen keine Sonntagspraxis – keinen Ruhetag: vierundzwanzig Stunden in jeder Woche, die nur dazu da sind, die Arbeit liegen zu lassen, sich zu erholen, Gottes gute Gaben zu genießen und sich an ihm und am Leben überhaupt zu freuen. Das Sabbatgebot, so zentral im Alten Testament, erscheint ihnen irrelevant, nicht verbindlich oder sogar als lästige Gesetzlichkeit, die in längst vergangene Zeiten gehört. Oder sie unterscheiden nicht zwischen dem biblisch gebotenen Sabbatfeiertag und einem „freien Tag“, an dem man Dinge erledigt wie Einkaufen, Überweisungen ausschreiben und die Steuererklärung machen. Für sie steht an erster Stelle, dass sie alle Aufgaben erledigen und hart genug arbeiten, um sich einen freien Tag zu „verdienen".

André ist sechsundfünfzig. Er leitet einen Gemeindeverband, zu dem mehr als sechzig Gemeinden gehören, für die er verantwortlich ist. Er hat schon seit etlichen Jahren nicht mehr richtig Urlaub gemacht – einen Urlaub ohne E-Mails oder telefonische Erreichbarkeit. Ein wöchentlicher Ruhetag liegt völlig außerhalb seiner Vorstellungen. Bei einem Treffen mit einem Freund – das er vor der nächsten Sitzung noch in den Terminkalender gequetscht hat – ergibt sich folgendes Gespräch.

„André, du siehst ein bisschen fertig aus", sagt Ralf. „Wann hast du zuletzt mal einen Tag nicht gearbeitet?"

„Ausruhen können wir im Himmel", erwidert André. „Gott schläft und schlummert doch schließlich auch nicht, oder? Und wir sind seine Mitarbeiter."

Aber es ist offensichtlich, dass er zutiefst erschöpft ist.

„Ich weiß ja, dass du deine Arbeit liebst", bemerkt Ralf. „Aber gibt es sonst noch etwas in deinem Leben, das dir richtig Freude macht?"

Es entsteht eine Pause. Schließlich nickt André. „Es ist schon endlos her, dass ich Zeit gehabt habe, darüber auch nur nachzudenken. Ich weiß nicht, was ich sagen soll." Wieder ein langes Schweigen. „Aber was soll ich machen? Alle Kollegen in vergleichbaren Positionen arbeiten genauso viel."

„Und das ist eine Entschuldigung?", hakt Ralf nach.

„Du hast recht", antwortet André lächelnd. „Ich werde versuchen, mir den Montag wieder freizuhalten."

Eine Stunde später brütet André über seinem Kalender. Fünf von sechs Montagen in den nächsten sechs Wochen sind bereits verplant. *Wem will ich eigentlich etwas vormachen?*, denkt er. *Ein regelmäßiger freier Tag? Das ist nicht zu machen. Ich muss dann einen einlegen, wenn die Termine es erlauben.* Aber die Chancen stehen gut, dass die Termine es *nie* erlauben werden. Und der gelegentliche freie Tag alle paar Wochen reicht nicht aus, um einen gesunden Rhythmus von Arbeit und Ruhe zu etablieren. Den aber braucht André, um seine Leitungsaufgabe effektiv wahrzunehmen und selbst gesund zu bleiben.

Wer Ihnen beim Stichwort „emotional unreifer Führungsstil" einfällt, habe ich anfangs gefragt. Treffen die vier genannten Kennzeichen das, was Ihnen da zuerst durch den Kopf ging? Oder haben Sie sich vielleicht sogar selbst wiedererkannt? *Ja, das meiste davon leuchtet mir ein,* denken Sie vielleicht. Oder auch: *Das bringen Führungspositionen eben so mit sich. Ich kenne Leute, die noch viel mehr Defizite haben und trotzdem gute Führungsleute sind.* Es stimmt: Nichts von dem, was ich genannt habe, klingt übermäßig dramatisch. Aber im Lauf der Zeit werden Leiter mit den genannten Defiziten nicht nur persönlich einen hohen Preis zahlen, wenn sie nichts dagegen unternehmen; auch ihre Organisationen werden leiden.

Die Langzeitfolgen einer unreifen Leitung sind eine Bedrohung für die Gesundheit der Leiter und für die Wirksamkeit der Gemeinde und Kirche. Wenn wir uns darauf einigen können, müssen wir als Nächstes fragen: *Warum halten wir so beharrlich an ungesunden Mustern fest?* Man sollte doch erwarten, dass jeder, der in der Kirche mitarbeitet, eine gesunde Führungskultur befürwortet und alles dafür einsetzt, eine solche zu etablieren. Aber in der Realität ist es anders. Ja, man muss sogar sagen: Es gibt Aspekte in der Führungskultur in Kirche und Gemeinden, die diesem Ziel aktiv entgegenwirken. Wenn Sie sich entschließen, ganz bewusst emotional gesunde Strukturen in Ihrem Führungsstil zu etablieren, müssen Sie mit einigem Widerstand aus den eigenen Reihen rechnen. Sie werden mit dem zu kämpfen haben, was ich die „Vier giftigen Gesetze für Gemeindeleiter" genannt habe.

Selbsteinschätzung: Wie gesund ist mein Führungsstil?

Emotionale Unreife bei Leitern ist keine Frage von ganz oder gar nicht; es gibt auch hier Abstufungen und in unterschiedlichen Situationen auch Veränderungen. Die Liste der folgenden Aussagen gibt Ihnen eine Vorstellung davon, wo Sie momentan selbst stehen. Notieren Sie neben jeder Aussage unten Ihre Einschätzung für sich selbst nach folgendem Schema.

5 – Trifft immer zu
4 – Trifft häufig zu
3 – Trifft gelegentlich zu
2 – Trifft selten zu
1 – Trifft nie zu

_____ 1. Ich nehme mir ausreichend Zeit, um schwierige Gefühle wie Ärger, Angst und Traurigkeit zuzulassen, zu spüren und zu bearbeiten.

_____ 2. Ich kann sehen, wie Verhaltensmuster aus meiner Ursprungsfamilie meine Beziehungen heute und mein Führungsverhalten beeinflussen – sowohl positiv wie negativ.

_____ 3. (Für Ehepartner) In der Weise, wie ich meine Kraft und meine Zeit einsetze, zeigt sich, dass meine Ehe – nicht meine Führungsaufgabe – für mich oberste Priorität hat.

_____ (Für Singles) In der Weise, wie ich meine Kraft und meine Zeit einsetze, zeigt sich, dass ein gesundes Leben als Single – nicht meine Führungsaufgabe – für mich oberste Priorität hat.

_____ 4. (Für Ehepartner) Ich erlebe einen unmittelbaren Zusammenhang zwischen dem Einssein mit Jesus und dem Einssein mit meinem Partner/meiner Partnerin.

_____ (Für Singles) Ich erlebe einen unmittelbaren Zusammenhang zwischen dem Einssein mit Jesus und einer engen Verbundenheit mit Freunden und mit meiner Familie.

_____ 5. Egal, wie viel ich zu tun habe, ich nehme mir regelmäßig Zeiten des Alleinseins und Schweigens. Das gehört zu meiner normalen Glaubenspraxis.

_____ 6. Ich nehme mir regelmäßig Zeit zum Bibellesen und Beten, um selbst Gemeinschaft mit Gott zu erleben – nicht nur, um einen Einsatz für andere vorzubereiten.

_____ 7. Ich halte wöchentlich einen Ruhetag – vierundzwanzig Stunden, in denen ich nicht arbeite, mich erhole, mich an den vielen guten Gaben Gottes freue.

_____ 8. Den Feiertag zu halten (heiligen), ist entscheidend – sowohl für mein persönliches Leben als auch für meinen Führungsstil.

_____ 9. Ich nehme mir ausreichend Zeit, vor neuen Planungen oder Entscheidungen im Gebet nach dem Willen Gottes in der entsprechenden Angelegenheit zu suchen.

_____ 10. Ich messe den Erfolg meiner Planungen und Entscheidungen vor allem daran, inwiefern ich Gottes Willen erkannt und umgesetzt habe (und nicht nur an Zahlen wie Gottesdienstbesuch, Vielfalt der Aktivitäten in der Gemeinde oder Spendenaufkommen).

_____ 11. Den Menschen, deren Vorgesetzte(r) ich bin, widme ich regelmäßig Zeit, in der es darum geht, wie ihr Glaubensleben gefördert werden kann.

_____ 12. Schwierigen Gesprächen mit Mitarbeitern über inakzeptables Verhalten oder mangelnde Leistung weiche ich nicht aus.

_____ 13. Es macht mir nichts aus, im Blick auf meine Rolle und die anderer klar über Machtstrukturen zu sprechen.

_____ 14. In Beziehungen, die einen Rollenkonflikt beinhalten, habe ich gesunde Grenzen formuliert und kommuniziert (etwa wenn Freunde gleichzeitig Kollegen sind, Familienmitglieder ehrenamtlich mitarbeiten u. Ä.).

_____ 15. Statt Abschiede und Verluste zu vermeiden, gestalte ich sie bewusst. Sie gehören für mich ganz natürlich dazu, wenn Gott unter uns wirkt.

_____ 16. Ich bin in der Lage, nach reiflicher Überlegung und Gebet, Ideen, Mitarbeiter oder Initiativen aufzugeben, die sich nicht bewähren, und ich kommuniziere das deutlich und mit Empathie.

Nehmen Sie sich einen Moment Zeit, um Ihre Antworten zu reflektieren. Was fällt Ihnen als Erstes oder ganz besonders auf? Es gibt zwar keine exakten Werte für die Auswertung dieses Selbsteinschätzungstests. Aber am Ende des Kapitels (S. 45 f.) finden Sie ein paar allgemeine Hinweise, die Ihnen helfen, besser zu verstehen, wo Sie momentan stehen.
Egal, wo Sie sich wiederfinden, es gibt eine gute Nachricht: Sie können von dort weitergehen. Sie können dazulernen und ein immer besserer und emotional erwachsener Leiter werden. Und das gilt auch noch in fortgeschrittenem Alter. Wir sind auf Veränderung und Wachstum hin angelegt – lebenslang. Lassen Sie sich also nicht entmutigen, falls das Ergebnis ernüchternd ausfällt. Wenn jemand wie ich trotz aller Fehler und gescheiterten Initiativen dazulernen und weiter wachsen konnte, dann kann jeder andere es auch. Wir können uns auf den Weg machen in Richtung emotionaler Reife – und damit auch bessere Führungspersonen werden.[1]

Vier (unausgesprochene) giftige Gesetze für Gemeindeleiter

Jede Familie hat ihre eigenen „Gesetze“: unausgesprochene Regeln, die bestimmen, was man sagen oder tun darf und was nicht. Als Kinder nehmen wir diese Gesetze unbewusst auf und befolgen die Regeln, nach denen man in unserer Familie das Leben gestaltet. Wenn in unserer Familie Wärme, Sicherheit und gegenseitiger Respekt prägend sind, dann nehmen wir diese Qualitäten in uns auf wie die Luft, die wir atmen. Sie prägen unser Bild von uns selbst und die Weise, wie wir mit der Welt in Kontakt treten. Beherrschen dagegen

Kälte, Beschämung, Herabsetzung oder Perfektionismus das Familienklima, nehmen wir ganz automatisch diese Eigenschaften in uns auf und dann prägen eben diese unser Selbstbild und unseren Umgang mit anderen.

Dasselbe gilt auch für die Gemeindefamilie, in die wir hineingeboren werden oder später hineinfinden. Auch hier gibt es jeweils eigene, oft unausgesprochene und nicht selten giftige Gesetze. Auch im Blick darauf, wie man eine Gemeinde leiten muss. Jeder, der einen emotional gesunden Leitungsstil praktizieren möchte, wird früher oder später einem oder mehreren dieser giftigen „Gesetze" die Stirn bieten müssen.

Giftiges Gesetz Nr. 1: Erfolg = größer, mehr, besser

Die meisten von uns haben gelernt, Erfolg an externen Daten zu messen. Im Gemeindekontext bedeutet das: Wir messen Erfolg an Faktoren wie Zahl der Gottesdienstbesucher, Anzahl der Taufen, Gemeindemitgliederzahlen, Anzahl der ehrenamtlich Mitarbeitenden, Anzahl der Kleingruppen und Angebote, Spendenaufkommen. Und um das vorab klarzustellen: Zahlen sind nicht an sich verkehrt. Sie sind sogar biblisch. Jesus hat geboten, *alle Völker* zu Jüngern zu machen. Die Apostelgeschichte nennt häufig Zahlen, um zu zeigen, welch große Wirkung das Evangelium entfaltet hat (Apg 2,41; 4,4; 5,14 u. a.). Und natürlich wünsche ich mir ebenso wie jeder andere Pastor, den ich kenne, dass unsere Gemeinden wachsen und mehr Menschen für Christus gewonnen werden.

Aber auch das muss klar sein: Man kann auch falsch mit Zahlen umgehen. Wenn wir sie nur dazu nutzen, um uns mit anderen zu vergleichen oder mit der Gemeindegröße zu protzen, haben wir die kritische Linie überschritten.

Als König David Joab beauftragt, alle waffenfähigen Männer in Israel zu zählen, sind die Folgen für ihn als Staatsoberhaupt katastrophal. Stolz verleitet David, sich nicht auf Gott zu verlassen, sondern auf die Größe seiner Armee. Er sieht nur noch Zahlen – und das ist Götzendienst. Gottes Gericht besteht darin, dass er Israel mit einer Seuche schlägt (1 Chr 21, 2 Sam 24). Siebentausend Menschen sterben.

Für die Welt ist zahlenmäßiges Wachstum gleichbedeutend mit Macht und Bedeutung. Es ist ein absolutes Gesetz – mehr ist *immer* besser. Im Blick auf das Verhältnis der Gemeinde zu Zahlen ist das Problem nicht, dass wir Zahlen erheben, sondern dass wir uns das Urteil der Welt so sehr zu eigen gemacht haben, dass *nur noch* Zahlen zählen. Eine Sache, die nicht wächst oder qualitativ besser wird, gilt als gescheitert. Oder wir betrachten uns selbst als Versager. Was bei dieser Fixierung auf Zahlen verloren geht, ist das Bewusstsein für die *internen* Kriterien, die in der Bibel eine Rolle spielen. Was in den Augen der Welt als Scheitern gilt, muss im Reich Gottes überhaupt kein Scheitern sein.

Jesus hatte überwältigenden Erfolg, wenn man es in Zahlen ausdrücken will. 5000 Menschen wollten hören, was er zu sagen hatte, und er speiste sie alle (Joh 6). Aber nur ein paar Verse später folgt – wenn es nur nach den Zahlen geht – der krasse Absturz: „Von da an zogen sich viele seiner Jünger von ihm zurück und begleiteten ihn nicht mehr." Was tat Jesus? Er hinterfragte nicht händeringend seine Predigtstrategie; er begnügte sich damit zu wissen, dass er im Einklang mit dem Willen des Vaters stand. Er hatte eine umfassendere Perspektive, nämlich den Blick dafür, was Gott tun wollte.

Erfolg besteht nicht immer in „mehr" und „besser".

Jesus lehrt uns etwas anderes. Wir sollen in ihm bleiben *und so* Frucht bringen (Joh 15,1-8). Es geht nicht um ein Entweder-oder – viel Frucht bringen *oder* in Jesus bleiben. Wie dieses Bleiben und Fruchtbringen aussieht, wird sich je nach der Berufung des Einzelnen unterscheiden. Mönche, die den Großteil ihrer Zeit im Gebet oder mit geistlicher Begleitung anderer verbringen, werden eine andere Art und Menge an Frucht bringen als ich als Pastor einer Gemeinde mitten in der Großstadt New York.

Vielleicht der beste Bibeltext zum Thema ist Lukas 10. Jesus sendet 72 Jünger aus, jeweils zu zweit. Sie kommen zurück und sind begeistert über ihren Erfolg und darüber, dass die Dämonen ihnen im Namen Jesu gehorchen müssen. Jesus bestätigt sie in ihrem Wirken für das Reich Gottes, aber er erinnert sie auch daran, was noch wichtiger ist: „Doch nicht darüber sollt ihr euch freuen, dass euch die Geister gehorchen. Freut euch vielmehr, dass eure Namen im Himmel aufgeschrieben sind“ (Lk 10,20). Mit anderen Worten: Er will, dass sie wissen, was wirklich Grund zur Freude ist: Das ist die Beziehung *zu ihm,* nicht ihr Einsatz *für ihn.*

Wie verweigern wir uns dem Gesetz „Größer ist besser“?

Ich glaube, es gibt nur einen Weg: Wir müssen unser Leben neu ordnen. Wir müssen es entschleunigen, damit Raum ist für eine tiefe, liebende Verbundenheit mit Jesus (mehr dazu in Kapitel 4). Und wir brauchen einige wenige Begleiter, denen wir voll und ganz vertrauen, die uns davor bewahren, uns selbst zu betrügen.

Giftiges Gesetz Nr. 2: Tun ist wichtiger als sein.

Was wir tun, hat Gewicht – bis zu einem bestimmten Punkt. Ob Sie Kirchenvorsteher, Pastor, Hauskreisleiterin, Leiter des Worship-Teams, Kindergottesdienstmitarbeiterin oder Chefin eines Unternehmens sind, die Kompetenzen und Fähigkeiten, die Sie in diese Aufgabe einbringen, sind entscheidend. Und hoffentlich setzen Sie alles daran, Ihre Qualifikationen auszubauen, um so effektiv wie möglich zu arbeiten.

Aber wichtiger als das, was Sie *tun,* ist etwas anderes: wer Sie *sind.* Warum? Weil die größte Gabe, die Sie anderen weitergeben können, die Liebe Jesu ist, die in Ihnen wohnt. Mehr als durch das, was Sie tun, werden Sie Menschen immer dadurch erreichen, wer Sie als Person sind – und wie stark die Liebe Jesu aus Ihnen spricht. Ob Sie *aus der Beziehung zu Gott leben*, wird letzten Endes viel wichtiger sein als das, was Sie *für Gott tun.*

Wir können nichts geben, was wir nicht haben. Wir können nicht anders helfen, als indem wir geben, was wir besitzen.

Wenn wir das, was wir verkündigen, nicht selbst durchlebt haben und daran gewachsen sind und es uns nicht verändert hat, wird das geistliche Wachstum der Menschen, denen wir dienen wollen, gehemmt. Ich sage nicht, dass es überhaupt kein Wachstum geben wird. Nur eben nicht viel. Und ich weiß, wovon ich rede.

Die ersten Jahre meines Dienstes als Pastor waren dadurch gekennzeichnet, dass ich Dinge gepredigt habe, die ich nicht selbst durchgestanden und reflektiert hatte. Ich nahm mir einfach nicht die Zeit dafür. Ich dachte: *Wie kann man in einer leitenden Position alles, was man da jede Woche anderen weitergeben soll, selbst innerlich verarbeiten und noch Zeit haben für das Alltagsgeschäft eines Hauptpastors?* Ich habe nicht genug an meiner eigenen inneren Entwicklung gearbeitet. Ich habe nicht in Betracht gezogen, welche Prägungen meiner Ursprungsfamilie ich mit in meine Aufgabe als Hauptpastor einer Gemeinde gebracht hatte. Ich war nicht bereit, Zeit zu investieren, um einen erfahreneren Mentor oder Seelsorger zurate zu ziehen, nicht bereit, anzuschauen, was da unter der Oberfläche schlummerte. Ich war viel zu sehr damit beschäftigt, eine Gemeinde zu gründen und dafür zu sorgen, dass sie funktionierte. Ich dachte: Solange ich meine Gaben für Gott einsetze und es irgendwelche sichtbaren Früchte gibt, ist alles in Ordnung – auch wenn ich selbst mich im Chaos und getrieben fühlte.

Das war falsch.

Es lässt sich nicht leugnen: Meine innere Realität spiegelte sich exakt in dem, was ich nach außen tat. Wie auch nicht? Ich war blind für etwas Entscheidendes: *Wer ich als Person vor Gott bin, das ist viel wichtiger als das, was ich für Gott tue.*

Bevor Jesus irgendetwas in der Öffentlichkeit *tut*, sorgt er für eines: Er vergewissert sich, dass *der Vater ihn liebt.* Das ist die Wurzel, aus der er lebt. Dreißig Jahre lang tut Jesus nichts, was irgendwie Beachtung verdient hätte. Und doch sagt Gott zu ihm, bevor er in der Öffentlichkeit in Erscheinung tritt: „Du bist mein geliebter Sohn, an dir habe ich Freude“ (Lk 3,22).

Um dieses Gegenüber von *Tun* und *Sein* geht es in den drei Versuchungen, mit denen der Satan Jesus nach seinem vierzigtägigen Fasten konfrontiert (Mt 4,1-11). Zwei der drei Einflüsterungen Satans beginnen mit den Worten: „Wenn du Gottes Sohn *bist* … [*tu* dies und das]." Beim dritten Anlauf versucht Satan, Jesus zu bestechen, damit „du dich vor mir niederwirfst und mich anbetest". Der Böse ist darauf aus, dass Jesus sein Leben und sein Wirken darauf gründet, was er *tut*, nicht darauf, wer er *ist*. Und ich bin überzeugt: Dieselbe Versuchung präsentiert Satan bis heute jedem, der in der Gemeinde Gottes Leitungsverantwortung hat. Wenn wir ihr erliegen, werden wir Hals über Kopf in Projekte einsteigen, die Gott nie von uns erwartet. Und je länger je mehr werden wir die Verbindung zur Liebe des Vaters verlieren.

Was können wir tun, um dem Einfluss dieses verhängnisvollen giftigen Gesetzes nicht zu erliegen? Sprechen Sie mir nach – laut: *Was ich tue, ist nicht unwichtig. Aber viel wichtiger ist, wer ich bin.* Jesus hatte eine oberste Priorität: seine Gemeinschaft mit dem Vater. Der Sohn zu *sein*. Das weist darauf hin, worauf wir achten müssen: Gibt es Anzeichen dafür, dass ich mehr für Gott tue, als es meiner Beziehung zu ihm wirklich entspricht? Hinweise, dass es so ist, können z. B. sein: Unruhe, Reizbarkeit, ständiges Sich-Getrieben-Fühlen … Sorgen Sie dafür, dass eines klar ist: Oberste Priorität ist es, jeden Tag Gottes Gegenwart zu suchen und nach seinem Willen zu fragen.

Giftiges Gesetz Nr. 3: Oberflächliche Spiritualität ist okay.

Jahrelang habe ich von Annahmen gelebt. Ich nahm an, dass jeder, der zum Gottesdienst kam und die Bibel und ihre Botschaft kennenlernte – ob nun bei uns oder in anderen Gemeinden – eine Veränderung erleben würde. Ich nahm an, dass unsere begabtesten Lobpreisleiter in ihrem persönlichen Leben ebenso große Leidenschaft für Christus an den Tag legten, wie sie es vor der Gemeinde taten. Ich nahm an, dass jede Pastorin, Gemeindemitarbeiterin, jeder Missionar, Kirchenvorstand oder Bischof regelmäßig etwas dafür tut, die eigene Beziehung zu Jesus zu vertiefen.

Diese Annahmen waren falsch.

Heute lebe ich nicht mehr von Annahmen. Heute frage ich nach.

Ich frage meine leitenden Mitarbeiter und andere Menschen in Leitungsfunktionen danach, was sie tun, um ihre Beziehung zu Gott lebendig zu erhalten. Ich frage etwa: „Erzähl mir was über deinen Tagesablauf. Wie oft nimmst du dir Zeit zum Bibellesen – nur für dich, nicht, um eine Veranstaltung vorzubereiten? Wie viel Zeit hast du allein mit Gott?“ Ich frage danach, wie jemand seine Stille Zeit gestaltet. Je häufiger ich Pastoren und christlichen Führungsleuten in der ganzen Welt diese Fragen stelle, umso besorgter werde ich. Denn die meisten haben keine guten Antworten.

Das Problem ist in den allermeisten Fällen dasselbe: Solange jemand seinen Job macht, ob nun hauptberuflich oder ehrenamtlich, sind alle zufrieden. Wenn die Arbeit floriert, sind wir begeistert. Denn wer sind wir schließlich, dass wir beurteilen könnten, ob die Christusbeziehung eines anderen oberflächlich ist oder zu wünschen übrig lässt? Ja, es stimmt, wir wollen nicht richten. Aber wir wollen urteilsfähig sein. Dass wir die Gaben und Fähigkeiten haben, um Leute anzuziehen und jede Menge Aktivitäten zu entwickeln, heißt noch nicht, dass die Gemeinde oder das Werk, das wir aufbauen, Menschen in eine enge Beziehung zu Jesus bringt.

Gottes Auftrag an Samuel (1 Sam 16,7) gibt mir in dieser Hinsicht zu denken: „Der Herr sprach zu Samuel: … ‚Ich urteile nach anderen Maßstäben als die Menschen. Für die Menschen ist wichtig, was sie mit den Augen wahrnehmen können; ich dagegen schaue jedem Menschen ins Herz.‘“ Mit anderen Worten: Es kann uns nicht nur um die äußeren Fakten gehen. Es muss uns um das Herz gehen. Zuallererst um unser eigenes.

Schauen wir in die Geschichte. Im siebten Jahrhundert gab es in Arabien und Nordafrika blühende Gemeinden mit einer reichen Geschichte und Tradition, die bis ins erste Jahrhundert zurückreichte. Sie waren theologisch gebildet, verfügten über weithin bekannte Gemeindeleiter und Bischöfe und übten einen beträchtlichen Einfluss auf die Kultur ihrer Umwelt aus. Und doch gelang es dem Islam in sehr kurzer Zeit, das Christentum in dieser Gegend zurückzudrängen. Die meisten Kirchenhistoriker sind sich darin einig, dass es diesen Gemeinden an geistlichem Tiefgang fehlte und sie deshalb nicht in der Lage waren, der neuen Religion etwas entgegenzusetzen. In den Gemeinden stritt man sich um relativ unwichtige dogmatische Spitzfindigkeiten und war nicht mehr bereit, auch in dem Mitchristen, der eine andere Auffassung vertrat, Christus zu erkennen. Auch hatte man es versäumt, die Bibel ins Arabische, in die Sprache des Volkes zu übersetzen. So kam es, dass die Kirchen zwar voll waren und das Spendenaufkommen stabil, aber die Menschen waren nicht in Jesus gegründet. Weil die Gemeinden kein solides geistliches Fundament hatten, zerbrachen sie angesichts eines kämpferischen, intoleranten Islam erschreckend schnell.

Wie können wir der Verlockung dieses giftigen Gesetzes widerstehen?

Indem wir entschleunigen. Indem wir lernen – zum Beispiel von der kontemplativen Tradition. Von den Schriften der Kirchenväter und -mütter. Und von der ganzen weltweiten Kirche. Von Christen, die vielleicht in mancher Hinsicht anders sind als wir, von denen wir aber viel über Dinge wie Stille, Schweigen und das Dasein in der Gegenwart Gottes lernen können.

Giftiges Gesetz Nr. 4: Nur nicht am Status quo rütteln, solange alles läuft wie gewohnt.

Gegen Ende des sechsten Jahrhunderts v. Chr. hatte der Prophet Jeremia den religiösen Führern im Volk Gottes eine unbequeme Botschaft auszurichten: „Die Priester und Propheten betrügen das Volk, weil sie seine tiefen Wunden nur schnell verbinden. ‚Es ist nur halb so schlimm, es wird alles wieder gut!‘, sagen sie. Nein, nichts wird gut!“ (Jer 6,14). Ich stelle mir vor, dass die Priester und Propheten damals nicht viel anders waren als wir heute. Sie vermieden Probleme und leugneten, dass es Konflikte gab, weil sie nicht am Status quo rütteln wollten.

Ein paar Jahrtausende später hat sich in dieser Hinsicht nicht viel geändert. Ein zu großer Teil der heutigen Gemeindekultur ist geprägt von Oberflächlichkeit und einer falschen Freundlichkeit.

Konflikt bedeutet für uns: Es stimmt etwas nicht. Also tun wir alles, um Konflikte zu vermeiden. Wir ignorieren schwierige Themen und schließen einen falschen Frieden in der Hoffnung, dass jegliche Schwierigkeiten sich schon irgendwie von selbst in Luft auflösen werden.

Aber das tun sie nicht.

Ich habe jahrelang die Augen vor Problemen in meinem Mitarbeiterteam verschlossen, mit denen ich mich sofort und direkt hätte befassen müssen – u. a. Dinge wie schludrige Arbeit, Erreichbarkeit für andere, hartes Reden über andere, Vernachlässigung des persönlichen geistlichen Lebens. Aber wie wir alle musste ich schließlich erkennen: Ich kann das Reich Gottes nicht auf Lügen und So-tun-als-ob aufbauen. Alles, was ich verdrängte, wurde letzten Endes zu einem ausgewachsenen Problem, das viel schwerer zu lösen war als die Situation, aus der es entstanden war. Wenn wir die schwierigen, schmerzhaften Fragen nicht stellen, die wir so gern vermeiden, wird die Gemeinde früher oder später einen viel höheren Preis zahlen.

Der Apostel Petrus war in dieser Hinsicht nicht zimperlich. Selbst mitten in einer Erweckung scheute er die Konfrontation nicht. Als Hananias und seine Frau in der Gemeinde vorgaben, etwas zu sein, was sie nicht waren, stellte er sie sofort zur Rede (Apg 5,1-11). Sie hatten so getan, als hätten sie den gesamten Erlös von ihrem verkauften Grundstück der Gemeinde gegeben, hatten aber einen Teil zurückbehalten. Und als Petrus sie zur Rede stellte, stritten sie es ab. Sie wollten nach außen hin etwas darstellen, was sie in Wirklichkeit nicht waren. Dafür bezahlten sie mit ihrem Leben. Es ist erschütternd, das zu lesen. Aber jeder Christ mit Leitungsverantwortung kann daraus lernen, wie wichtig es ist, Konflikten und schwierigen Gesprächen nicht aus dem Weg zu gehen.

Ich frage mich manchmal, was wohl aus dieser Gemeinde mit 5000 Menschen geworden wäre, wenn Petrus die Lüge hätte durchgehen lassen, um „nicht unnötig Staub aufzuwirbeln“. Wir müssen da zum Glück nicht spekulieren. Dass Petrus sich weigerte, einen falschen Frieden zu tolerieren, legte ein solides Fundament für die Integrität und die Zukunft der Gemeinde.

Verstehen Sie jetzt besser, warum es so wichtig ist, diesem ungeschriebenen giftigen Gesetz nicht zu gehorchen?

Emotional gesund leiten zu lernen, braucht Zeit

„Alles schön und gut", sagen Sie sich vielleicht. „Und jetzt?"

Der Rest des Buches ist eine Einladung, sich auf den Weg zu machen und eine emotional gesunde Führungspersönlichkeit zu werden – ein Mensch, der in der Lage ist, in dieser Welt ein Werk oder eine Gemeinde mit einer Kultur emotionaler Reife und Gesundheit für Christus aufzubauen. Das ist keine geringe Aufgabe. Es ist zu erwarten, dass Sie gelegentlich Unsicherheit, Ratlosigkeit, Angst oder Trauer erleben werden, wenn Sie sich auf diesen Weg machen. Ich kenne das alles aus eigener Erfahrung. Befürchtungen und Ängste können sich auch in anklagenden oder verunsichernden Stimmen in Ihrem Inneren äußern:

- *Du weißt doch gar nicht, worauf du dich da einlässt.*
- *Ist dir klar, was passieren könnte, wenn du diesen Weg einschlägst?*
- *Okay, du kannst ja versuchen, emotional erwachsen zu werden. Aber es wird niemanden interessieren.*
- *Mach dir nichts vor: Das wird nicht funktionieren.*
- *Dafür hast du doch im Moment gar keine Zeit. Vielleicht später, wenn die Dinge erst mal in geordneten Bahnen laufen.*

Ich kenne diese Stimmen nur zu gut. Beherzigen Sie deshalb meinen Rat: Hören Sie nicht darauf. Gott verlangt nichts anderes von Ihnen, als dass Sie einen Schritt nach dem anderen machen. Er weiß schließlich auch, dass Wachstum und Veränderung Zeit brauchen. Meiner Erfahrung nach kann es sogar bei relativ schlichten Veränderungen gelegentlich Jahre brauchen, bis sie sich durchgesetzt haben.[2] Gott kennt Ihre Situation und Ihre Herausforderungen und er weiß, was Sie brauchen – nicht nur, um die Herausforderungen zu meistern, sondern um durch sie zu einer stärkeren Führungspersönlichkeit zu werden. Dieser Weg kann gelegentlich einsam sein, aber das gehört sicher auch zu Gottes Weise, uns dazu zu bringen, auf sein Handeln zu warten und allein ihm zu vertrauen. Wir dürfen damit rechnen, dass Gott uns die richtigen Menschen und Mittel zum richtigen Zeitpunkt über den Weg schickt, damit wir den nächsten Schritt tun können. Ich habe das selbst immer wieder erlebt.

Vergessen Sie nicht: Gottes Geist lebt in Ihnen und er wird Ihnen alle nötige Erkenntnis schenken und Sie leiten. Es hat im Lauf meines Lebens viele Zeiten gegeben, in denen ich mich überfordert fühlte und wusste, dass ich nicht die Reife, Weisheit oder Charakterstärke hatte, um bestimmte Herausforderungen meiner Führungsaufgabe gut zu bewältigen. Aber es waren genau diese Zeiten, in denen Gott mich erinnert hat: „Lass dich nicht einschüchtern, und hab keine Angst! … Bei den Menschen ist das unmöglich, aber nicht bei Gott; für Gott ist alles möglich" (Jos 1,9 und Mk 10,27).

Und damit ist alles gesagt. Machen wir uns also auf den Weg.

Der 5-Schritte-Prozess der Veränderung

Der große Lernpsychologe Benjamin Bloom hat zusammen mit anderen eine brillante Systematik entwickelt, die beschreibt, wie Menschen lernen – und zwar in unterschiedlichen Bereichen. Bloom unterscheidet fünf Ebenen des Wertewissens oder vielmehr fünf Stadien auf dem Weg dahin, einen Wert im eigenen Leben zu etablieren. Wir denken eher alternativ: Entweder ich kenne etwas oder ich kenne es nicht. Entweder bedeutet es mir etwas, mich für die Armen zu engagieren, oder es bedeutet mir nichts. Was wir uns meist nicht klarmachen: Es braucht lange Zeit – und viele kleine aufeinanderfolgende Schritte –, um einen neuen Wert wirklich zu verinnerlichen. Wir müssen uns auf fünf verschiedenen Stufen bewegen.

Ich möchte das an einem Beispiel verdeutlichen, und zwar daran, wie ich selbst dazu gekommen bin, mein Leben zu entschleunigen, um mehr Zeit für Stille und Gebet zu haben.

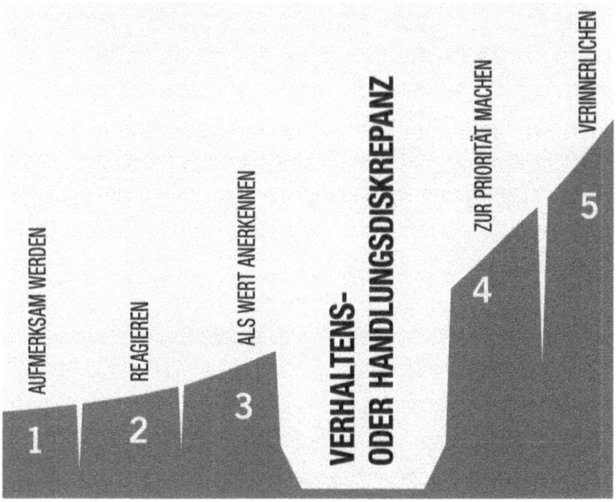

1. Aufmerksam werden: „Entschleunigen ist ein interessanter Gedanke." Ernsthaft habe ich mich zum ersten Mal 1994 damit befasst, als ich in einer persönlichen und gemeindlichen Krise steckte.
2. Reagieren: „Wie kann ich mehr darüber erfahren oder die Idee besser verstehen?" Ich las Bücher, hörte Vorträge zum Thema und hielt selbst Predigten dazu.
3. Als Wert anerkennen: „Ich bin überzeugt, dass Entschleunigung für uns alle ein wichtiges Thema ist." Ich machte ein paar Experimente mit Einkehrtagen, Feiertagsruhe oder Schweigen, aber mein genereller Lebensstil veränderte sich dadurch nicht groß. Dieser Prozess zog sich über Jahre.
4. Zur Priorität machen: „Ich strukturiere mein ganzes Leben neu, um mehr Zeit mit Jesus zu haben." Das geschah erst in meiner zweiten Sabbatzeit 2003/4. Ich setzte neue Prioritäten, wie ich meine Zeit und

Kraft einsetzen wollte, um diesen neuen Wert für zunächst vier Monate in mein Leben zu integrieren. Es half mir, meinen Führungsstil grundlegend zu verändern. Die Entscheidung, den Wert der Entschleunigung zu leben, hat mein Leben umgekrempelt.

5. Verinnerlichen: „Alle meine Entscheidungen und Handlungen sind geprägt von diesem neuen Wert." Für den Schritt von „Zur Priorität machen" zum „Verinnerlichen" habe ich weitere sechs bis acht Jahre gebraucht. Es erforderte sehr viel Anstrengung, um den Wert Entschleunigung/Zeit für Stille und Gebet mit den Anforderungen und Aufgaben als Hauptpastor in Einklang zu bringen. Aber heute spüre ich es nahezu sofort körperlich, wenn ich selbst oder andere in meinem Team diesen Wert vernachlässigen.

Das Diagramm zeichnet zwischen Stufe 3 und Stufe 4 eine deutliche Kluft. Warum? Weil dies den Punkt markiert, an dem eine radikale und oft schwierige Veränderung nötig ist. Viele leitende Mitarbeiter können der Idee einer emotional gesunden Spiritualität durchaus viel abgewinnen. Aber es ist dennoch eine nicht zu unterschätzende Herausforderung, den Schritt von „Als Wert anerkennen" zu „Zur Priorität machen" tatsächlich zu tun.

Aber lassen Sie sich nicht entmutigen. Die Veränderungen, die Sie sich wünschen, werden nicht über Nacht eintreten, aber sie werden eintreten. Lassen Sie sich Zeit. Vertrauen Sie darauf, dass Gott alles im Blick hat, und bitten Sie ihn, Ihnen den jeweils nächsten Schritt zu zeigen. Viele Hundert Menschen rund um den Globus sind mit Ihnen unterwegs. Bleiben Sie dran und machen Sie einen Schritt nach dem anderen. Weder Sie selbst noch die Menschen, die Ihnen anvertraut sind, werden dieselben bleiben.

Auswertung: Wie gesund ist Ihr Führungsstil?

Sie haben den Selbsteinschätzungstest „Wie gesund ist mein Führungsstil?“ auf S. 30 ff. bearbeitet. Hier einige Kriterien, die Ihnen helfen, Ihren gegenwärtigen Führungsstil einzuschätzen.

Sie haben am häufigsten 1 oder 2 angegeben. Ihr Führungsstil tendiert dazu, emotional unreif zu sein. Wahrscheinlich agieren Sie auf der emotionalen Reifestufe eines Kindes oder Säuglings. Das klingt vielleicht hart, aber Sie können sich damit trösten, dass Sie keineswegs allein sind. Ich selbst fand mich auf genau derselben Stufe, und das nach siebzehn Jahren als engagierter Nachfolger Jesu, einem theologischen Universitätsabschluss und acht Jahren Gemeindepraxis. Und die meisten Pastoren, die ich begleite, sind an genau derselben Stelle. Emotional und spirituell erwachsen zu werden, dauert Jahre – genau wie das Erwachsenwerden sonst auch. Das ist keine Angelegenheit von Tagen oder Wochen. Atmen Sie also tief durch. Entspannen Sie sich. Sie sind nicht allein.

Sie haben am häufigsten 2 oder 3 angegeben. Sie sind bereits auf dem Weg. Aber Sie agieren vermutlich auf der emotionalen Reifestufe eines Teenagers. Ihr geistliches Leben dreht sich vor allem um Ihre christlichen *Aktivitäten*, nicht um Ihre *Identität* als Christ. Und Sie spüren bereits, dass sich das auf Ihr inneres Leben auswirkt. Sie müssen Ihre persönlichen Werte – Zeit finden für die Gemeinschaft mit Jesus oder Ihrer Ehe bzw. Ihrem Single-Dasein Priorität einräumen – noch mit der Weise, wie Sie Ihre Leitungsaufgabe wahrnehmen, in Einklang bringen. Sie sind sich Ihrer Stärken, Schwächen und Grenzen bewusst, aber das ist ein Feld, das noch mehr Aufmerksamkeit verlangt. Wie und wo könnte Gott Sie zu einem robusteren inneren Leben und zur Vertiefung Ihrer Glaubenspraxis rufen? Wenn Sie weiterlesen, rechnen Sie damit, dass Sie persönlich oder im Blick auf Ihr Führungsverhalten auf ein paar Herausforderungen stoßen.

Sie haben am häufigsten 4 oder 5 angegeben. Ihr Führungsstil ist im Wesentlichen gesund. Sie agieren höchstwahrscheinlich auf einer emotional erwachsenen Ebene. Sie haben ein gesundes Verständnis von Ihren Stärken, Grenzen und Schwächen als Leiter. Sie können Ihre Überzeugungen und Werte vertreten, ohne andere anzugreifen. Ihre Beziehungen zu Ihrem Ehepartner, Freunden und Verwandten haben einen hohen Stellenwert. Und Sie sind sich Ihrer Führungsrolle und Identität als Leiter/in sehr bewusst und wissen, wie Sie mit anderen in Beziehung treten können und wollen. Ihr *Tun* für Gott erwächst aus Ihrem *Sein* vor und in ihm. Wenn Sie dem Weg einer emotional gesunden Spiritualität weiter folgen, können Sie erwarten, dass sich Klarheit und Erkenntnis vertiefen werden – sowohl im Blick auf Ihr eigenes Leben als auch im Blick auf die Menschen, für die Sie Verantwortung tragen.

Teil 1

Das innere Leben

Wer eine Gemeinde, eine Organisation oder ein christliches Werk führen will, das in der Welt etwas zum Guten verändert, braucht dazu mehr als Führungsinstrumente und Managementtechniken. Dauerhafte Veränderung in Gemeinden und Organisationen erfordert Menschen, die tief in ihrem Inneren selbst verändert wurden und aus diesem veränderten Sein heraus handeln. Wer wir sind, ist viel entscheidender für unseren Führungsstil als das, was wir tun, sei es nun auf der strategischen oder sonst einer Ebene. Wenn wir nicht erkennen, dass jeder Aspekt unseres Führungsverhaltens daraus lebt, wer wir sind, werden wir uns selbst und den Menschen, für die wir Verantwortung tragen, schaden.

Viele Aspekte ließen sich nennen, die wichtig sind, wenn ein Mensch mit Leitungsverantwortung sein eigenes inneres Leben fördern und verwandeln will. Ich möchte mich hier auf vier Aspekte konzentrieren, die ich für grundlegend halte und im eigenen Leben und in zwei Jahrzehnten als Mentor für andere als solche erlebt habe. Wer aus einer tief greifenden Veränderung des eigenen Inneren heraus führen möchte, muss

- sich seinem eigenen Schatten stellen,
- die eigene Ehe bzw. Ehelosigkeit zur Basis seines Führungsverhaltens machen,
- Zeit frei machen, um der Liebe Gottes in sich Raum zu geben,
- den Ruhetag (Sabbat) feiern.

Eine Organisation aufzubauen, hat viel gemeinsam mit dem Bau eines Wolkenkratzers. Zuerst legt man das Fundament, dann zieht man die Mauern hoch. In unserem Fall ist das Fundament das eigene Glaubensleben. Und die Qualität und Beständigkeit des ganzen Gebäudes – des Teams oder der Organisation, die Sie leiten – hängt davon ab, wie gut und sorgfältig das Fundament gelegt wird.

Ich möchte das an einem Beispiel illustrieren.

Die Insel Manhattan besteht fast vollständig aus Granit, einem seltenen und sehr harten Gestein. Um einem Gebäude mit 75 oder 100 Stockwerken Standfestigkeit zu geben, verwendet man eine Art

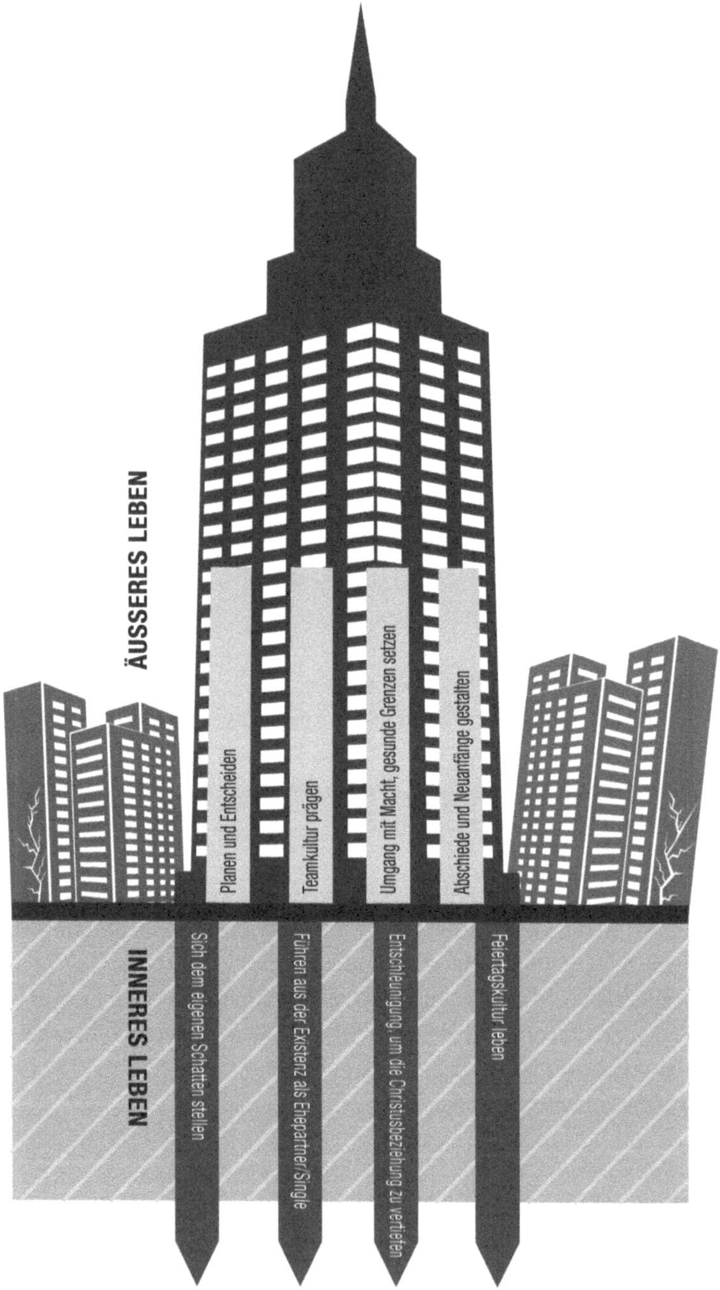
ÄUSSERES LEBEN
Planen und Entscheiden
Teamkultur prägen
Umgang mit Macht, gesunde Grenzen setzen
Abschiede und Neuanfänge gestalten
INNERES LEBEN
Sich dem eigenen Schatten stellen
Führen aus der Existenz als Ehepartner/Single
Entschleunigung um die Christusbeziehung zu vertiefen
Feiertagskultur leben

Anker im Fundament, sogenannte „Pfosten“ – Stahl- oder Betonpfeiler, die in den Boden getrieben werden, und zwar weit in den felsigen Untergrund.

Bei besonders hohen Gebäude reichen diese Pfosten bis zu 25 Stockwerke in die Tiefe. Das schwere Gewicht des Wolkenkratzers verteilt sich auf viele Pfosten. Wenn die Pfosten ungenau oder nachlässig im Felsboden verankert sind, führt das später zu Rissen am Gebäude. Ein ganzer Wolkenkratzer kann in Schieflage geraten. Dann hilft nur noch, das Ganze einzureißen oder anzuheben, damit die Pfosten neu gesetzt werden können – ein kostspieliges und zeitraubendes Verfahren.

Erwachsene, reife Führungsqualitäten werden im Feuer geschmiedet. Sie werden geformt im Feuer schwieriger Gespräche, unter dem Druck von Beziehungskonflikten, durch den Schmerz von Rückschlägen und das Dunkel der Nacht der Seele. Aus diesen Erfahrungen gehen wir verändert heraus: Wir verstehen die Komplexität unserer inneren Welt ein wenig besser. In dem Maß, wie wir neue Verhaltensmuster und Lebensrhythmen entwickeln, die geeignet sind, unser inneres Leben gegen die Anforderungen unserer Führungsaufgaben zu verteidigen, werden wir ganz natürlich überzeugendere und effizientere Leiter sein.

Beginnen wir also damit, unseren ersten Fundamentspflock in den Boden zu treiben. Stellen wir uns unserem Schatten.

2

Sich dem eigenen Schatten stellen

Viele Menschen in Führungsverantwortung sind ständig auf der Suche nach neuen Methoden, Ideen oder Fertigkeiten. Wir sind die Leute, die wissen müssen, was als Nächstes dran ist, warum das wichtig ist und wie wir es bewerkstelligen wollen. Wir müssen sicherstellen, dass die erforderlichen Mittel zur Verfügung stehen. Aber etwas anderes ist viel wichtiger und viel schwieriger: Die erste und schwierigste Aufgabe eines Leiters ist es, sich selbst zu führen. Warum? Weil wir uns dadurch mit Seiten an uns selbst auseinandersetzen, die wir lieber übersehen, vergessen oder nicht wahrhaben wollen. Der Autor Parker Palmer beschreibt diese Tendenz in uns so:

> Alles in uns sträubt sich dagegen. Und das ist der Grund dafür, dass wir uns lieber mit äußeren Dingen beschäftigen – das ist viel einfacher. Es ist leichter, sein Leben damit zu verbringen, eine Institution zu manipulieren, als sich mit seiner eigenen Seele zu befassen. Wir reden so, als seien die Institutionen komplex und streng und rigoros, aber verglichen mit unserem Labyrinth-artigen Inneren sind sie ausgesprochen überschaubar.[1]

Die folgende Geschichte verdeutlicht, wie komplex und herausfordernd es sein kann, sich durch das eigene „innere Labyrinth“ hindurchzuarbeiten und dem eigenen Schatten ins Gesicht zu sehen.

Der Fall Stefan

Stefan ist seit fünf Jahren Pastor einer freien Gemeinde mit derzeit 185 Mitgliedern. In letzter Zeit ist Stefan immer wieder darauf hingewiesen worden, dass er sich im Blick auf Leitungsentscheidungen mehr durchsetzen müsse. Das sagen ihm seine Frau ebenso wie einige Freunde. Stefan sieht das auch so, aber er hat Angst davor, Menschen zu enttäuschen oder zu verärgern. Seine kontaktfreudige, freundliche Art und seine Fähigkeit zuzuhören, täuschen darüber hinweg, dass er auf jede Art von Konflikt allergisch reagiert.

Aber nach fünf Jahren zeigen sich in der Gemeinde die ersten negativen Folgen dieser Konfliktvermeidung. Die Leiterin des Kindergottesdienstes ist unerfahren und reagiert schnell gekränkt, doch weil sie sich für diese Aufgabe angeboten hatte, wollte Stefan sie nicht enttäuschen. Es vergehen keine zwölf Monate, da muss Stefan einen Großteil ihrer Arbeit selbst erledigen. Außerdem hat er immer wieder Unstimmigkeiten zwischen ihr und ihrem Team auszubügeln. Sowohl der Gemeindevorstand als auch einige Eltern hatten Stefan darauf hingewiesen, dass die Leiterin für diese Aufgabe nicht geeignet ist. Jetzt steht ein Riesenproblem im Raum, aber niemand will es ansprechen.

Stefan wollte gern die Gottesdienstangebote verändern und den bisherigen traditionellen 10-Uhr-Gottesdienst früher halten, damit um 11 Uhr noch ein moderner Lobpreisgottesdienst stattfinden konnte. Er hatte sich eigentlich vorgenommen, seine Überlegungen der Gemeindeleitung zu präsentieren, machte dann aber einen Rückzieher, weil er Widerstand von ein oder zwei Ältesten erwartete. Es gab kein Gespräch über die Zukunft der Gemeinde und es änderte sich nichts. Viele junge Leute kehrten der Gemeinde den Rücken.

Stefans Unfähigkeit, Nein zu sagen, andere Meinungen zu ertragen oder auch andere zu enttäuschen, hat ihre Wurzeln in seiner Ursprungsfamilie. Die unausgesprochenen Gesetze, mit denen er aufgewachsen ist, klingen in etwa so:

Verärgere bloß niemanden.

Du bist dafür verantwortlich, dass deine Eltern glücklich sind.

Wenn du traurig oder zornig bist, lass es bloß niemanden merken.

Das hat dazu geführt, dass Stefan die Wahrheit gelegentlich ein wenig zurechtbiegt und sich zu sehr um die Gefühle anderer kümmert. Jetzt wirkt sich dieses schwere Erbe nachteilig auf seine Leitungsaufgabe in der Gemeinde aus.

Als ein Mitglied der Gemeindeleitung Stefan zum Frühstück einlädt, ahnt er nichts Gutes. Und tatsächlich stellt der Mitarbeiter eine unbequeme Frage: „Warum drehen Sie eigentlich die Dinge immer so, dass niemand etwas dagegen sagen kann?" Stefan empfindet die Frage als Schlag in die Magengrube. Er erkennt nicht, dass sein Mitarbeiter ihm einen echten Gefallen getan hat. Die Frage ist jetzt: Was wird Stefan damit anfangen?

Um die Wurzel seiner ausgesprochenen Konfliktscheu aufzuspüren, wird Stefan sich seinem Schatten stellen müssen, und das ist eine komplexe und anstrengende Angelegenheit. Im Moment ist ihm zwar klar, dass er ein Problem hat, aber er muss erst noch begreifen, wie ernst und wie weitreichend es tatsächlich ist.

Zum Glück finden die meisten Menschen, wenn sie erst einmal verstehen, worum es bei ihrem Schatten geht und dass sie nicht die Einzigen damit sind, den Mut, sich ihrem Schatten zu stellen. Indem sie das tun, entdecken sie zugleich etwas von Gottes Gnade und spüren den Rückenwind des Heiligen Geistes.

Was ist der Schatten?

Unser Schatten, das sind all die unbewältigten Emotionen und nicht ganz uneigennützigen Motive und Gedanken, die uns zwar weitgehend nicht bewusst sind, die aber unser Verhalten dennoch ganz entscheidend beeinflussen. Der Schatten ist die versehrte, aber meist verborgene Version unserer Person.

Der Schatten kann sich auf unterschiedliche Weise zeigen. Manchmal geschieht das in offenkundig sündhaftem Verhalten, etwa in einem Perfektionismus, der an anderen kein gutes Haar lassen kann, in Ausbrüchen von Jähzorn, Eifersucht, Süchten oder

Verbitterung und nachtragendem Verhalten. Etwas subtiler tritt er in einem übertriebenen Bedürfnis zutage, für andere den Retter zu spielen oder von allen gemocht zu werden, in Geltungssucht, Arbeitssucht, Distanziertheit oder übermäßiger Strenge. Manche Aspekte des Schattens können Sünden sein, wir können sie aber auch als Verletzungen oder Schwächen begreifen. Sie treten vor allem dort zutage, wo wir uns vor dem Gefühl zu schützen versuchen, verletzlich oder bloßgestellt zu sein.

„Der Schatten ist seinem Wesen nach schwer zu begreifen“, schreiben die Psychologen Connie Zweig und Jeremiah Abrams. „Er ist gefährlich, unberechenbar, stets im Verborgenen wirksam, als ob das Licht des Bewusstseins ihm regelrecht das Leben nehmen würde.“[2]

Wie wirkt sich der Schatten auf unseren Führungsstil aus? Sehen wir uns ein paar Beispiele an.

- Viele Leiter sind begabte Redner, die Menschen motivieren können. Das ist gut. Die Schattenseite dieser Gabe könnte aber sein, dass jemand von Bestätigung nie genug bekommen kann. Sogar ein öffentliches Eingeständnis von Versagen kann durch ein unbewusstes Verlangen nach Anerkennung motiviert sein. Viele begabte Redner nutzen gerade dieses Talent, um sich vor Nähe in Beziehungen zu schützen.
- Wir legen Wert auf Exzellenz. Das ist gut. Der Schatten zeigt sich, wenn unser Qualitätsbewusstsein uns nicht mehr gestattet, Menschen zu akzeptieren, die anderer Ansicht sind. Dann sind wir getrieben von Unsicherheit und Ängsten und müssen uns immer kompetent fühlen und „recht haben“.
- Wir wollen, dass die Gemeinde ihre Gaben mit größtmöglicher Wirkung einsetzt. Das ist gut. Der Schatten regiert, wenn wir so darauf versessen sind, bestimmte Ziele zu erreichen, dass wir anderen nicht mehr zuhören können oder wollen, oder wenn wir andere mit unserem Tempo unter Druck setzen. Die verborgene Schattenmotivation kann dann sein, dass wir abhängig sind davon, dass andere unsere Arbeit würdigen.

- Dienen hat bei uns einen hohen Stellenwert. Das ist gut. Der Schatten äußert sich vielleicht da, wo jemand bei Gemeindeveranstaltungen nur in der Küche steht und Gespräche mit anderen vermeidet – um damit Nähe und Intimität aus dem Weg zu gehen.
- Jemand hat eine neue Aufgabe in einer anderen Stadt übernommen. Das ist gut. Der Schatten regiert, wenn es vor dem Abschied aus dem alten Team zu einem Streit mit bisherigen Kollegen über eine unwichtige Kleinigkeit kommt, die bisher noch nie Thema gewesen ist. Warum? Weil das einfacher ist, als die Trauer über den Abschied zuzulassen und auszusprechen: „Du wirst uns fehlen.“[3]

Erlauben Sie mir noch ein persönliches Beispiel, bei dem ich leider keine gute Figur mache. Geri und ich hatten ein Gespräch, in dem es um Fragen der Gemeindeleitung ging. Es gab vier oder fünf Punkte auf meiner Tagesordnung. Der erste war der, dass ich Geris Meinung zum neu formulierten Leitbild unserer Gemeinde hören wollte, an dem ich seit über drei Monaten gefeilt hatte. Ich reichte ihr das Papier und sie begann zu lesen. „Lass mich kurz nachdenken ... ich bin mir nicht sicher, ob das hier so gut ist.“

Bei diesen Worten spürte ich, wie mein Körper sich anspannte, aber ich versuchte, meinen Ärger zu verbergen. „Das ist eigentlich eine Drei-Minuten-Sache“, sagte ich angespannt. „Ich hatte erwartet, dass du es okay findest. Nicht, dass du eine Generalüberarbeitung vornimmst.“

Geri schwieg, obwohl ihr der Ärger in meinem Ton nicht verborgen blieb. Die Spannung zwischen uns war deutlich zu spüren.

Dann fragte Geri: „Was ist gerade mit dir los? Mir ist aufgefallen, dass du das manchmal auch in Sitzungen so machst. Du fragst Leute nach ihrer Meinung, aber du willst sie gar nicht hören. Das ist nicht gut, Pete.“

Geri war die Ruhe selbst. Ich war das genaue Gegenteil. Etwas in mir hätte sie am liebsten geschüttelt, mich verteidigt oder geschrien.

Da war er wieder – ein Aspekt meines Schattens. Ich kannte ihn nur allzu gut.

Ich hatte die Linie zur akuten Sünde noch nicht überschritten, aber ich war kurz davor. Ich schickte ein Stoßgebet zum Heiligen Geist und bat um Selbstbeherrschung und Kraft. Nach ein paar erklärenden Worten bat ich Geri um Verzeihung, dass ich Fragen gestellt hatte, die ich nicht gut durchdacht hatte und die nicht wirklich ernst gemeint waren.

Mir war nur allzu klar, woher meine Ungeduld und sofortige Anspannung kamen: aus meiner Ursprungsfamilie. Als Geri nicht sofort begeistert auf meine Entschuldigung reagierte, fühlte ich mich in die Welt meiner Kindheit versetzt, in der Kritik und Herabsetzung an der Tagesordnung gewesen waren.

Es war schmerzhaft, diesen Schatten so deutlich zu sehen – und bei Weitem nicht zum ersten Mal. Aber jedenfalls war ich dankbar, dass ich ihn überhaupt sehen *konnte.* Und dankbar für mein gutes Fundament an gesunder biblischer Theologie, das mich daran erinnerte, dass ich mehr bin als mein Schatten.

Wir sind mehr als unser Schatten

Im Blick auf das Thema „Schattenseiten“ und unseren Umgang damit findet man zwei mögliche Extreme in der christlichen Welt. Die erste dieser Extrempositionen besagt: *Ich bin durch und durch schlecht. „Ich weiß ja, dass in mir, das heißt in meiner eigenen Natur, nichts Gutes wohnt“ (Röm 7,18).* Das entgegengesetzte Extrem lautet: *Ich bin durch und durch gut. „Wenn jemand zu Christus gehört, ist er eine neue Schöpfung. Das Alte ist vergangen; etwas ganz Neues hat begonnen!“ (2 Kor 5,17).* In beiden Perspektiven steckt ein Stück Wahrheit, aber wenn wir sie gegeneinander ausspielen, verzerren wir damit die biblische Aussage. Wenn wir angemessen mit dem Problem des Schattens umgehen wollen, müssen wir beide Aussagen in einer gesunden Spannung zueinander belassen.

Die meisten Menschen sind zu jedem denkbaren Zeitpunkt eine

Mischung aus diesen Spannungen und Widersprüchen. Nehmen wir mich zum Beispiel. Es gibt Situationen, in denen ich offen und verletzlich bin. In anderen Situationen reagiere ich abwehrend und verschlossen. Ich kann liebevoll sein, aber gelegentlich auch unfreundlich und voller Vorurteile. Ich arbeite hart, um gute Predigten zu halten, aber ich bin träge, wenn ich mich mit neuen Technologien vertraut machen muss. Ich bin gelassen, wenn ich öffentlich sprechen muss, aber reizbar und angespannt, wenn ich unter Zeitdruck gerate. Die Liste ließe sich fortsetzen.

Gottes Perspektive für uns ist die, dass wir diese widersprüchlichen Seiten unserer Existenz in unser Selbstbild und unsere Selbstwahrnehmung integrieren. Das berührt dann auch unseren Führungsstil. Ja, wir haben einen Schatz, und ja, wir sind ein Schatz. Aber „wir … sind für diesen kostbaren Schatz, der uns anvertraut ist, nur wie zerbrechliche Gefäße" (2 Kor 4,7).

Wenn wir glauben, dass unser Schatten die eigentliche Wahrheit über uns ist, kann uns das mutlos machen. Hat es dann überhaupt einen Sinn zu versuchen, ihn zu entmachten? Solch eine Haltung hat gravierende Konsequenzen. Wir können unseren Schatten nicht ignorieren, ohne einen hohen Preis dafür zu bezahlen.

Sie wissen, dass Ihr Schatten das Ruder in der Hand hat, wenn Sie …

… überreagieren, sobald Sie unter Druck geraten;
… einem anderen, der Sie verletzt hat, den Erfolg nicht gönnen;
… ausgelöst durch Menschen oder Situationen Dinge sagen, die Sie später bereuen;
… Ehepartner oder Kollegen ignorieren, wenn sie kritische Anmerkungen über Sie oder Ihr Verhalten machen;
… ein bestimmtes Verhalten nicht ändern, obwohl es erkennbar nur negative Folgen hat;

... häufig Emotionen erleben wie Zorn, Eifersucht und Neid;
... Dinge tun und sagen, die nur von Ihrer Angst davor motiviert sind, was andere über Sie denken;
... hektischer arbeiten, wenn Sie unter Druck geraten, statt sich mehr Zeit zur Reflexion zu nehmen;
... dazu neigen, andere zu idealisieren, als hätten sie besondere Gaben von Gott bekommen, und vergessen, dass auch diese Menschen einen Schatten haben wie Sie selbst;
... negativ über Menschen reden, die Sie enttäuscht haben, statt das direkte Gespräch zu suchen.

Wenn wir unseren Schatten ignorieren

Sich dem eigenen Schatten zu stellen, ist eine Aufgabe, die man nicht unterschätzen sollte. Unser Selbstschutzmechanismus kann sehr erfinderisch darin sein, scheinbar berechtigte und einleuchtende Gründe zu finden, um die Auseinandersetzung mit unserem Schatten zu vermeiden. Im Lauf der Jahre habe ich einige zentrale Kategorien benannt, wie diese Vermeidungsstrategien sich äußern: Wir verleugnen das Problem, reden es klein, wir häufen Selbstvorwürfe an oder geben anderen die Schuld, wir finden Gründe für unseren Ärger, verdrängen ihn oder projizieren ihn auf andere. Egal, welchen Abwehrmechanismus wir nutzen – wenn wir unseren Schatten ignorieren, sind die Folgen zerstörerisch.

Der Schatten untergräbt unsere besten Möglichkeiten

Studien haben gezeigt, dass 58 Prozent unseres Verhaltens im beruflichen Umfeld durch unseren EQ (Emotionaler Quotient, der Indikator unserer emotionalen Intelligenz) bestimmt sind.[4] Für ein effizientes Führungsverhalten von Führungskräften ist die emotionale

Intelligenz weitaus wichtiger als andere Faktoren wie IQ, Persönlichkeit, Bildungsstand, Erfahrung und Begabung.[5] Diese Tatsache hat weitreichende Konsequenzen im Blick darauf, dass es Gott darum geht, unseren Charakter so zu prägen, dass Christus in uns Gestalt gewinnt. Wenn wir unsere Schattenseiten ausblenden, kann das die besten Möglichkeiten versperren, die unsere Begabung uns eröffnen könnte. Ein eigenes Beispiel: 1996 wurde ich zum ersten Mal mit dem Problem des Schattens konfrontiert. Ich begann, mich damit auseinanderzusetzen, aber es dauerte bis 2007, bis ich ganz verstand, wie sehr sich mein Schatten auf mein Führungsverhalten auswirkte. Die Blockade zerbrach erst, als ich bereit war, mich mit den verborgenen Motiven auseinanderzusetzen, die mich antrieben – Schattenmotive. Besonders deutlich wurden sie in meinem Umgang mit meinen Mitarbeitern und wenn es um Personalentscheidungen ging. Nach und nach erkannte ich drei Hauptprobleme:

Wertschätzung und Anerkennung. Wenn ich den Gottesdienst leitete und predigte, bekam ich viel positive Rückmeldung. Die Leute wollten mit mir reden. Sie sagten lauter freundliche Dinge. Aber wenn ich unbequeme Wahrheiten aussprach oder schwierige Entscheidungen traf, die nicht alle mittragen konnten, rückten sie von mir ab. Hinter meinem Rücken redeten sie schlecht über mich (meistens allerdings nur in meiner Fantasie).

Etwas in mir wollte verzweifelt verhindern, dass Menschen von mir abrückten. Auch das hat seine Wurzeln in meiner Ursprungsfamilie. Meine Eltern verfügten nicht über die emotionalen Ressourcen, ihren vier Kindern den Rückhalt zu geben, den sie gebraucht hätten. Die Folge war: Ich lebte seit meiner Kindheit mit einem emotionalen Defizit und einem tiefen Bedürfnis nach Bestätigung und Annahme. Erst als ich verstand, dass zwischen diesem Mangel an Bestätigung in meiner Kindheit und meinem inneren Zwang zu verhindern, dass Menschen sich von mir distanzierten, ein Zusammenhang bestand, konnte ich – jedenfalls teilweise – verstehen, warum ich immer wieder schwierigen Gesprächen auswich. Das Problem war bereits so groß, dass es nicht nur mich persönlich betraf, sondern die Gemeinde negativ beeinflusste.

Aufrichtigkeit und Lüge. Unsere Gemeinde war zu diesem Zeitpunkt bereits ein komplexes Gebilde mit zwanzig hauptamtlichen Mitarbeitern. Meine Stärken waren mir klar: Predigen, Lehren, Visionen Entwickeln. Weniger gut bin ich in administrativen Dingen, Budgetverwaltung, Personalangelegenheiten und detaillierter Strategieplanung. Ich konzentrierte mich auf das, was ich gut konnte, und blendete die anderen Aufgaben, die mir nicht so lagen, so weit wie möglich aus.

Aber damit war ich unaufrichtig – mir selbst, meinen Mitarbeitern und auch der Gemeinde gegenüber. Ich gab kein ehrliches Feedback, wenn etwas zu kritisieren war, damit sich niemand schlecht fühlte. Ich vermied es, die schwierigen Fragen zu stellen, weil ich Angst hatte vor den möglichen Antworten. Ich vermittelte den Eindruck, dass die Dinge besser liefen, als es tatsächlich der Fall war. Ich gab den Anschein, alles liefe zu meiner Zufriedenheit, obwohl es nicht so war.

Selbstzweifel im Blick auf meine eigene Führungskompetenz. Seit 1923 betreibt meine Familie eine italienische Bäckerei in New York. Bis heute ist der Laden chaotisch und schlecht geführt. Die Botschaft, die ich daraus mitnahm, lautet: Die Scazzeros können gut reden (übertreiben und ausschmücken, um andere mitzureißen), aber nicht gut organisieren. Und damit entschuldigte ich mein Versagen im Blick auf die organisatorische Leitung meiner Gemeinde. Ich konnte mir nicht einmal vorstellen, dass sich das ungeschriebene Familiengesetz von Chaos und Desorganisation eventuell verändern ließe. Ich hörte praktisch ständig die Stimme meiner Mutter: „Das kannst du nicht. Du weißt nicht, worauf du dich da einlässt."

Wie viele andere Pastoren auch stürzte ich mich auf das, was mir lag, statt gerade meinen Schwachpunkten mehr Aufmerksamkeit zu widmen. Es war leichter, eine Extrabibelstunde über die Offenbarung anzubieten, als mich mit Personalfragen, Budget und Supervisionsterminen zu befassen. Kurzfristig besänftigte ich damit meine Anspannung, aber langfristig verstärkte ich sie. Was war die Folge? Im Lauf der Zeit sabotierte mein Schatten sogar meine Stärken und Begabungen als leitender Pastor.

Der Schatten schränkt unsere Fähigkeit ein, anderen zu dienen

In dem Maß, wie wir unseren eigenen Schatten erkennen und uns damit auseinandersetzen, können wir andere dazu befreien, dasselbe zu tun. Ich konzentriere mich nicht darauf, die Schattenseiten an anderen zu entdecken, aber ich erkenne sie zunehmend rascher. Wieso? Weil ich meine eigenen Schattenseiten kenne.

Eine Geschichte über die Wüstenväter erzählt von einem Mönch aus dem 4. Jahrhundert, einem Johannes Kolobos.

> *Als er einmal vor der Kirche saß, scharten sich die Brüder um ihn im Kreise und fragten ihn über ihre Gedanken. Das sah ein Altvater und von Neid angestachelt sagte er zu ihm: „Johannes, dein Becher ist voll Gift."*
> *Johannes antwortete: „So ist es Vater! Und das hast du gesagt, obwohl du nur das Äußere siehst, wenn du erst das Innere sähest, was hättest du dann zu sagen!"*[6]

Johannes reagiert nicht abwehrend. Er greift den anderen nicht an und schlägt auch nicht verbal um sich, um das Gespräch von sich selbst abzulenken. Er steht zu seiner Verletzlichkeit und zu dem, was er von sich selbst weiß. Wie Paulus spricht er von sich selbst als „dem größten aller Sünder" (1 Tim 1,16). Emotionale und geistliche Reife zeigt sich unter anderem daran, inwieweit jemand zur Realität und zum Ausmaß des eigenen Schattens stehen kann.

Wenn wir andere Menschen gut und effektiv führen wollen, müssen wir uns dieser schlichten, harten Tatsache stellen: In dem Maß, in dem wir unseren eigenen Schatten ignorieren, begrenzen und behindern wir auch einen wirksamen Dienst an anderen im Geist der Liebe. Das folgende Beispiel verdeutlicht diesen Zusammenhang:

Ich denke an Charly – einen sehr begabten jungen Mann mit einem Top-Studienabschluss und einem beachtlichen Lebenslauf. Charly ist charismatisch, redegewandt und kreativ. Er hat Gedichte veröffentlicht, ist ein viel gefragter Konferenzredner. Charly stammt aus einer ländlichen Kleinstadt, in der ihn heute jeder wegen seines Erfolgs im großen New York bewundert. Alle dort sind stolz auf ihn. Aber wenn wir im Hauskreis zusammensitzen und es um persönliche Dinge geht, klingen die Beiträge von Charly irgendwie steril, hohl, leer.

Nachdem wir im Hauskreis über die Problematik des Schattens gesprochen hatten, suchte ich das Gespräch mit ihm. „Charly", sagte ich, „ich habe den Eindruck, dein ganzes Leben dreht sich darum, was du darstellst – als Redner, Autor, Dichter, Rapper, als jemand, der es geschafft hat. Aber ich frage mich: Wer bist du eigentlich *wirklich* … hinter all diesen Rollen?"

Er schwieg lange. Dann sagte er leise: „Ich weiß es nicht, Pete."

Ein paar Wochen später trafen wir uns wieder. Charly erzählte, dass er sich sehr mit seinem familiären Hintergrund und dessen Auswirkungen auf sein Leben beschäftigt hatte. Ihm war deutlich geworden, dass er eine Hochglanz-Version seines Lebens konstruiert hatte. Dann sagte er: „Und dann hatte ich den Eindruck, dass Gott mich vor eine Wahl stellt. Ich kann meine Geschichte schönschreiben und aufpolieren und noch mehr als Strahlemann rüberkommen. Oder ich kann zulassen, dass Gott mich heilt und erneuert … Und dafür habe ich mich entschieden. Ich glaube, es wirkt sich schon aus. Ich schreibe anders. Ich spreche anders. Ich weiß noch nicht, wohin das führt. Aber es fühlt sich sehr gut an."

Der Schatten macht uns blind für den Schatten der anderen

In seinem Buch *Dynamik des Todes* bemerkt der Kulturanthropologe Ernest Becker, dass Menschen ein universales Bedürfnis nach Heldenfiguren haben, die weniger hilflos oder beschädigt sind als wir selbst. Figuren, denen Gott irgendwie zuzulächeln scheint, die er mit besonderen Gaben, Weisheit und Intelligenz ausstattet. Figuren, die über die Härten des Lebens triumphieren. Figuren, die uns mit ihrer unerschütterlichen Selbstsicherheit blenden.

Wenn wir uns weigern, uns mit unserem eigenen Schatten auseinanderzusetzen, werden wir entweder blind für die Schattenseiten der anderen oder wir rechnen nicht mehr damit. Das führt dazu, dass wir andere idealisieren, als hätten sie keinen Schatten. Als Konsequenz fühlen wir uns selbst schlecht und fallen in den Sumpf morbider Grübelei über unsere eigenen Fehler, indem das Gewicht unseres Schattens uns immer weiter hinunterzieht. Oder wir urteilen umgekehrt besonders hart über andere, kritisieren jede Unvollkommenheit und reden aus eigener Unsicherheit oder Neid negativ über sie. Auch in diesem Fall vergessen wir, dass wir es mit Menschen zu tun haben, die einen Schatten haben und die sich ebenso verletzlich und unvollkommen fühlen wie wir auch. Wir sollten uns aber daran erinnern, dass wir alle nur „*homo sapiens*, Standardausgabe" sind, wie Becker schreibt.[7]

Jesus war sich durchaus im Klaren darüber, dass seine Jünger alle einen Schatten mit sich herumtrugen. Nach der Tempelreinigung, als viele Menschen ihm folgten, berichtet das Evangelium: „Jesus blieb ihnen gegenüber zurückhaltend, denn er ... wusste genau, wie es im Innersten des Menschen aussieht" (Joh 2,24). Er wusste: Der Glaube allein befreit uns noch nicht von unserem Schatten. Wir brauchen uns nur Petrus anzusehen – diesen Jünger, der überzeugt erklärt hatte, Jesus sei der Messias, und ihn kurz darauf dreimal verleugnete.

Wir sollten uns also darüber im Klaren sein, was es für negative Folgen haben kann, wenn wir unseren Schatten ignorieren. Wenn wir uns hingegen entscheiden, Gott und seinen Weisungen zu folgen, zieht das viel Gutes nach sich.

Was wir gewinnen, wenn wir uns dem Schatten stellen

Gott stellt uns wunderbare Gaben in Aussicht, wenn wir den Mut aufbringen, uns unserem Schatten zu stellen. Und mit wunderbar meine ich: schmerzhaft, aber lohnend – „harte Gnaden" sozusagen. Auch wenn der Gedanke uns zunächst Angst einjagt: Sobald wir uns auf den Weg machen und unserem Schatten ins Gesicht sehen, merken wir, dass Gott genau dort auf uns wartet und uns mindestens *zwei* wunderbare Geschenke macht.

Die verborgene Macht des Schattens wird gebrochen

Eine der wichtigen Wahrheiten des Lebens lautet: *Was man nicht annimmt, kann man nicht verändern.* Aber wenn wir unseren Schatten annehmen – mit seinen Wurzeln und Ausdrucksformen –, dann verringert sich seine Macht über uns. Sie kann sogar ganz gebrochen werden. Der erste und wichtigste Schritt dahin ist der, dass wir unseren Schatten ins Licht Jesu stellen.

Paulus war einer der brillantesten Köpfe seiner Zeit. Als Apostel, Prophet, Evangelist, Pastor und Lehrer war er ein begnadeter Leiter. Gott schenkte ihm außergewöhnliche Visionen und Offenbarungen. Trotz Verfolgung, Todesdrohungen und ständig schwieriger Umstände war sein Erfolg als Gemeindegründer im Römischen Reich unübertroffen. Aber die intensive Gegnerschaft und die Verantwortung für die jungen Gemeinden stellten für Paulus sicher auch eine Prüfung dar. Wir wissen nicht, wie Paulus' Schatten aussah, aber ich könnte mir vorstellen, dass er vielleicht stur war und dazu neigte, anmaßend, intolerant und gewalttätig zu sein (wenn man sich ansieht, wie er zunächst die Gemeinde verfolgte).

Paulus redet offen von dem „Stachel", einem Leiden, das Gott ihm zumutet (2 Kor 12,7). Was das genau war, wissen wir nicht, aber wir wissen, dass es Paulus belastete und entmutigte. Aber es hatte auch eine positive Seite: Paulus lernte, aus Schwäche und Verletzbarkeit heraus zu führen. In diesem Sinn war es ein Geschenk – eine Weise, wie Gott ihm half, sich seinem Schatten zu stellen und dessen Macht zu brechen. Paulus selbst beschreibt das Paradox, dass eine Schwäche ihm zur Stärke wird:

> *Dreimal habe ich deswegen zum Herrn gebetet und ihn angefleht, der Satansengel möge von mir ablassen. Doch der Herr hat zu mir gesagt: „Meine Gnade ist alles, was du brauchst, denn meine Kraft kommt gerade in der Schwachheit zur vollen Auswirkung." Daher will ich nun mit größter Freude und mehr als alles andere meine Schwachheiten rühmen, weil dann die Kraft von Christus in mir wohnt. Ja, ich kann es von ganzem Herzen akzeptieren, dass ich wegen Christus mit Schwachheiten leben und Misshandlungen, Nöte, Verfolgungen und Bedrängnisse ertragen muss. Denn gerade dann, wenn ich schwach bin, bin ich stark. (2Kor 2,8-1).*

Paulus schämte sich nicht für seinen Schatten. Er brüstet sich geradezu – durchaus angemessen – damit, weil er so durchlässig wird dafür, dass die Macht und das Leben Jesu durch ihn hindurchfließen.

Meine Erfahrung ist ganz ähnlich. Als ich erst einmal meine Schattenseiten erkannt hatte – meine Gier nach Anerkennung, meine Unaufrichtigkeit, meine Selbstzweifel im Blick auf mein Führungspotenzial –, konnte ich ihnen entschlossen etwas entgegensetzen. Ich beschloss, diesen Tendenzen in mir nicht mehr nachzugeben. Gegenüber ein paar Menschen, die mir nahestehen, benannte ich sie ganz konkret. Und ich führte mir alle Gaben und Stärken vor Augen, die Gott mir geschenkt hat, ähnlich wie David es gegenüber Saul und für sich selbst tat (1 Sam 17,36f.). Ich erinnerte mich an alle kleinen Siege, die ich schon errungen hatte, und daran, wie oft ich Gottes Treue und Macht bereits erlebt hatte.

Außerdem suchte ich mir erfahrene Mentoren und Berater, die mir halfen, meine Schwachstellen zu verbessern – Personalfragen, Strategieplanung, Budgetplanung, das Management von großen Projekten usw. Das alles brauchte Zeit, die ich jetzt bewusst einplante. Es war ein mühsamer Prozess, sowohl für mich als auch für die Gemeinde, aber er hat die Dinge zum Besseren verändert. Immer wieder musste ich meine Hausaufgaben machen, bis mir die ungeliebten Aspekte meines Jobs leichterfielen. Und indem ich das tat, nahm die verborgene Herrschaft des Schattens in meinem Leben und meinem Führungsstil ab und wurde schließlich besiegt.[8]

Wir entdecken den Schatz, der sich im Schatten verbirgt

Durch den Propheten Jesaja verkündet Gott: „Die verborgenen Schätze und die versteckten Reichtümer gebe ich dir“ (45,3). Dieses Versprechen gilt auch uns, wenn wir die Dunkelheiten unserer Schattenseiten aufsuchen und zulassen, dass diese ungeliebten Seiten unserer Persönlichkeit zu Werkzeugen werden, die unseren Dienst für Gott bereichern. Das Leben von Abraham Lincoln ist dafür ein Zeugnis.

Lincoln hatte von Jugend an mit Depressionen zu kämpfen, zeitweilig war er selbstmordgefährdet und in seinen Zwanzigern und Dreißigern erlitt er mehrere Zusammenbrüche. Als Anwalt musste er mehr Niederlagen einstecken, als er Siege errang. Als er schließlich Präsidentschaftskandidat war, verlachte man ihn als Hinterwäldler und Schande für die Nation. In den ersten Jahren seiner Präsidentschaft waren Rückschläge und gescheiterte Projekte Stoff für zynische Kommentare. Sein Lieblingssohn starb mit elf Jahren; Lincoln war am Boden zerstört. Am Ende des Bürgerkrieges (1865), den Lincoln mit zu verantworten hatte, gab es wohl keine Familie im Land, die keinen Toten zu beklagen hatte.

Trotzdem durchlief Lincoln in dieser Zeit eine erstaunliche persönliche und geistliche Entwicklung. Er verkündete öffentlich, dass Gott im Bürgerkrieg nicht Partei ergriff, dass der Krieg vielmehr eine Folge der Sünde der Sklaverei sei. Er rief nationale Gebetstage aus. Nach dem Ende des Krieges arbeitete er für die Versöhnung zwischen ehemaligen Kriegsgegnern.

Wie war das möglich? Dazu schreibt ein Biograf:

> *Viele haben schon beschrieben, dass Lincoln gegensätzliche Eigenschaften in sich vereinigte. … er war unstetig, aber stark wie ein Drahtseil, das zwar im Sturm umhergeschleudert wird, aber sich hartnäckig bis zum Äußersten spannt … Lincoln hat Gegensätze nicht nur in sich vereint – Selbstzweifel und Vertrauen, Hoffnung und Verzweiflung –, er hat sie in sich versöhnt und so etwas Neues und Wertvolles hervorgebracht. Und hier liegt der Schlüssel für die kreative Art seiner Präsidentschaft – und zugleich eine Lektion für uns alle. Ein gutes Leben zu leben erfordert oft, dass wir ein Bündel von Kontrasten zu einem neuen Ganzen verbinden, das Bestand hat.*[9]

Was immer Lincolns Schatten war, eines ist deutlich: Seine Bereitschaft, sich ihm rückhaltlos zu stellen und alle Anteile seiner Person zu integrieren, hat es ihm ermöglicht, seinem Land in Zeiten großer Gefahr und drohender Spaltung zu dienen und eine Nation zu führen. Er musste seine Gegner nicht verteufeln oder die Nation in Helden und Schurken einteilen. Er hatte gelernt, diese Spannung in sich selbst auszugleichen. Heute gilt er vielen als der größte Präsident, den die USA je hatten.

Wir sind nicht Abraham Lincoln, aber wir können ihm insofern folgen, als wir uns entscheiden, unserem Schatten nicht auszuweichen. Denn wir haben nur zwei Möglichkeiten: ihn so lange zu ignorieren, bis wir vor die Wand laufen und der Schmerz uns dazu zwingt, uns ihm zu stellen. Oder wir lassen es nicht erst so weit kommen und stellen uns unseren Schattenseiten. Wir können erkennen, welche Faktoren zu ihrer Entstehung beigetragen haben.

Vier Wege, sich dem Schatten zu stellen

In der Geschäftswelt ist es mittlerweile üblich, dass Firmen ihre Führungskräfte auf dem Feld emotionaler Intelligenz fortbilden, um die möglichen negativen Auswirkungen zu minimieren, die mangelnde emotionale Reife auf Unternehmen und Teams haben kann. Uns geht es hier aber um mehr als darum, mögliche negative Folgen zu minimieren. Uns geht es um eine dauerhafte innere Umgestaltung unserer Person, durch die Christus in uns Gestalt gewinnen kann, damit die Welt davon profitiert. Sind Sie bereit, dieses Ziel zu verfolgen? Vielleicht haben Sie noch ein paar Bedenken, aber wenn Sie zustimmen, werden Sie bereit sein, einen oder alle der folgenden Schritte zu tun.

1. Zähmen Sie Ihre Gefühle, indem Sie sie beim Namen nennen.

Neurowissenschaftler bestätigen heute: In einem Familienklima aufzuwachsen, in dem Gefühle nicht ausgedrückt werden, führt dazu, dass bestimmte Bereiche des Gehirns unterentwickelt bleiben. Die Fähigkeit, gut zu arbeiten und gut zu lieben, wird beeinträchtigt. Umgekehrt hat die Forschung dokumentiert, wie das Gehirn neu programmiert wird, wenn wir lernen, Gefühle zu benennen.

Sie können damit beginnen, indem Sie im Rahmen Ihrer Stillen Zeit Tagebuch führen und Ihre Gefühlslage aufschreiben. Fragen Sie sich im Gebet:

Was fühle ich gerade? Und was fühle ich im Blick auf das, was ich fühle?
Worüber bin ich traurig? Froh? Zornig? Was macht mir Angst?
Wo spüre ich Spannung oder Stress in meinem Körper (Schultern, Nacken, Magen …)? Was sagen mir diese Körperempfindungen darüber, was in mir vorgeht?

Nachdem ich Christ geworden war, habe ich siebzehn Jahre lang als Jesusnachfolger gelebt und meine Emotionen verdrängt – vor allem die schwierigen wie Ärger, Trauer oder Angst. Ich hielt sie sogar für Sünde – ein theologisches Missverständnis. Allein Jesus anzusehen, hätte mich eines Besseren belehren können.

Die oben genannte Übung wurde für mich entscheidend, denn

sie half mir, meine verkümmerten „Gefühlsmuskeln" wieder aufzubauen. Drei- bis viermal pro Woche nahm ich mir Zeit, mir meine Gefühlslage des vorangegangenen Tages bewusst zu machen. Je öfter ich dieses „Gefühlstraining" durchlief, umso besser gelang es mir, auch meine jeweils aktuellen Gefühle wahrzunehmen. Ich fühlte mich freier und empfand mehr Frieden, denn ich brauchte Emotionen nicht mehr „unter dem Deckel zu halten". Anfangs war es schwierig, auf meine Gefühle zu achten und sie zu identifizieren, aber mit zunehmender Übung wurde es für mich so selbstverständlich wie das Atmen.

Der nächste Schritt bestand darin, mich zu fragen: *Warum* fühle ich, was ich fühle? Etwa: Warum macht mich der Gedanke an eine Begegnung mit einem bestimmten Menschen zornig? Ist diese Person mir zu energisch? Habe ich Angst, ich gebe dem Druck nach, der von ihr ausgeht? Habe ich Angst, ich könnte eine unkluge Entscheidung treffen? Auch die Antworten darauf notierte ich mir. Hatte ich meine Emotionen erst einmal wahrgenommen und benannt und war mir auch über ihren Ursprung im Klaren, konnte ich entsprechende Verhaltensmaßnahmen planen, etwa die, eine Einladung freundlich abzulehnen, kritische Fragen zu stellen oder noch abzuwarten, um in einer Sache endgültig zu entscheiden.[10]

2. Wie wirkt sich Ihre Vergangenheit heute in Ihrem Leben aus? Erstellen Sie ein Genogramm.

Die Arbeit mit einem Genogramm ist eine der effizientesten Methoden, um den eigenen Schatten zu identifizieren und zu bearbeiten. Ein Genogramm veranschaulicht die Geschichte und Dynamik der wichtigsten Beziehungen in der eigenen Ursprungsfamilie über drei oder vier Generationen und den Einfluss, den diese Dynamik bis heute auf uns hat. Ungesunde Verhaltensmuster aus unserer Vergangenheit, die wir in unser Verhalten als Leitende heute mitschleppen, können deutlich werden. Als Beispiel hier das Genogramm meiner eigenen Familie:

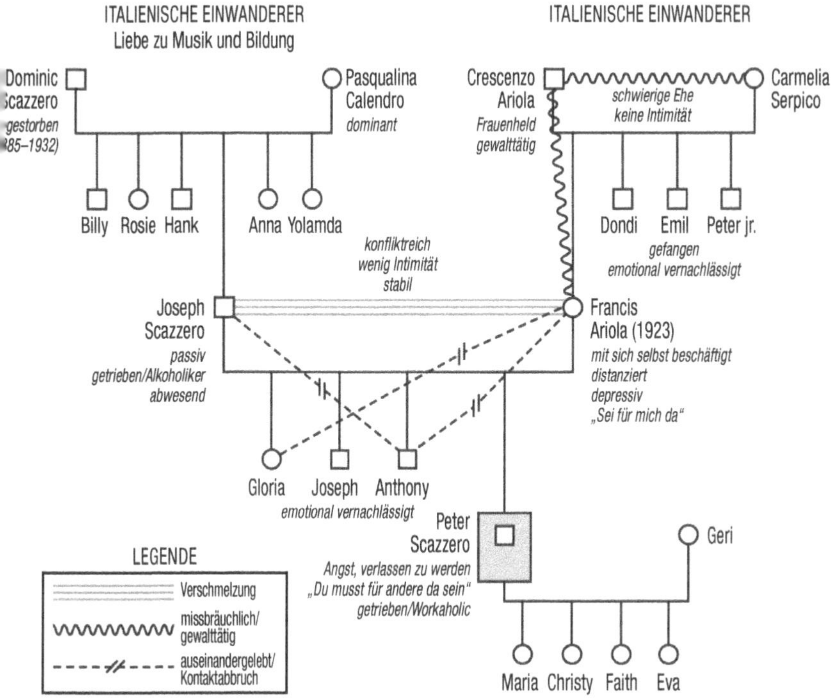

In unserer Gemeinde hat sich eine Redensart durchgesetzt: „Jesus mag in deinem Herzen wohnen, aber Opa steckt dir in den Knochen." An meinem Genogramm zeigt sich das ganz deutlich: Die Großväter werfen lange Schatten über die nachfolgenden Generationen.

Unter anderem deswegen ist es wichtig, sich die Muster bewusst zu machen, die unsere Vorfahren auf uns übertragen haben, wenn wir uns unserem Schatten stellen wollen.

Ben war Buchhalter und Gemeindeleiter. Auffällig war, dass er in Gesprächen sehr rasch in Opposition ging. Wenn man ihn etwas fragte, klang die Antwort wie eine persönliche Kampferklärung – ob es nun um den Programmablauf fürs Kinderfest, die Ordnung im Büro oder eine exegetische Frage ging. Er wusste, dass er ein Problem hatte, aber wie es schien, konnte er sich nicht ändern. Irgendwann erstellte Ben ein Genogramm seiner Familie. Erst da ging ihm auf, warum jede Frage für ihn einen Angriff darstellte, vor allem dann, wenn sie von jemandem kam, der für ihn eine Autoritätsperson darstellte.

Ben war als Kind für jeden Fehler streng bestraft worden, selbst für die kleinsten Missgeschicke. Er hatte sehr früh gelernt, sich dagegen zu schützen, dass man ihm Irrtum oder Schwäche nachweisen konnte. Nachdem Ben das erkannt hatte, war er in der Lage, seinen Tonfall zu ändern.

Die Arbeit mit dem Genogramm ist für Geri und mich und viele andere bahnbrechend geworden. Das Genogramm führt uns über das reine Verständnis oder die Ebene der Motivation hinaus und ermöglicht uns, in der Praxis Dinge anders zu machen. Ich empfehle deshalb jedem, ein eigenes Genogramm zu erstellen.[11]

3. Identifizieren Sie Negativ-Skripte, die Sie übernommen haben

Ein Negativ-Skript ist eine innere Botschaft aus der Vergangenheit, die unser bewusstes und unbewusstes Verhalten in der Gegenwart beeinflusst. Auch wenn wir uns bewusst von solchen Skripten verabschiedet haben, speichert unser Körper immer noch die Erinnerung daran, vor allem dann, wenn sie mit traumatischen Erlebnissen verknüpft sind. Das ist der Grund, warum auch nach Jahrzehnten manche Situationen völlig unangemessene Reaktionen auslösen können – sie aktivieren eine Erinnerung an etwas, das uns emotional überfordert hat. Wenn wir uns über solche Spuren der Vergangenheit bewusst werden, können wir Negativ-Skripte identifizieren und verändern.

Meine Mutter hatte zum Beispiel große Angst vor Risiken und davor, von anderen beschämt zu werden. Diese Angst hat sie ihren vier Kindern vererbt. Als ich ungefähr elf war, wollte ich lernen,

Autos zu reparieren. Und immer, wenn ich etwas Neues lernen wollte, wiederholte sie den immer selben Refrain: „Das kannst du nicht. Du weißt gar nicht, worauf du dich da einlässt. Du wirst es vermasseln." Ein klassisches Negativ-Skript. Noch als Erwachsener habe ich mich mehr als einmal gefragt: „Ist dieses Risiko, das ich erwäge, ein Glaubensschritt – oder ist es der Versuch, mir zu beweisen, dass Mom nicht recht hat?"

Nahezu jede Erfahrung birgt das Potenzial, daraus ein Negativ-Skript abzuleiten. Hier nur zwei Beispiele, die das deutlich machen.

- Daniel ist Arzt, sehr gut in seinem Fach, mit gutem Einkommen. Er ist außerdem Mitglied des Gemeindevorstands. Er neigt zu Perfektionismus und Arbeitssucht und das tut seinen Beziehungen nicht gut. Er erinnert sich, dass er einmal eine Eins nach Hause brachte und sein Vater ihn bestraft hat, weil es keine Eins plus war. Er hatte zwei Vokabeln falsch. Daniels Negativ-Skript: *„Leiste dir bloß keinen Fehler! Nicht den kleinsten! Nie!"*
- In Josefs Familie herrschte ein rauer Ton. Gebrüll war an der Tagesordnung. Einmal hatte sein Vater eine Affäre und Josef als dem Ältesten fiel die Rolle zu, seine Mutter zu beschwichtigen. Er war der Friedensstifter in der Familie. Heute ist Josef Pastor. Er ist konfliktscheu und meidet zornige Menschen. Sein Skript: *„Konflikte sind schlecht und gefährlich."*

Sind Ihnen beim Lesen vielleicht Beispiele aus Ihrem Leben eingefallen? Konnten Sie vielleicht ein eigenes Negativ-Skript erkennen?

Wenn Sie eine oder mehrere solcher Negativbotschaften identifizieren konnten, ist der nächste Schritt, sich damit zu beschäftigen. Tun Sie das im Gebet. Machen Sie sich klar, wie diese Botschaften sich heute auswirken – allein und auch im Gespräch mit Menschen, denen Sie vertrauen. Warum ist das wichtig? Damit Sie konkrete Schritte ergreifen können, um diese Skripts durch andere zu ersetzen, die Sie selbst schreiben und die sich auf Gottes Wahrheit über Ihr Leben gründen.

4. Suchen Sie das Feedback verlässlicher Gesprächspartner.

Ohne das Feedback aus verlässlichen Quellen – von Therapeuten, geistlichen Begleitern, Kollegen, denen ich vertraute, Mentoren – hätte ich meinen Schatten nicht erkannt, geschweige denn mich ihm stellen können. Ich musste dazu außerhalb des unmittelbaren Gemeindekontextes suchen und würde das auch jedem anderen empfehlen. Abgesehen davon, dass etwa ein Therapeut oder geistlicher Begleiter in der Gemeinde vielleicht nicht zu finden ist, reduziert das die Möglichkeit von Interessen- oder Rollenkonflikten, die nur allzu rasch in mehrschichtigen Beziehungen entstehen (mehr dazu in Kapitel 8).

Welche Art von Feedback wir brauchen, hängt von unserer Leitungsfunktion ab und davon, an welchem Punkt und in welcher Situation wir uns in unserem Leben befinden. Wenn Sie die Möglichkeit haben, empfehle ich, ein 360-Grad-Feedback einzuholen – d. h. von jedem, mit dem Sie beruflich zu tun haben. So erhalten Sie ein umfassendes Bild, wie Sie an Ihrem Arbeitsplatz wahrgenommen werden. Viele christliche Leiter sind mithilfe dieses Instruments ihrem Schatten ein gutes Stück nähergekommen. Ebenfalls sehr hilfreich war für viele die Beschäftigung mit dem Enneagramm, einer Typologie, die vor allem auch geistliche Aspekte berücksichtigt.[12]

Jeder, der eine Leitungsfunktion ausübt, hat damit die Möglichkeit, den eigenen Schatten und seine Auswirkungen auf andere zu projizieren. Es gehört daher zu unserer Verantwortung als gute Leiter, dass wir uns ehrlich mit dem eigenen Schatten auseinandersetzen. Hilfe und Feedback von anderen einzuholen, ist verpflichtend – und entscheidend. Allerdings sollten wir dabei auch wissen, dass nicht jedes Feedback gleich viel wert ist. Das hilft vor allem dann, wenn Feedback in Form von Vorwürfen oder scharfer Zurechtweisung erfolgt.

Ich habe im Leben schon viel Zurechtweisung erlebt – an sich ja eine gute Sache, da damit etwas zurechtgerückt werden soll.

Hilfreich war solche Zurechtweisung dann, wenn sie von Menschen kam, die eine tiefe Gottesbeziehung hatten und ihren eigenen Schatten kannten. Ihre Zurechtweisung erwuchs nicht aus dem Geist der Verurteilung, sondern aus dem gemeinsamen Bewusstsein unserer Begrenztheit und Fehlerhaftigkeit als Menschen. Sie erfolgte aus dem Geist der Liebe und in sorgfältig gewählten Worten. Ich konnte das, was sie mir sagten, als Hilfe und Geschenk annehmen. Indem sie auf Dinge hinwiesen, die mir selbst noch gar nicht bewusst waren, haben sie den Wachstumsprozess befördert, den Gott in meinem Leben angestoßen hatte.

Bei Feedback, das aus einer anderen Motivation erfolgt, ist ggf. Vorsicht geboten. Eine Kritik, die aus persönlicher Verbitterung heraus geäußert wird, muss nicht falsch sein. Man sollte sie aber im Gespräch mit anderen Menschen des Vertrauens überprüfen. Ich tue das immer dann, wenn ich mit besonders heftiger Kritik konfrontiert bin. Meine Vertrauenspersonen sind dann einige Älteste unserer Gemeinde. Sie kennen mich und meinen Schatten seit Jahren. Diese Menschen waren in sehr schwierigen Situationen ein großes Geschenk für mich.

Ich rate dazu, Feedback aus möglichst unterschiedlichen Quellen einzuholen – von einem Seelsorger, einem Mentor, ein oder zwei guten Freunden, Gemeindeältesten, einem geistlichen Begleiter … Je mehr Stimmen ich höre, umso weniger einseitig wird das Bild, das ich erhalte. Eine Einzelstimme kann voreingenommen sein (positiv wie negativ). Wenn wir möglichst viele Glieder des Leibes Christi um Feedback bitten, bleiben wir in der Sicherheitszone einer breiten, ausgewogenen Perspektive.

Ich habe vier Wege aufgezeigt, dem eigenen Schatten näherzukommen. Entscheiden Sie sich, mindestens einen davon zu tun – als ersten Schritt in der Auseinandersetzung mit Ihrem Schatten. Aber wenn Sie sich auf diesen Weg machen, ist noch etwas unverzichtbar: Halten Sie sich eng an Jesus. Sie werden vermutlich über stürmische See reisen müssen. Dann ist Christus Ihr Anker.

Bei Jesus bleiben, wenn Sie sich Ihrem Schatten stellen

Jedes Mal, wenn Sie sich bewusst entscheiden, sich Ihrem Schatten zu stellen statt ihn zu ignorieren, folgen Sie Jesus auf dem Kreuzweg. Denn eine solche Entscheidung zieht meist Gefühle nach sich wie Bloßgestellt-Sein, Verletzlichkeit, Schmerz, Selbstanklagen, Einsamkeit, Angst. Etwas will uns einflüstern, dass unser Entschluss, genau dorthin zu schauen, in Verzweiflung und Tod enden wird. Es gibt Zeiten, in denen Gott uns diese Erfahrungen zumutet, um eine weitere Schicht unseres Schattens ans Licht zu bringen. Das Wichtigste, was wir in solchen Zeiten tun können, ist, uns völlig der Liebe des Vaters auszuliefern, wie Jesus es am Kreuz getan hat. Bleiben. Aushalten. Warten. Wie Jesus.

In solchem Warten verankern wir uns in der Wahrheit von Gottes Liebe und Erbarmen und in der Realität der Auferstehung. Wir werden verletzlicher, gebrochener, aber auch mitfühlender und liebevoller aus dieser Erfahrung hervorgehen. Wir werden Christus ein kleines Stück ähnlicher. Wir werden als reifere Christen wiedergeboren.

Machen Sie den Test!

Prüfen Sie, wie gut es Ihnen gelingt, mit dem eigenen Schatten umzugehen. Selbsteinschätzungstest und Auswertung finden Sie unter: www.glaubensriesen.de → für Leiter

3

Führen aus einer guten Ehe oder einem erfüllten Singleleben

Im Blick auf den Stellenwert von Berufung und Ehe im Leben eines Pastors habe ich während meines Studiums und in den Jahren meiner Zugehörigkeit zu christlichen Gemeinden in etwa folgendes Bild verinnerlicht: *Als Pastoren und Gemeindeleiter haben wir es routinemäßig mit Situationen zu tun, in denen es um Leben oder Tod geht. Unsere Arbeit für die Gemeinde hat ewigkeitsrelevante Bedeutung. Und selbst wer einen weltlichen Job hat, ist berufen, Hand und Fuß Jesu in dieser Welt zu sein, die von tausend Plagen heimgesucht wird: Armut, Sucht, zerbrechenden Familien, Krankheit und jeder Menge weiteren Unheils. In allem, was wir tun, geht es letztlich darum, alles zu geben, um das Reich Gottes aufzubauen und der Welt die Liebe Gottes zu bezeugen. Was könnte wichtiger sein? Wie können wir an uns denken, wenn die Welt um uns herum unser Engagement so verzweifelt nötig hat?*

Kommt Ihnen etwas von dieser Denkart bekannt vor?

Wie passt die Ehe oder Ehelosigkeit eines Pastors oder Gemeindeleiters zu seiner Berufung zum Hirten und Leiter einer Gemeinde? In den Gemeinden, die ich kannte, wurde über diese Frage nicht viel geredet. Trotzdem habe ich einige mehr oder weniger deutliche, aber „ungeschriebene" Gesetze diesbezüglich aufgeschnappt.

„Deine Ehe muss dem Reich Gottes dienen“

Eine meiner lebhaftesten Erinnerungen betrifft einen christlichen Studentenkongress, den ich als Mittzwanziger besuchte. Ich habe noch im Ohr, wie einer der Referenten durch die Lautsprecher dröhnte: „Wenn ihr heiratet, dann sorgt dafür, dass es jemand ist, der euer Wirken für das Reich Gottes nachhaltig unterstützt und nicht behindert.“

Das entsprach ziemlich genau der Botschaft, die ich auch schon vorher in Bezug auf christliche Ehe oder Ehelosigkeit verstanden hatte. Meine Freunde und ich verließen die Konferenz mit einem geschärften Bewusstsein dafür, dass es unsere oberste Priorität sein musste, das Reich Gottes zu vergrößern. Und falls wir heiraten sollten, würde unsere Ehe im Dienst dieses Ziels zu stehen haben. Ich betete also um eine Frau, die meine Effizienz für das Reich Gottes mindestens verdoppeln würde.

Gott hat dieses Gebet erhört. Ich lernte Geri kennen. Wir waren bereits acht Jahre locker befreundet, bevor wir uns heftig verliebten. Wir hatten uns bei Intervarsity bereits als Kollegen kennengelernt und wussten, dass wir beide Christus unser Leben gegeben hatten. Nach unserer Heirat nahm unsere Hingabe die Form an, dass wir in New York eine Gemeinde gründeten.

Acht Jahre später. Unsere Gemeinde wächst. Menschen kommen zum Glauben an Christus. Ich habe viel zu viel zu tun und für alles zu wenig Zeit, aber ich halte das für den Normalzustand im Leben eines Pastors. Bei allen anderen ist es schließlich genauso. Doch in dieser Zeit wird aus Geris Traurigkeit eine ausgewachsene Depression. Ich habe die Erziehung unserer vier Töchter weitgehend ihr allein überlassen. Sie hat zwar angedeutet, wie schlecht es ihr geht, aber ich nehme das nicht wirklich ernst. *Sie ist viel glaubensstärker als ich*, denke ich. *Sie kriegt das schon hin.*

Es braucht eine drastische Bemerkung von Geri, bis ich ihr wirklich zuhöre: „Pete, mein Leben wäre leichter, wenn wir uns trennen würden. Dann müsstest du wenigstens am Wochenende die Kinder nehmen.“

Aber ich tue doch das, was Gott von mir will, versichere ich mir selbst. *Und ich bin als Vater doch viel präsenter, als mein eigener Vater es war.* Ich beruhige mich damit, dass unsere Ehe doch so viel besser ist als viele andere Beziehungen in unserem Bekanntenkreis. Unbewusst erwarte ich, dass Geri meine Arbeit für das Reich Gottes mehr anerkennt und unterstützt. Und natürlich werde ich weiterhin alles tun, was man in meiner Aufgabe als Pastor von mir erwartet. Aber ich mache ihr ein Angebot – als Hoffnungssignal.

„Geri, wir organisieren einen Babysitter und fahren für zwei Tage zusammen weg – irgendwo in ein Bed and Breakfast."

Das Problem daran ist: Kaum habe ich ihn ausgesprochen, tut mir der Vorschlag schon leid. Ich kann unsere Situation nicht anders sehen als so: Nicht nur, dass Geri meinen Dienst für Gott nicht unterstützt – nein, sie behindert ihn geradezu!

Kein Kurzausflug zu zweit, kein regelmäßiger Eheabend konnte die zunehmende Entfremdung zwischen uns überbrücken. Selbst dass ich einen ganzen Monat lang jeden Abend früh nach Hause kam, half nicht. Unsere Theologie von Ehe und Gemeindeleitung, falls wir denn eine hatten, war mangelhaft. Es würde mehr brauchen als kosmetische Aktionen, um den Bruch zwischen uns zu heilen.

Nachdem Geri Anfang 1996 aus der Gemeinde ausgestiegen war (zum Glück nicht aus unserer Ehe), fuhren wir zu einer fünftägigen Auszeit, während der uns zwei erfahrene Seelsorger begleiteten. Ich wollte Geri zur Vernunft bringen. Geri wollte die Gemeinde auf einen anderen Kurs bringen. Gott schien es darum zu gehen, unsere Ehe zu retten – und das war der Ort, an dem ich zuallerletzt erwartet hätte, ihm zu begegnen. Etwa nach der Hälfte der Zeit lernten wir etwas, was wir heute „einfühlsam zuhören" nennen.[1] Ich weiß nicht mehr genau, worum es in unserem Gespräch ging. Aber ich werde nie vergessen, dass ich Geri *wahrnahm* und dass ich mich von ihr *wahrgenommen* wusste. Es war das, was der jüdische Religionsphilosoph Martin Buber eine Ich-Du-Begegnung nennt. Zwischen uns entstand ein heiliger Raum und in diesem Raum war Gott präsent. Es verschlug uns regelrecht die Sprache.[2]

Ich war zu diesem Zeitpunkt bereits siebzehn Jahre Christ, aber nichts hatte mich darauf vorbereitet, die Herrlichkeit Gottes in diesem heiligen Raum zwischen uns zu erfahren. Ich hatte zwar noch keine theologischen Kategorien für das, was wir gerade erlebt hatten, aber ich wusste: Wir hatten etwas von der Wirklichkeit des Himmels geschmeckt. Und ich hatte eine erste Ahnung davon, dass Gott unsere Ehe zur Basis und zum Ausgangspunkt für meine und später unsere Leitungsaufgaben machen wollte. In diesem Moment wurde unsere Arbeit „Emotional gesunde Spiritualität“ eigentlich geboren.

Ich gab Geri ein Versprechen: Ich wollte lernen, die Freude an unserer Ehe zur Basis dafür zu machen, wie ich in Zukunft leiten würde. Mein Führungsverhalten sollte aus der überfließenden Freude über unsere Liebe erwachsen. Und wenn es mir nicht gelingen sollte, die notwendigen Grenzen zu ziehen, damit meine Aufgaben in der Gemeinde unsere Ehe nicht negativ beeinflussten, würde ich bereitwillig aus der Position als Hauptpastor ausscheiden.

„Okay“, erwiderte Geri etwas zögerlich. Sie war offensichtlich skeptisch.

Ich wollte, dass sie verstand, wie ernst es mir war. „Geri“, sagte ich, „ich weiß, dass es dir nicht leichtfällt, in New York zu leben. Wenn es je dahin kommt, dass du nicht mehr hier leben willst, dann werde ich darin Gottes Ruf an uns beide erkennen. Ich werde die Gemeinde aufgeben und wir werden danach fragen, was Gott dann von uns will.“

Ich war selbst überrascht darüber, was ich da sagte. Aber ich meinte jedes Wort todernst. Es war der Beginn einer Reise, auf der wir immer noch lernen, wie es gelingen kann, Ehe oder Ehelosigkeit mit einer Führungsaufgabe so zu verbinden, dass beides sich gegenseitig befruchtet. Seit neunzehn Jahren studieren wir die Bibel zu diesem Thema und lesen jedes verfügbare Buch dazu. Was wir dabei entdeckt haben, hat unsere Beziehung zu Jesus grundlegend verändert. Und es hat die Art, wie wir die Gemeinde New Life leiten, komplett auf den Kopf gestellt.

Ehe oder Ehelosigkeit als Berufung

Alle Christen haben dieselbe Berufung: *Wir sind zu Jesus gerufen, von Jesus gerufen und gerufen, für Jesus zu leben.* Unsere erste Berufung ist die, Christus von ganzem Herzen, ganzer Seele und mit allen Kräften zu lieben und unseren Nächsten wie uns selbst. Die Bibel beschreibt unsere Beziehung zu Gott in vielen Bildern (Hirte/Schaf, Herr/Sklave; Vater/Kind …). Das umfassendste und „am wenigsten inadäquate“[3] Bild für die Beziehung zwischen Gott und Mensch ist die Ehe (Ez 16; Mk 2,19f.; Offb 19–22).

In biblischer Zeit umfasste die Eheschließung zwei Ereignisse: Verlobung und Hochzeit. Verlobte galten als Mann und Frau (wie auch Josef und Maria); die Ehe wurde aber erst nach der Hochzeit vollzogen. Wenn wir Jesus als Herrn und Retter annehmen, werden wir ihm *anverlobt.* Vollzogen wird diese Ehe, wenn wir ihn einmal von Angesicht zu Angesicht sehen.

Der Ort, an dem das Verlobtsein mit Jesus sich konkretisiert und wo wir es gestalten, ist unsere sekundäre Berufung: unsere Lebensform der Ehe oder Ehelosigkeit.

Im Lauf der Kirchengeschichte gab es immer wieder Bestrebungen, beides gegeneinander auszuspielen. 1500 Jahre lang galt die Ehelosigkeit als der eigentlich erstrebenswerte Stand eines Christen und als beste Möglichkeit, Jesus nachzufolgen. Unverheiratete saßen in den Kirchen vorn; Verheiratete wurden auf die hinteren

Bänke verwiesen.[4] Nach der Reformation kehrten sich die Dinge um. Jetzt saßen die Eheleute vorn und die Unverheirateten hinten – jedenfalls in protestantischen Kirchen. Aber die Bibel erkennt das eine wie das andere als vollgültige Berufung an.

Ehe. Ein Mann und eine Frau schließen einen Ehebund und werden „ein Fleisch"; vor Gott, einander und vor der Gemeinde versprechen sie, sich dauerhaft, aus freiem Willen und treu zu lieben und Kinder zu haben. Adam und Eva sind dafür das biblische Vorbild. Als Mann und Frau erhalten sie Gottes Auftrag: „Vermehrt euch, bevölkert die Erde und nehmt sie in Besitz!" (Gen 1,28).

Ehelosigkeit. Nach biblischer Auffassung ist der Mensch zum Gegenüber und für eine enge Beziehung zu Gott, zu sich selbst und zu anderen Menschen geschaffen. Die Ehe ist ein Modell, das zu leben; die Ehelosigkeit ein anderes. Die Ehelosigkeit kann freiwillig gewählt sein, sie kann auch ein unfreiwilliges Schicksal sein. Sie kann zeitlich begrenzt oder lebenslang sein, plötzlich eintreten oder sich als Lebensform allmählich herausbilden. Zwei klare Berufungen bilden den Rahmen christlicher Ehelosigkeit:

- *Lebenslanges Zölibat:* Jemand legt ein Gelübde ab, lebenslang unverheiratet und sexuell enthaltsam zu leben. Das geschieht ausdrücklich als Konkretion der Nachfolge Jesu. Die Entscheidung zum zölibatären Leben erfolgt freiwillig und ist Antwort auf eine von Gott verliehene Gnadengabe (Mt 19,12). Heute begegnet uns diese Form der Ehelosigkeit vor allem bei katholischen oder orthodoxen Priestern und Ordensleuten. Das zölibatäre Leben ermöglicht ihnen eine größere Verfügbarkeit für Christus und die Gemeinschaft mit ihm.
- *Zölibat auf Zeit:* Jemand lebt sexuell enthaltsam, verpflichtet sich aber nicht lebenslang auf diese Lebensform, sondern nur so lange, bis er heiratet. Auch diese Verpflichtung ist Ausdruck verbindlicher Nachfolge, die Möglichkeit einer Heirat wird aber nicht ausgeschlossen. Diese Form des enthaltsamen Lebens gab es etwa in Korinth (1 Kor 7).

Ehe oder Ehelosigkeit stellen eine Berufung dar. Das muss uns klar sein und diese Einschätzung muss auch unser Selbstverständnis als Leiter und die Art, wie wir leiten, prägen. Das ganze Leben eines Leiters soll die Liebe Gottes zu dieser Welt bezeugen. Aber dieses Zeugnis sieht bei Verheirateten anders aus als bei Singles. Ehepaare bezeugen, wie *tief* Gottes Liebe ist. Sie haben versprochen, einen Menschen ausschließlich, dauerhaft und sehr eng zu lieben. Singles – ob nun lebenslang oder zeitweise zölibatär lebend – bezeugen, wie *weit* Gottes Liebe ist. Sie sind nicht durch ein Versprechen an einen Menschen gebunden und haben größere Freiheit und mehr Zeit, die Liebe Christi in Beziehungen zu vielen Menschen Gestalt gewinnen zu lassen. Beide, Verheiratete wie Unverheiratete, verweisen auf Gottes Liebe, aber sie tun es auf unterschiedliche Weise. Beide sollten voneinander lernen und die unterschiedlichen Aspekte der Liebe Gottes entdecken.

Vielleicht ist Ihnen dieses Verständnis von Ehe oder Ehelosigkeit neu. Ich bin überzeugt, dass Gott uns mit dieser theologischen Perspektive auffordert, auch unser Verständnis von Leiterschaft auf eine Weise zu erweitern und zu erneuern, wie nur wenige es sich bisher vorstellen können. Bevor wir diesen Gedanken weiterverfolgen, müssen wir aber erst einmal verstehen, wie Ehe und Ehelosigkeit derzeit überwiegend gesehen und von Menschen in Leitungsverantwortung gelebt werden.

Wie Ehe oder Ehelosigkeit meist gelebt werden

Ich habe eine gute theologische Ausbildung genossen und später die renommiertesten Kongresse zu Führungsfragen besucht, die in den USA zu finden waren. Zu keinem Zeitpunkt war die Frage nach dem Verhältnis zwischen Ehe bzw. Ehelosigkeit und Leitungsaufgabe Thema. Dass ein Gemeindeleiter weiß, wie man eine gute Ehe führt, wurde vorausgesetzt. Singlesein galt überwiegend noch als bedauerliche Ausnahme. Die Botschaft, die ich mitnahm, habe ich oben bereits beschrieben: *Setz alles ein für das Reich Gottes –*

und der Rest wird dir dazugegeben. Einschließlich einer erfüllten Ehe. Das ist schließlich die Voraussetzung, um ein guter Gemeindeleiter zu sein.

Also war meine oberste Priorität die, ein innovativer Pastor zu sein, dessen Gemeinde wächst. Der Rest war okay, solange ich keine Affäre hatte oder irgendeine andere eheliche Katastrophe nach außen drang. Für unverheiratete Gemeindeleiter war es ähnlich: *Reiß dich moralisch am Riemen. Deine oberste Priorität ist das Reich Gottes.* Und unterschwellig war die Botschaft meist noch: *Du könntest effektiver Gemeinde bauen, wenn du verheiratet wärst.*

Unter Christen in Leitungsverantwortung dürften bis heute folgende Ansichten im Blick auf Ehe oder Ehelosigkeit weit verbreitet sein:

- Die Beziehung eines Leiters zu Jesus und seine Beziehung zum Ehepartner (bzw. zu Freunden und Familie) haben wenig bis nichts miteinander zu tun.
- Entscheidungen werden im Blick auf die Gemeindesituation getroffen, mögliche Auswirkungen auf das Privatleben zählen nicht als Argument.
- Ein Leiter sollte sich für seine Leitungsaufgabe permanent weiterbilden. Dagegen muss für das Privatleben (Ehe oder Ehelosigkeit) erst dann etwas getan werden, wenn tatsächlich Probleme auftauchen.
- Ein Gemeindeleiter braucht eine gute Dogmatik und eine gesunde Theologie, aber er kann nicht in allen Bereichen Experte sein. Es gibt Wichtigeres als theologische Perspektiven für Ehe, Ehelosigkeit oder Sexualität.

Möglicherweise klingen diese Sätze in Ihren Ohren etwas platt, aber vielleicht kommt Ihnen das eine oder andere doch bekannt vor. Wie steht es um Ihre eigene Haltung im Blick auf unsere Frage?

In der christlichen Kultur ist die Trennung zwischen der Berufung zu einer Leitungsaufgabe und der Berufung zu Ehe oder Ehelosigkeit so allgegenwärtig – und gilt so ausnahmslos als „normal“ –, dass es eine kraftvolle theologische Vision braucht, um etwas an dieser gefährlichen Lage zu verändern. Aber um eine neue Vision zu leben, müssen wir eine konkrete Vorstellung davon haben. Wir müssen wissen, was wir in unserem Leben und an unserem Leitungsstil ändern müssen, um Ehe oder Ehelosigkeit ihren Platz als vorrangige Berufung zurückzugeben.

Führen auf der Basis einer guten Ehe

Seit wir vor zwanzig Jahren angefangen haben, uns mit diesem Thema zu beschäftigen, haben sich für Geri und mich drei Grundentscheidungen herauskristallisiert. Wir glauben, dass jeder christliche Leiter, der emotional gesund leiten will, sich diese Grundentscheidungen zu eigen machen sollte.

Ihre Ehe ist Ihre oberste Ambition

Der Begriff *Ambition* wird definiert als „ein starkes Verlangen, ein bestimmtes Ziel zu erreichen“. Klingt vernünftig, oder? Und wir haben alle die eine oder andere Ambition. Aber in der christlichen Welt hat das Wort Ambition keinen guten Klang. Wir verbinden damit Egoismus, persönlichen Ehrgeiz, „selbstsüchtige Motive“, wie Paulus einigen in Philippi bescheinigt (Phil 1,17). Aber Ambition kann etwas Gutes sein, wenn sie sich auf etwas richtet, das wahr, gut oder schön ist.

Die erste Ambition von verheirateten Gemeindeleitern muss sich verlagern: weg von ihrem Dienst, ihrer Organisation, Gemeinde, Leitungsaufgabe und hin zu dem Ziel, den Ehepartner leidenschaftlich zu lieben. Wir sollten in uns den starken Wunsch wachhalten, das Unsichtbare – die Liebe Jesu zu seiner Kirche – sichtbar zu machen: in und durch die Liebe zu unserem Ehepartner. Der Reichtum unserer Liebe sollte unser Leitungsverhalten prägen und inspirieren. In anderen Worten: Indem wir in unserer Ehe Liebe schenken und Liebe empfangen, wächst uns ein Überschuss an Liebe zu, eine Zugabe sozusagen, die wir weiterschenken können. Sie strömt aus der Gemeinschaft und der Unterstützung und dem Gefühl allgemeinen Wohlbefindens, die wir einander als Ehepartner geben.[5]

Wenn Christen heiraten, legen sie ein Bundesversprechen ab: den Ehepartner zu lieben – aus freiem Willen, verlässlich, fruchtbar und für immer. Und von da an steht jede wichtige Entscheidung, die wir treffen, unter dem Vorzeichen dieses Versprechens: die Wahl unseres Arbeitsplatzes, die Verpflichtungen, die wir übernehmen, und die Frage, was unser Herz leidenschaftlich beanspruchen darf. Platt gesagt: Wer verheiratet ist, kann nicht mehr so leben wie ein Single. Warum? Er hat ein Versprechen gegeben.

Das bedeutet: Der erste Punkt in Ihrer Stellenbeschreibung als leitender Mitarbeiter sollte lauten: Nehmen Sie Ihre Aufgabe so wahr, dass Ihr Auftreten und die Entscheidungen, die Sie treffen, Ihrem Ehepartner verlässlich zeigen, dass er bzw. sie geliebt wird und liebenswert ist. Was ihm/ihr wichtig ist, muss Ihnen auch wichtig sein.[6] Das heißt, dass ich mich jeden Morgen beim Aufwachen frage: *Was ist heute für Geri wichtig? Wie kann ich ihr heute etwas von Gottes Liebe zeigen?*

Ich neige dazu, mich in den Aufgaben, die ich liebe, zu verlieren. Meine Arbeit in der Gemeinde, Vorträge über emotional gesunde Spiritualität oder das Schreiben eines Buches können mich total mit Beschlag belegen. Wenn meine erste Ambition meine Ehe ist, zwingt mich das, Dingen Priorität einzuräumen, die ich sonst aufschiebe oder für unwichtig halte – einen Spaziergang mit Geri zu machen, zusammen zu kochen, bei Erledigungen im Haushalt zu helfen. Weder meine Ursprungsfamilie noch die Leiter, die mir in den ersten Jahren meines Gemeindedienstes Vorbilder waren, haben mir irgendetwas in dieser Hinsicht vorgelebt.

Ihre Ehe ist Ihre erste Passion oder Leidenschaft

Eine Passion ist nach Definition des Dudens die „starke, leidenschaftliche Neigung zu etwas" oder auch etwas, dem man sich „leidenschaftlich hingibt". Wenn also die Ehe, nicht unsere Leitungsaufgabe, unsere erste Passion ist, dann sollten verheiratete Christen in Leitungspositionen die „verliebtesten" Ehepartner der ganzen Gemeinde sein. Das heißt: Unsere Passion – der Fokus dieser starken, leidenschaftlichen Neigung – richtet sich nicht darauf, als Leiter möglichst erfolgreich zu sein. Der Fokus liegt auf unserem Ehepartner.

Gott liebt uns mit einer Liebe, die treu ist, ausdauernd, unerschütterlich. Agape-Liebe. Aber diese Liebe, die er uns in seinem Bund zusichert, umfasst auch *Eros,* den Aspekt der Liebe, der in der sexuellen Leidenschaft zum Ausdruck kommt. Gottes Liebe zu uns ist glühend und kann ekstatisch und verzückt sein. Er ist verrückt nach uns! Hier einige Schriftstellen, in denen dieser Aspekt seiner Liebe zum Ausdruck kommt:

> *Er freut sich und jubelt über dich, er erneuert seine Liebe zu dir, er jubelt über dich und frohlockt (Zef 3,17, EÜ).*

> *[Der Vater] lief ihm entgegen, fiel ihm um den Hals und küsste ihn [mehrfach, so im Griechischen] (Lk 15,20).*

> *Wie könnte ich dich aufgeben, Israel? … Nein, es bricht mir das Herz, ich kann es nicht; ich habe Mitleid mit dir! (Hos 11,8).*

> *… dass sie alle eins sind – sie in uns, so wie du, Vater, in mir bist und ich in dir bin (Joh 17,21).*

Erkennen Sie die Leidenschaft in Gottes Liebe zu uns?

Dieselbe Leidenschaftlichkeit soll jede christliche Ehe widerspiegeln. Wir sollen unseren Ehepartner so lieben, wie Gott uns liebt – entschieden und voller Passion. Wenn wir das tun, verkörpern wir für die Menschen, die wir führen oder denen unser Engagement gilt, die Liebe, mit der Jesus die Welt liebt.

Die meisten Paare erleben eine solche Leidenschaft füreinander, wenn sie frisch verliebt sind. Wir können Tag und Nacht an nichts anderes denken als an den anderen. Wir fühlen uns sexuell angezogen und können es kaum erwarten, uns einander körperlich zu schenken. Unsere gewöhnliche Selbstzentriertheit wird gesprengt und plötzlich steht ein anderer im Mittelpunkt unseres Interesses. Diese Leidenschaft soll im Lauf der Zeit nicht verblassen (wie es allzu häufig geschieht). Nein, sie soll sich vertiefen und reifen. Leidenschaftlichkeit gehört entscheidend zur Berufung zur Ehe. Und zwar deshalb, weil sie über sich selbst hinausweisen und einen Vorgeschmack und Anschauungsmaterial der leidenschaftlichen Liebe bieten soll, mit der Gott die Welt liebt.

Leider sind die wenigsten von uns, auch die wenigsten Leiter, mit dem nötigen Handwerkszeug ausgestattet, um eine solche erfüllende Ehe zu gestalten. Wir erwarten, dass es sich schon irgendwie ergeben wird. Aber es ergibt sich nicht. Eine leidenschaftliche Ehe muss gepflegt werden.[7] Die Frage ist nur: Wie? Wie pflegen wir Passion und Leidenschaft in unserer Ehe – vor allem als Menschen in Leitungspositionen? Drei Vorschläge dazu.

1. Wir beten um mehr Leidenschaft. Geri und ich tun das regelmäßig – allein und gemeinsam. Anfangs versuchte ich es ohne das Gebet, aber von mir aus konnte ich nicht lange durchhalten. Das Gebet hat die Kraft des Heiligen Geistes in unserer Ehe wirksam werden lassen und das war entscheidend. Denn die Versuchung, die Leidenschaft zu vernachlässigen und träge zu werden, ist allgegenwärtig und es braucht eine Kraft von außerhalb unserer selbst, um ihr zu widerstehen. Wir bitten Gott jeden Tag um die Gnade, *in der Liebe leben*[8] zu können. So füreinander da sein zu können, wie Gott für uns da ist.

Das Gebet hilft uns, uns immer wieder auf Gottes Herz auszurichten, das voller Liebe zu dieser Welt ist. Wir beten darum, dass Menschen in unserer Liebe zueinander eine Art Offenbarung erfahren: „Wow, so also liebt Gott mich!“

2. Leidenschaft zu kultivieren, ist für uns eine geistliche Übung, die wir regelmäßig praktizieren. Physische Nacktheit und Gemeinschaft sind für uns eine geistliche Übung, mit der wir bekräftigen, dass unsere Ehe unsere erste und wichtigste Berufung ist. Wir bemühen uns, jeden Tag zwanzig Minuten nackt und ohne Scham zusammen zu sein (Gen 2,24). Das Ziel dabei ist nicht der Geschlechtsverkehr. Oft liegen wir uns einfach in den Armen. Wir wollen auf jeder denkbaren Ebene leidenschaftlich zusammen sein – physisch, geistlich, emotional und intellektuell.

Diese zwanzigminütige Übung hält die sexuelle Anziehungskraft zwischen uns wach. Eine Ehe ist anders als jede andere Beziehung. Wir sind nicht nur gute Freunde, die ähnliche Werte haben. Wir sind auch nicht nur Mitarbeiter am Reich Gottes. Was die Ehe besonders macht, ist die sexuelle Gemeinschaft. Wir drücken unsere Liebe ganz bewusst auch außerhalb des Schlafzimmers aus (zärtliche Berührungen, Überraschungsgeschenke, Kleidung, die dem anderen gefällt, liebevolle Gesten). Diese „hautnahe" Praxis fließt in unser Leben als Ganzes ein und durchdringt unseren Tag und alles, was wir tun.

Gelingt uns immer alles, was wir gern tun würden? Nein. Es gibt Unterbrechungen oder Störungen wie Familienurlaub, Krankheiten, Reisedienste und Vortragstermine. Aber nachdem wir erst einmal ganz klar entschieden hatten, dass unsere Ehe oberste Priorität hat und nicht die Leitungsverantwortung, haben diese Dinge in unserem Denken und unserem Herzen einen ständigen Platz.

3. Wir bauen einander ganz bewusst auf. In unserem regelmäßigen nackten Beisammensein bauen wir einander auf. Man sagt ja, wonach du suchst, das wirst du auch finden. Suchst du die Fehler beim anderen, wirst du sie entdecken. Suchst du seine Schönheit, wirst du Schönheit finden. Regelmäßige und ernst gemeinte Bestätigung gehört zu den größten Geschenken, die Ehepartner einander machen können. Wenn wir nach der Güte und Schönheit des anderen Ausschau halten und das, was wir entdecken, in aufrichtige Worte kleiden, dann bringen wir einander Gott zum Greifen nah. Bestätigung heilt Wunden, bedeckt Scham und sagt uns, wie Gott uns sieht – als unendlich wertvoll und geliebt. Ständige Kritik dagegen saugt uns das Leben aus – und unserer Beziehung ebenfalls. Kritik ist der Todfeind der Leidenschaft. Bestätigung dagegen facht die Leidenschaft enorm an.

Gott weiß, dass wir unser Bestes dann geben können, wenn wir in einer Atmosphäre leidenschaftlicher Liebe leben. Wenn wir gar nicht genug voneinander bekommen können, sehen wir die Welt nicht mehr schwarzweiß, sondern in allen Farben des Regenbogens.

Ihre Ehe ist die deutlichste Predigt des Evangeliums, die Sie weitergeben können

Viele Christen mit Leitungsaufgaben glauben, die deutlichste Botschaft, die wir verkünden, liegt in dem, was wir sagen, oder vielleicht noch in unserem Einsatz für andere im Namen Jesu. Zu Anfang meiner Arbeit in der Gemeinde habe ich gedacht, ich kann das Evangelium am besten dadurch verkünden, dass ich eine Gemeinde gründe und gute Predigten halte.

Wenn ich sage, dass die *Ehe* die deutlichste Predigt ist, die wir halten können, meine ich damit, dass eine christliche Ehe über sich selbst hinausweist auf etwas Wichtigeres – auf Christus. Insofern ist eine Ehe ein Zeichen und ein Wunder. Paulus weist in seinem vielleicht wichtigsten Satz über die Ehe genau darauf hin:

> *„Deshalb", so heißt es in der Schrift, „wird ein Mann Vater und Mutter verlassen und sich mit seiner Frau verbinden, und die zwei werden ein Leib sein." Hinter diesen Worten verbirgt sich ein tiefes Geheimnis. Ich bin überzeugt, dass hier von Christus und der Gemeinde die Rede ist (Eph 5,31-32).*

Paulus versteht, dass eine Ehe mehr ist als zwei Menschen, die zusammenfinden, ggf. Kinder haben und das Leben gemeinsam genießen. Und sie ist auch mehr als die Basis, von der aus wir unsere Leitungsaufgabe wahrnehmen. Paulus versteht die Ehe als Zeichen und als Wunder, und zwar auf zwei unterschiedliche Weisen. Oben wurde schon gesagt, inwiefern eine christliche Ehe Gottes Liebe widerspiegelt – eine Liebe, die aus freien Stücken geschenkt wird, verlässlich ist, fruchtbar und auf Dauer angelegt. Eine Ehe verweist aber auch auf die Ewigkeitsperspektive unseres Lebens: Einmal werden wir mit Gott vereint sein und seine Liebe wird uns ganz erfüllen. Paulus sieht die Ehe als prophetisches Zeichen für das Hochzeitsmahl des Lammes (Offb 19–22); dann haben wir das Ziel unseres Lebens erreicht, die Vermählung mit Christus, und sind Gäste bei einem Hochzeitsmahl, das kein Ende hat.

Was bedeutet das praktisch? Wie machen wir als Christen in Leitungspositionen unsere Ehe zu unserer deutlichsten Predigt?

Als sich mein Verständnis von Leiterschaft umkehrte (von: „Ich bin ein Leiter, der zufällig auch noch verheiratet ist“ zu: „Wie ich leite, ist eine Frucht meiner Ehe“), hat sich Verschiedenes verändert. Mein Selbstverständnis war nicht mehr in erster Linie: „Ich bin Pastor Pete Scazzero“, sondern es war: „Ich bin Geris Mann.“ Ich nahm es als göttlichen Ruf an, dass ich für Geri „Gott zum Anfassen“ sein sollte, dass ich für sie so präsent und so ansprechbar sein sollte wie mein eigener Körper. Das veränderte natürlich auch meine Definition dessen, was ich als Erfolg in meiner Leitungsaufgabe verstand. Ich wünschte mir nicht mehr vor allem eine wachsende Gemeinde; ich wollte eine leidenschaftliche Ehe gestalten, aus der ein Überschuss an Liebe in die Welt fließt. Das Bedürfnis nach Bestätigung, das ich durch meine Erfolge in der Gemeindearbeit befriedigt hatte, wurde jetzt durch Geris Liebe gestillt und durch ihre Freude an unserer Gemeinschaft. Ganz zu Anfang dieser Reise organisierte ich meine Prioritätenliste neu. Jetzt stand da etwas wie:

1. Zeit mit Gott (Es folgen Termine und eine Liste geistlicher Übungen für die Woche.)
2. Investitionen in unsere Ehe (Es folgen konkrete Zeiten und Aktivitäten für die Woche.)
3. Alles, was die Gemeinde betrifft (Predigtvorbereitung, Mitarbeiterbesprechungen, Sitzung der Gemeindeleitung usw.)

Unsere Ehe zur deutlichsten Predigt des Evangeliums zu machen, hat nicht bedeutet, dass wir von da an nur noch alles gemeinsam taten. Das tun wir bis heute nicht. Aber nachdem ich es erst einmal zu meinem Herzensanliegen gemacht hatte, das, was Geri wichtig ist, auch selbst wichtig zu nehmen, veränderte sich etwas. Die vielleicht größte Veränderung in mir war die, dass Geri mehr und mehr Raum in meinem Bewusstsein einnahm. Und es gelang mir immer besser, wirklich für sie da zu sein, wach und präsent. Das spürte ich vor allem in den Gottesdiensten. Früher hatte ich kaum je an Geri gedacht, wenn ich die Gemeinderäume erst mal betreten hatte. Die Gemeindeglieder standen an erster Stelle. Das war jetzt anders. Anfangs kostete es mich Überwindung, quer durch den Raum zu gehen und ihr den Arm um die Schultern zu legen, im Gottesdienst mit ihr Händchen zu halten oder sie im Foyer zu umarmen. Heute ist es ein ganz selbstverständlicher Ausdruck unserer Liebe und Verbundenheit, dass ich in einer größeren Menschenmenge nach Geri Ausschau halte. Sie weiß das sehr zu schätzen und liebt diese kostbaren Momente. Und zu meiner Überraschung fällt es auch anderen auf. Wenn wir gemeinsam in der Öffentlichkeit auftauchen, ist mir heute bewusst, dass wir durch unsere Ehe Gottes Liebe verkünden – auch wenn ich keinen Vortrag oder keine Predigt halte.

Es ist nicht übertrieben zu sagen, dass dies dramatische Veränderungen waren, die mich dazu brachten, meine besten Kräfte zuerst in unsere Ehe und dann erst in meine Aufgabe als Pastor zu investieren. Diese Investition in unsere Ehe war kein „Extra", sie war der Schlüssel dazu, wie ich heute unsere Gemeinde leite. Und es hat mir auch geholfen, besser zu verstehen, was es heißt, das Leben als Single so zu gestalten, dass diese Lebensform den eigenen Führungsstil prägt. Falls Sie verheiratet sind: Überschlagen Sie daher den nächsten Abschnitt nicht. Es ist für die Kirche unverzichtbar, dass Verheiratete und Singles voneinander lernen, aber auch von den jeweiligen Schwierigkeiten der anderen wissen.

Führen auf der Basis eines ausgewogenen und gesunden Singlelebens

Wir haben gesehen, dass wir eine solide Spiritualität der Ehe als Berufung brauchen. Und in gleicher Weise brauchen wir auch ein breites spirituelles Verständnis der Ehelosigkeit als Berufung, wenn die Kirche zu der Reife finden soll, zu der Gott sie führen möchte.

Bevor ich mehr dazu sage, muss ich eine Einschränkung machen. Ich lebe nicht als Single. Ich habe zwar bewusst enthaltsam gelebt, bis ich achtundzwanzig war, aber ich schreibe heute als jemand, der seit einunddreißig Jahren verheiratet ist. Die Herausforderungen und Schwierigkeiten, denen man als Single in einer Leitungsposition begegnet, kenne ich nicht aus eigener Erfahrung. Ich weiß nicht, wie es ist, wenn man als irgendwie zweitklassig oder defizitär betrachtet wird, weil man nicht verheiratet ist. Zudem komme ich aus einer protestantischen Tradition, die es weitgehend versäumt hat, ein biblisches Verständnis der Ehelosigkeit zu entwickeln, ganz zu schweigen davon, eine entsprechende Gemeindekultur aufzubauen. Ich habe zwar im Lauf der Jahre mit zahllosen Singles über ihre Erfahrungen gesprochen, aber mir ist nur zu deutlich bewusst, wie viel ich *nicht* weiß.

Trotzdem schreibe ich dieses Kapitel. Ich tue es, um eine wichtige und sehr notwendige Diskussion über dieses Thema in der Kirche anzustoßen und voranzubringen. Ich habe die feste Hoffnung, dass Singles in Leitungspositionen den Platz einnehmen werden, der ihnen in der Gemeinde zukommen sollte. Und dass verheiratete Leiter sensibler werden für die Probleme und besonderen Herausforderungen von Singles, damit wir gemeinsam die Sache Jesu in dieser Welt voranbringen.

So viel als einschränkende Vorbemerkung. Und jetzt sage ich mit Überzeugung: Wenn Sie auf der Basis eines gelungenen Singlelebens leiten wollen, müssen Sie ebenfalls drei Grundentscheidungen treffen.

Gewinnen Sie Klarheit darüber, zu welcher Form der Ehelosigkeit Gott Sie ruft

In unserer Gesellschaft gibt es unter Christen mit Leitungsaufgaben immer mehr Singles und das sind nicht nur junge Menschen, die noch auf der Suche nach einem Partner sind, sondern Menschen aller Altersstufen. Das bedeutet: Viele leitende Christen müssen sich darüber klar werden, ob ihre Ehelosigkeit eine zeitweise oder eine lebenslange Lebensform für sie sein soll.

Lebenslanges Zölibat

Die meisten Menschen, die heute ein Gelübde der Ehelosigkeit ablegen, sind Priester oder Ordensleute der katholischen oder orthodoxen Kirchen. In den meisten protestantischen Kirchen wird über Ehelosigkeit selten gesprochen und sie gilt auch selten als vollwertige Berufung. Leider. Allerdings gibt es Anzeichen, dass sich das langsam ändert. Zunächst entdeckten die Diakonissengemeinschaften die Ehelosigkeit als Berufung im evangelischen Raum wieder; heute findet man neue kommunitäre Gemeinschaften mit dem Gelübde der Ehelosigkeit auch im protestantischen Raum.[9]

Jesus war der Erste, der von einer besonderen Berufung zur Ehelosigkeit sprach. Und er tat es zu einer Zeit und in einer Kultur, in der diese Vorstellung schockieren musste. In der Geschichte und Kultur des Judentums und auch in den Schriften des Alten Testaments gab es eigentlich keinen Raum für eine bewusst gewählte Ehelosigkeit.[10] Dass ein Jude heiratet, war so selbstverständlich, dass es überhaupt kein Wort für „Junggeselle“ gab. Der älteste Sohn musste den Familiennamen weitertragen; nichts war schlimmer, als wenn der Familienname ausstarb. Es bestand also ein hoher sozialer Druck vonseiten der Familie, der Synagoge und der Kultur, zu heiraten. Vor diesem Hintergrund müssen wir hören, was Jesus zum Thema sagt:

> *Er erwiderte: „Das ist etwas, was nicht alle begreifen können, sondern nur die, denen es von Gott gegeben ist. Manche sind nämlich von Geburt an zur Ehe unfähig, manche werden durch den Eingriff von Menschen dazu unfähig gemacht, und* ***manche verzichten von sich aus auf die Ehe****, um ganz für das Himmelreich da zu sein. Wer es begreifen kann, der möge es begreifen!" (Mt 19,11-12; Hervorhebung vom Verfasser).*

> *Jesus gab ihnen zur Antwort: „Ihr irrt euch, weil ihr weder die Schrift noch die Kraft Gottes kennt. Denn* ***nach der Auferstehung heiraten die Menschen nicht mehr****, sondern sind wie die Engel im Himmel" (Mt 22,29-30; Hervorhebung vom Verfasser).*

Jesus nennt zwei verständliche Gründe für ein eheloses Leben: körperliche Behinderung oder Kastration. Und dann eröffnet er eine ganz neue Kategorie – die Ehelosigkeit, *„um ganz für das Himmelreich da zu sein"*. Das ist der Grundtext für die Lebensform des lebenslangen Zölibats.

Wer ein zölibatäres Leben auf Lebenszeit wählt, hat ein *Charisma* empfangen. Gott befähigt Männer und Frauen, ohne Ehepartner zu leben, damit sie einen besonderen Dienst in der Welt wahrnehmen können. Sie verzichten auf die zeitliche Ehe, um sich umso mehr auf die himmlische Wirklichkeit ausrichten zu können, auf die die Ehe verweist – die Vereinigung mit Christus.

Jesus macht es ganz klar, dass dies nicht die Option für die meisten Christen ist (Mt 19,11). Aber auch unter den Leitenden unserer Gemeinden und Werke sind Menschen, die zu dieser Form der Ehelosigkeit berufen sind. Vielleicht gehören Sie selbst zu dieser Gruppe. Und falls Sie noch unsicher sind, möchte ich empfehlen: Nehmen Sie Kontakt auf zu Menschen, die sich für ein zölibatäres Leben entschieden haben. Lernen Sie von ihrer Geschichte und ihrem Entscheidungsweg. In Klöstern dauert der Weg der Prüfung, ob dies wirklich die eigene Lebensform sein kann, fünf bis sieben

Jahre. Sie müssen also nichts überstürzen. Aber gehen Sie dem nach, wenn Sie einen solchen Ruf spüren.

Zölibat auf Zeit

Christen, die diese Berufung leben, entscheiden sich dafür, sexuell enthaltsam zu leben, solange sie nicht verheiratet sind. Ich habe selbst neun Jahre lang so gelebt. Zwischen neunzehn und achtundzwanzig wollte ich mich ganz auf mein Leben in der Nachfolge Jesu konzentrieren. Ich wollte im Glauben wachsen und Christus dienen und eine Beziehung sollte mich nicht davon ablenken. Auch Geri hatte sich in ihren Zwanzigern für diese Form des enthaltsamen Lebens entschieden. Beide haben wir diese Jahre genossen, in denen wir als Singles Jesus folgten und auch Leitungsaufgaben wahrnahmen. Wären wir unverheiratet geblieben, hätten sich in späteren Jahren sicher andere Herausforderungen aus dieser Lebensform ergeben. Aber wir haben viele ehelos lebende Freunde, die sich diesen Herausforderungen gestellt haben und von denen wir viel über ein Leben als Single und als Leiter gelernt haben.

Sue gehört zum Team von New Life. Sie leitet Einkehrzeiten, begleitet Menschen in schwierigen Situationen, ist Mentorin für andere Teammitglieder und hat uns schon oft mit ihrer Weisheit und Klarsicht weitergeholfen. Sie beschreibt ihren Weg als Single so:

> *Als ich mit siebzehn zum Glauben kam, habe ich natürlich gedacht, ich würde irgendwann heiraten. Aber ich wusste schon damals sehr klar, dass der wichtigste Ruf in meinem Leben der war, Gott und die Menschen zu lieben. Ich sollte ein liebender Mensch sein. Mit achtzehn kaufte ich mir einen Ring und ließ einen Vers aus dem Hohelied (6,3) eingravieren: „Meinem Geliebten gehöre ich und mir gehört der Geliebte" (EÜ). Er sollte mich daran erinnern, dass ich in allererster Linie zu Christus gehöre.*
> *Ich fühlte mich nicht zur Ehelosigkeit auf Lebenszeit berufen. Ich hatte eine ernsthafte Beziehung, aber mein Freund*

fühlte sich von Gott nach Afrika berufen und ich nicht – also haben wir uns getrennt. Ich habe mich mit meiner Ehelosigkeit angefreundet, auch wenn ich sie nicht bewusst gewählt habe.
Jetzt bin ich 46 und habe ein sehr erfülltes Leben. In meiner therapeutischen Arbeit berate ich Ehepaare und Singles. Ich habe auch das Gefühl, dass ich viele Kinder habe – keine biologischen, aber Menschen, in die ich mein Leben investiert habe. Das gibt mir viel Freude und Befriedigung.
Ich habe nicht das Gefühl, dass ich irgendetwas verpasst habe. Ich fühle mich ehrlich gesagt reich beschenkt. Weil ich Single bin, kann ich so viele Dinge tun, die sonst unmöglich wären. Und ich hege nicht die Illusion, dass eine Ehe ein Heilmittel gegen Einsamkeit ist. Einsamkeit gehört zum Menschsein. Es ist eine Einladung, unser Herz umso mehr für Gott zu öffnen.
Auch als ich noch allein wohnte, habe ich ganz bewusst oft Leute eingeladen (Singles, Verheiratete und meine Familie). Seit 34 Jahren wohne ich mit einer Freundin, Bonnie, zusammen. Gemeinschaft ist für uns beide sehr wichtig und wir pflegen sie bewusst. Ich glaube, die Gemeinde soll eine Gemeinschaft sein. Es gibt keinen Grund, als Einzelgänger durchs Leben zu gehen. Wir sind Gottes Familie. Bonnie und ich haben unser jeweils eigenes Leben, aber es gibt auch vieles, was wir teilen.
Mein Rat für Singles: Lebt nicht in der Warteschleife. Lebt heute so erfüllt und glücklich, wie ihr nur könnt.

Viele Dinge an Sues Geschichte beeindrucken mich: die Einsicht, dass zu jedem Leben auch ein bestimmtes Maß an Einsamkeit gehört. Dass sie ganz bewusst Gastfreundschaft lebt, enge Freundschaften sucht. Und dann, dass sie sich mit einer Lebensform angefreundet hat, die sie ursprünglich nicht gesucht hat. Die Freude und die Liebe zu Jesus, von der Sue spricht, spürt man ihr ab, wenn man ihr begegnet.

Für viele Singles ist es allerdings nicht so einfach, ein Ja zu einem zölibatären Leben auf Zeit zu finden. Emily arbeitet seit dreißig Jahren unter Studenten. Ich habe sie gefragt, ob sie sich bewusst dafür entschieden hat, „vorläufig" bzw. auf Zeit ehelos zu leben. Hier ihre Antwort:

Bewusst entschieden? Das würde ich so nicht sagen. Ich wollte nicht als Single leben. Aber diese Karte wurde mir zugeteilt. Ich musste mich fragen: Was mache ich jetzt damit? Ich wollte mein Leben nicht mit dem Warten auf den Märchenprinzen verbringen. Ich wollte es in die Hand nehmen.
Es gab harte Jahre, in denen ich auf viele Hochzeiten eingeladen war und mich gelegentlich fragte, was eigentlich mit mir nicht stimmte, weil ich immer noch allein war. Als ich vierzig wurde, änderte sich das. An meinem vierzigsten Geburtstag habe ich in mein Tagebuch geschrieben: Was ist eigentlich gut an dieser Situation? Dann habe ich die Namen von Menschen notiert, denen ich meine Zeit und Kraft und Liebe gewidmet habe, weil ich allein war und Zeit dafür hatte. An die 300 Namen kamen zusammen. Die nächsten zehn Jahre waren für mich wunderbar. Ich durfte erfahren, dass ich anderen etwas bedeute und für sie wichtig bin. Das hat mir auch über manche harten Zeiten hinweggeholfen.
Mit zweiundfünfzig wünschte ich mir immer noch einen Ehepartner. Jemanden, mit dem ich mein Alter teilen konnte, der einfach da war. Von Ignatius lernte ich etwas über die Indifferenz: dass ich mich nicht krampfhaft an diesen Wunsch klammern muss, sondern ihn sozusagen in geöffneten Händen halten darf. Irgendwann habe ich gesagt: Gott, ich werde nicht mehr dafür beten. Du weißt ja, wie es in meinem Herzen aussieht. Was immer du mir geben willst – Ehe oder Ehelosigkeit –, nehme ich als Geschenk von dir an. Was ich wirklich will, bist du. Und dann flossen Tränen – über den Verzicht, aber auch aus einer neuen tiefen Gelassenheit.
Und etwas ganz Entscheidendes wurde mir klar: Diese Sehn-

sucht nach einem Partner war nur der äußere Ausdruck einer inneren Sehnsucht – einer Sehnsucht nach Gott. Das war ein sehr bedeutsamer Moment für mich. Gott hat mir tatsächlich völligen Frieden in dieser Frage geschenkt. Es spielt jetzt keine Rolle mehr für mich, ob ich heirate oder nicht.

Drei Dinge sind mir an Emilys Erfahrung wichtig. Erstens: Eine liebende Beziehung zu Jesus stand für sie immer an erster Stelle, unabhängig von ihrer Lebenssituation. Zweitens: Bewusst Ja zu sagen zu einem Leben als Single, war ein Weg. Dass wir uns ganz auf Gottes Liebe einlassen, ist keine Augenblicksentscheidung. Wir tun es auch nicht ein für alle Mal, sondern schrittweise, immer ein wenig mehr. Was Emily beschreibt, erleben wir alle, wenn unser Wille mit dem Willen Gottes kollidiert. Und drittens: Diese Berufung bringt wie jede Berufung auch ihr Maß an Leid mit sich. Aber Gott nutzt dieses Leid, um Christus in uns Gestalt gewinnen zu lassen.

Wenn Sie in einer ähnlichen Situation sind, können Sie vielleicht einiges von den Erfahrungen von Sue oder Emily nachvollziehen. Vielleicht haben Sie sich noch nicht entschieden, wie Sie mit Ihrer Ehelosigkeit umgehen wollen. Wo immer Sie stehen – auf Ihrem Weg dahin, in Ihrer Leitungsaufgabe emotional gesund und kompetent zu sein, kann es ein wichtiger Schritt sein, ganz bewusst Ihre Ehelosigkeit als Berufung zu verstehen und Gott zu erlauben, dadurch zu wirken.

Ein ganzheitliches Leben als Single ist Ihre oberste Ambition

Ambition, das wurde oben schon gesagt, ist „ein starkes Verlangen, ein bestimmtes Ziel zu erreichen". Für Christen in Leitungsverantwortung, die ehelos leben, muss sich die vorrangige Ambition von ihrer Leitungsaufgabe weg verlagern hin dazu, ein ausgewogenes und erfülltes Leben als Single zu gestalten. Ebenso wie verheiratete Leiter sind alleinlebende Leiter berufen, aus einem Überschuss an

Liebe zu leben – in diesem Fall aus einem Überschuss ihrer liebenden Beziehung zu Jesus und dem Geben und Nehmen, das sie in engen Freundschaften erleben.

Das bedeutet: Der erste Punkt in Ihrer Stellenbeschreibung als leitender Mitarbeiter sollte lauten: Treffen Sie eine klare Entscheidung dafür, ein ausgewogenes und gesundes Singleleben zu gestalten. Wenn Sie morgens aufwachen, fragen Sie sich: *Was muss ich heute tun, damit ich meinen Dienst für Christus aus einem erfüllten Leben als Single heraus gestalten kann?* Diese Entscheidung wird vor allem dadurch infrage gestellt, dass es noch immer eine Art ungeschriebenes Gesetz gibt, dass Singles weniger Zeit für ihr Privatleben brauchen als Verheiratete. Aber genau das Gegenteil ist der Fall.

Die Leiterin der Kleingruppenarbeit einer Gemeinde hat das in einem Brief an ihren vorgesetzten Pastor deutlich gemacht:

> *Bitte gehen Sie nicht einfach davon aus, dass ich schon irgendwo Gemeinschaft erlebe. Die Beziehung zu meinen Freunden ist für mich ebenso wichtig wie Ihre Frau für Sie. Ich würde mir wünschen, dass mein Bedürfnis nach Ruhe und Erholung und nach engen Beziehungen zu Freunden als ebenso wichtig gilt wie Ihr Bedürfnis nach Zeit und Gemeinschaft mit Ihrer Ehepartnerin. Meine Freunde sind die Menschen, die Gott mir gegeben hat, und es braucht tatsächlich mehr Anstrengung als in einer Ehe und nicht weniger, damit ich diese Beziehungen pflegen und genießen kann. Warum? Weil wir nicht einfach zu Hause aufeinander warten. Wir müssen unsere Begegnungen jedes Mal planen und organisieren.*

Wenn es nicht ihr Ziel gewesen wäre, ein ausgewogenes und erfülltes Leben als Single zu führen, hätte diese Leiterin einfach tun können, was man von ihr erwartet. Das ist eben der Preis, den man zahlt, wenn man eine Leitungsaufgabe hat, hätte sie denken können. Aber wenn ein gesundes Singleleben Ihre oberste Ambition ist, werden Sie Situationen erleben, in denen andere unsensibel dafür sind, welche besonderen Herausforderungen Ihre Lebenssituation mit sich bringt. Niemand anders kann für Sie festlegen, was Sie brauchen; Sie müssen liebevoll, aber deutlich darum bitten, dass andere diesen Aspekt Ihres Lebens und die Notwendigkeiten, die damit verbunden sind, respektieren. Wie können Sie Ihre oberste Ambition verwirklichen? Auch dafür drei Vorschläge:

1. Sorgen Sie gut für sich selbst. Planen Sie regelmäßige Zeiten ein, in denen Sie Ihre Seele nähren. Und setzen Sie die notwendigen Grenzen, um diese Zeiten auch einhalten zu können. Das biblische Prinzip dazu ist: „Gib acht auf dich selbst" (1 Tim 4,16). In einer Aufgabe, in der Sie sich viel um andere Menschen kümmern müssen, ist es entscheidend, dass Sie auch gut für sich selbst sorgen. Parker Palmer beschreibt diese Notwendigkeit wie folgt:

> *Eines ist mir ganz klar: Selbstfürsorge ist nie selbstsüchtig – es ist schlicht und einfach verantwortungsvoller Umgang mit der einzigen Gabe, die mir anvertraut wurde: der Gabe, die ich auf dieser Welt anderen anbieten kann – mich selbst. Immer, wenn wir auf unser wahres Selbst hören und ihm die Fürsorge zukommen lassen, die es braucht, tun wir das nicht nur für uns selbst, sondern auch für die vielen anderen, mit denen wir in Kontakt kommen.*[11]

Wenn Sie verantwortungsvoll mit der begrenzten Ressource umgehen wollen, die *Sie selbst* sind, ist es entscheidend herauszufinden, welche Menschen, Aktivitäten, Orte, Tätigkeiten ... Ihnen Freude schenken. Fragen Sie sich regelmäßig: *Wie erholt sich eigentlich meine Seele? Was macht mir wirklich Freude, was begeistert mich?* Machen Sie es zu einer Priorität, ganz bewusst Dinge, die Ihrer Seele guttun, in Ihr Leben einzubauen. Und begreifen Sie das nicht als „Privatvergnügen", sondern als Verpflichtung und Voraussetzung, um Ihre Leitungsaufgabe wirksam wahrnehmen zu können.

2. Investieren Sie in Gemeinschaft und pflegen Sie intensive Beziehungen zu mindestens zwei Menschen, die Sie auf Ihrem Weg begleiten. Leiten macht oft einsam, egal ob man verheiratet ist oder Single. Aber als Single in einer Leitungsposition kann man diese Einsamkeit besonders stark erleben. Jesus als Sohn Gottes hätte beschließen können, seine Mission ganz auf eigene Faust auszurichten. Aber er entschied sich dafür, sich einen guten Freundeskreis aufzubauen, und berief zwölf Männer in seine enge Gemeinschaft. Auch darüber hinaus pflegte er Freundschaften, etwa mit Maria, Martha und Lazarus.

Gute Beziehungen aufzubauen, fällt manchen Singles leicht. Aber die Geschichte von Markus zeigt, dass das nicht immer der Fall ist. Markus ist 45, zweiter Pastor in einer Gemeinde und erst vor Kurzem in eine andere Stadt gezogen. Hier wieder Freunde zu finden, war für ihn nicht leicht. Er schreibt:

> *Freundschaft, Gemeinschaft ist etwas, das ich dringend brauche. Aber dass ich Pastor bin, macht die Sache kompliziert. Sobald ich den Raum betrete, ändern sich die Gespräche. Die Leute behandeln mich irgendwie anders. Und das macht es schwer, Freundschaften auf Augenhöhe zu schließen. Außerdem sind die meisten anderen Mitarbeiter in der Gemeinde verheiratet – und manchmal kriegen sie gar nicht mit, was es heißt, als leitender Mitarbeiter nicht verheiratet zu sein. Ich verstehe es inzwischen als meine Aufgabe, sie dahingehend zu „erziehen", dass sie verstehen, wie wichtig es für mich ist, auch außerhalb meiner Arbeit private Beziehungen zu pflegen.*
>
> *Und in dieser Hinsicht hilft mir tatsächlich mein Hund. Bei meinen regelmäßigen Hundespaziergängen treffe ich viele Leute aus meiner Nachbarschaft. Inzwischen gehe ich zu ganz bestimmten Zeiten, um bestimmte Menschen zu treffen: zum Beispiel um halb fünf nachmittags auf der „Hundestrecke".*
>
> *Mein Hund trägt auch dazu bei, dass ich mich nicht einsam fühle, wenn ich abends in eine leere Wohnung zurückkomme. Ich fülle die Leere nicht mit Fernsehen oder sonstiger Ablen-*

kung, sondern kann gut mit der Stille leben. Mich um meinen Hund zu kümmern und seine Gesellschaft erinnern mich daran, wie gut Gottes gesamte Schöpfung ist und wie wichtig es für mich ist, mich anderen liebevoll zuzuwenden – und sei es auch zunächst mal mein Hund.

Die Geschichte von Markus macht deutlich, welche besondere Herausforderung es bedeuten kann, als leitender Mitarbeiter gute Beziehungen aufzubauen, wenn man allein lebt. Mich beeindrucken seine Initiative, Kreativität und Konsequenz, mit der er in der Nachbarschaft Kontakte aufbaut. Vielleicht kann das ein Modell für Sie sein, wie Sie bewusst in tragfähige und stützende Beziehungen investieren können. Tiefe, authentische Beziehungen ergeben sich nicht über Nacht, aber Sie können Beziehungen aufbauen, aus denen Ihnen mit der Zeit verlässliche Wegbegleiter erwachsen.

3. Üben Sie Gastfreundschaft. Machen Sie es sich zur Gewohnheit, Freunde und Bekannte einzuladen – Männer, Frauen, verheiratet oder nicht, alt oder jung. Gemeinsam zu essen oder einen Kaffee zu trinken, verbindet und schafft den Raum für zwanglose Gespräche.

Wie Gastfreundschaft jeweils aussieht, wird für jeden anders sein. Sue hat regelmäßig Freunde und Gemeindeglieder zum Essen bei sich. Emily gehört zu einigen Gruppen, die ihr viel bedeuten. Einmal in der Woche trifft sie sich mit einer Frauengruppe; an Wochenenden fährt sie gelegentlich zu Einkehrtagen mit anderen Singlefrauen. Und jeden Samstag verabredet sie sich mit einer Freundin zum Frühstück. Diese Zugehörigkeit zu unterschiedlichen Gruppen macht es ihr möglich, viele „Fremde und Gäste“ in ihrem Leben willkommen zu heißen. Gastfreundschaft lässt sich mit ein bisschen Erfindungsreichtum in jeder Lebenssituation praktizieren und auf Ihre ganz persönlichen Bedürfnisse zuschneiden.

Ihr Singleleben ist die deutlichste Predigt des Evangeliums, die Sie weitergeben können

Dasselbe habe ich oben schon über die Ehe gesagt. Was soll damit gesagt sein? Dass unsere Berufung – ob zur Ehe oder zur Ehelosigkeit – *über sich selbst hinausweist,* auf etwas Wichtigeres: auf Jesus und seine Liebe. In diesem Sinn ist auch die Ehelosigkeit ein Zeichen und ein Wunder – ebenfalls in zweifacher Hinsicht.

Als Single bezeugen Sie durch ein zölibatäres Leben, dass die Liebe Gottes und die Gemeinschaft mit Christus in der Tat ein Leben ausreichend erfüllen. Sie schenken Ihren Körper keinem anderen. Sie haben keine Affären. Warum? Weil Sie Christus gehören – mit allem, was Sie sind. Und das ist das Fundament Ihres Lebens und Ihrer Leitungsaufgabe. Wenn Sie Ihre Ehelosigkeit bewusst annehmen und gestalten, bezeugen Sie damit, dass Jesus das Brot des Lebens ist, das jeden Mangel stillt. An jedem einzelnen Tag, an dem Sie dieser Verpflichtung treu bleiben, richten Sie vor der Kirche und der Welt durch Ihre Ehelosigkeit gegen den kulturellen Trend ein prophetisches Zeichen für das Reich Gottes auf.

Und das Zweite: Wenn Sie nie verheiratet waren und keine Kinder haben, bezeugen Sie die Wirklichkeit der Auferstehung auf besondere Weise. Rodney Clapp hat es so ausgedrückt:

> *Christliche Singles sind radikale Auferstehungszeugen. Sie verzichten auf Nachkommen – die einzige andere Möglichkeit, über das Grab hinaus weiterzuleben – in der Hoffnung, dass eines Tages die ganze Schöpfung erneuert wird. Aus Glaubensgründen ehelos zu leben, ergibt keinen Sinn, wenn der Gott Jesu Christi nicht lebt und treu zu uns steht.*[12]

Mit anderen Worten: Unser Glaube an die Auferstehung lässt uns das kurze irdische Leben mit anderen Augen sehen. Wir zählen unsere Tage angesichts der Ewigkeit (Ps 90,12). Wir leben in der Wirklichkeit des auferstandenen Christus und wissen, dass wir mit ihm leben werden – als Kinder Gottes und in der Gemeinschaft der Heiligen.

Wie sieht das ganz praktisch aus, unsere Lebensgestaltung als Singles zur Predigt des Evangeliums zu machen? Zuerst einmal müssen wir unsere Definition von Erfolg in unserer Leitungsaufgabe erweitern. Unser Erfolg ist kein Erfolg, wenn er uns keinen Raum lässt, ein gesundes und glückliches Leben als Single zu gestalten. Es muss uns darum gehen, Gottes tiefe Liebe durch enge Freunde, ein Netz von Beziehungen und die guten Dinge, die wir im Alltag entdecken können, zu erfahren. Genau wie Verheiratete müssen wir unser Leben umstrukturieren und neue Prioritäten setzen, vielleicht so:

1. Zeit mit Gott (Zeiten und konkrete geistliche Übungen notieren)
2. Zeit für Freunde und Gemeinschaft (Termine notieren, konkrete Aktivitäten)
3. Etwas tun, was Freude macht (wandern, laufen, malen, lesen, tanzen, Musik machen, im Chor singen …)
4. Alles, was in meiner Leitungsaufgabe zu tun ist (Konferenzen, Berichte, Planungen, Besprechungen …)

Mir ist bewusst, dass sich die Vorstellung, unser „Privatleben" (als Ehepartner oder Single) könne wichtiger sein als unsere beruflichen Aufgaben, sehr ungewohnt anhört. Aber betrachten Sie es unter dem Aspekt der Berufung. Wo immer Sie gerade im Auf und Ab Ihres Jas zu Gott und seinen Wegen im Blick auf Ihr Singlesein stehen, möchte ich Ihnen Mut machen: Bleiben Sie auf dem Weg und nehmen Sie die Einladung an, die Verheirateten und Singles gleichermaßen gilt.

Beginnen Sie mit kleinen Schritten

Gott will Ihre Berufung (ob zur Ehe oder zur Ehelosigkeit) gebrauchen, um einen besseren Leiter aus Ihnen zu machen. Er will Ihnen die Gnade geben, Ihre Ambition zu verfolgen; die Leidenschaft dafür, nicht selbstfixiert zu sein, sondern auf den anderen ausgerichtet; die Kraft, Selbstfürsorge oben auf die Tagesordnung zu setzen; und Klarheit darüber, wie Ihr Leben und Ihre Berufung das Evangelium verkünden. Trotzdem: Es ist eine radikale Entscheidung, Ihr Singlesein zur Basis Ihrer Leitungsfunktion zu machen. Und das gilt innerhalb wie außerhalb von Kirche und Gemeinde. Wenn Sie konsequent sind und tatsächlich Veränderungen vornehmen, werden Sie auf Widerstand stoßen. Suchen Sie Rat im Gebet. Im Gebet setzen wir die Kraft des Geistes Gottes für unser Leben frei. Und Gottes Geist macht möglich, was sonst unmöglich wäre. Beten Sie darum,

- dass Gott Sie erkennen lässt, wie Sie Ihre Ehe oder Ihr Singleleben so gestalten können, dass es ein Hinweis auf Christus wird;
- dass Ihr Ehepartner bzw. gute Freunde Ihre Vision teilen und Sie darin unterstützen, Ihre Ehe bzw. Ehelosigkeit zur Basis für Ihren Führungsstil zu machen. Bitten Sie diese Menschen konkret darum;
- dass Gottes Geist Sie befähigt, die Menschen, die Ihnen am nächsten stehen, gut zu lieben – aus freien Stücken, verlässlich, fruchtbar und bedingungslos;
- dass Gott Ihnen die Gnade schenkt, in dem ganzen Prozess tief mit Christus verbunden zu bleiben.

Manchmal hilft es, mit einem ganz konkreten Gebet zu beginnen. Deshalb folgen hier zwei Vorschläge. Das Gebet für Ehepartner trage ich in meiner Brieftasche ständig bei mir und bete es möglichst jeden Tag.

Ein Gebet für Ehepartner

Herr, gib mir die Kraft, deinem Ruf zu antworten,
ein lebendiges Zeichen deiner Liebe zu sein.
Forme meine Liebe zu ____________ nach deiner Liebe;
mache sie leidenschaftlich, beständig, eng und vertraut,

bedingungslos und Leben spendend.
Lass mich so für ____________ da sein, wie du für ihn/sie da bist,
damit andere in unserer Liebe zueinander deine Gegenwart erkennen.
Hilf uns beiden, eng an dir zu bleiben
und an der Gemeinde, deinem Leib.
Nähre unsere Liebe durch deine Liebe.
Amen.

Ein Gebet für Singles

Herr, gib mir die Kraft, deinem Ruf zu antworten,
ein lebendiges Zeichen deiner Liebe zu sein.
Forme meine Liebe zu anderen heute nach deiner Liebe;
mache sie verlässlich, beständig, bedingungslos und Leben spendend.
Lass mich so für andere da sein, wie du für mich da bist,
damit andere in meiner Liebe zu den Menschen
deine Gegenwart erkennen.
Hilf mir, eng an dir zu bleiben
und an der Gemeinde, deinem Leib.
Nähre meine Liebe jeden Tag durch deine Liebe.
Amen.[13]

Wenn wir unsere Leitungsaufgabe auf der Basis unserer Ehe oder unseres Singleseins wahrnehmen wollen, setzt das eins voraus: unsere liebende Verbundenheit mit Jesus. Wir können nur Zeugnis für Christus sein, wenn wir unser Leben so einrichten, dass es uns ermöglicht, uns tief in ihm zu verankern. Das wird meist bedeuten, dass wir unser Leben entschleunigen und unsere Aufgabenliste entschlacken, um bewusst und gezielt die Beziehung zu Jesus zu vertiefen. Und damit sind wir bereits beim Thema des nächsten Kapitels.

Machen Sie den Test!

Prüfen Sie, wie gut es Ihnen gelingt, aus einer guten Ehe bzw. aus einem erfüllten Singleleben zu führen. Selbsteinschätzungstest und Auswertung finden Sie unter: www.glaubensriesen.de → für Leiter

4

Der Liebe Gottes Raum geben

Immer wieder höre ich Geschichten, die so oder so ähnlich passieren: Da gibt es eine blühende Gemeinde, die Menschen anzieht. Kirchendistanzierte werden angesprochen. Die Kinderarbeit wächst, weil viele junge Familien über die kirchliche Kita die Gemeinde kennenlernen. Es entstehen Hauskreise. Man spricht positiv über das Gemeindeleben. Die Gemeinde ist angesehen, weil sie sich vielfältig sozial engagiert. Die Lobpreisband ist über die Gemeindegrenzen hinaus bekannt. Auch die charismatische Persönlichkeit des Pastors zieht Menschen in den Gottesdienst. Predigt und Verkündigung sind ansprechend und verständlich. Bald reicht ein Gottesdiensttermin am Sonntag nicht mehr aus und es werden zunächst zwei, dann drei Gottesdienste angeboten. Im Lauf von fünf Jahren wächst die Gemeinde auf das Doppelte der Mitglieder an.

Umso unvorbereiteter trifft es den Gemeindevorstand, als der Pastor aus heiterem Himmel seinen Rücktritt bekanntgibt. Er sei ausgebrannt. Vor allem die Verwaltungsaufgaben und die Planung des neuen Gemeindezentrums hätten ihn erschöpft. Alle sind vor den Kopf gestoßen.

Aber dann stellt sich heraus, dass es noch einen anderen Grund gibt. Die Ehe des Pastors ist zerbrochen. Seit drei Jahren gibt es eine – mehr oder weniger intensive – andere Beziehung, die zunächst geheim gehalten wurde. Manchmal gibt es zusätzlich Unregelmäßigkeiten im Umgang mit den Gemeindefinanzen. Mit seinem Rücktritt versucht der Pastor, einem öffentlichen Skandal zuvorzukommen.

Solche Geschichten sind sehr traurig. Und das nicht nur für den

Pastor; auch die Gemeinde steht vor einem Scherbenhaufen. Menschen fühlen sich getäuscht und verlassen verletzt die Gemeinde. Die üblichen Vorurteile gegenüber allem Christlichen werden in der lokalen Presse ausgiebig bedient. Schuldige werden gesucht. Eine Gemeinde, die ihre Kräfte darauf ausgerichtet hatte, glaubensferne Menschen zu erreichen, ist nun damit beschäftigt, den inneren Schaden zu begrenzen und die Wunden der Mitglieder zu heilen.

Und das Erschreckendste daran: Während der ganzen Zeit, in der die Gemeinde zahlenmäßig wuchs und aufblühte, lief im Hintergrund, auf der Leitungsebene, schon etwas schrecklich falsch. Warum hatte niemand, vor allem niemand aus dem Leitungsgremium, etwas bemerkt? In der Sitzung, in der die Gemeindeleitung sich diese Frage stellt, wird unter anderem die Antwort gegeben: „Es lief doch alles so gut. Wir waren vielleicht ein wenig erfolgsberauscht. Wir wollten die Anzeichen nicht sehen. Wir wollten unser wunderbares Wachstum nicht bremsen, indem wir Probleme ansprechen."

Die Gefahr, ohne Jesus Gemeinde zu bauen

Nicht selten haben wir – nicht nur in Gemeinden – ein falsches Bild von Erfolg verinnerlicht. Wir sind zutiefst überzeugt, dass auf der Ebene der Leitung alles wunderbar läuft, wenn wir die äußeren Zeichen des Erfolgs sehen, die sich in Zahlen benennen lassen. Wäre etwas in der Leitung nicht in Ordnung, wären wir ja schließlich nicht erfolgreich, oder?

Man kann eine Gemeinde, eine Firma, eine Organisation oder eine Initiative allein mit den eigenen Fähigkeiten und Kenntnissen, der eigenen Erfahrung und Begabung aufbauen. Wir können Christus aus eigener Kraft und eigener Weisheit dienen. Wir können eine erfolgreiche Arbeit aufbauen, ohne Jesus einzubeziehen. Wir können vollmundig Wahrheiten verkünden, die wir nicht leben. Solange wir nach außen hin erfolgreich sind, wird es kaum jemanden geben, der bemerkt oder gar anspricht, dass unser Tun nicht deckungsgleich ist mit unserem Sein.

Jesus warnt davor, ohne ihn für das Reich Gottes aktiv zu sein:

> *„Nicht jeder, der zu mir sagt: ‚Herr, Herr!‘, wird ins Himmelreich kommen, sondern nur der, der den Willen meines Vaters im Himmel tut. Viele werden an jenem Tag zu mir sagen: ‚Herr, Herr! Haben wir nicht in deinem Namen prophetisch geredet, in deinem Namen Dämonen ausgetrieben und in deinem Namen viele Wunder getan?‘ Dann werde ich zu ihnen sagen: ‚Ich habe euch nie gekannt. Geht weg von mir, ihr mit eurem gesetzlosen Treiben!‘“ (Mt 7,21-23).*

Jesus konfrontiert Menschen, die Beeindruckendes zuwege bringen, damit, dass sie einer Selbsttäuschung unterliegen. Sie reden prophetisch. Sie treiben Dämonen aus. Sie sind wirklich erfolgreich und anderen kommt das zugute. Was soll daran falsch sein? Alle äußeren Anzeichen stehen auf Erfolg.

Aber Jesus sagt, etwas läuft schrecklich falsch: „Ich habe euch nie gekannt.“

Wie kann das denn sein? Kennt er uns nicht „von Mutterleib an“? Sind nicht die Haare auf unserem Kopf gezählt? Kennt er uns denn nicht besser als wir selbst? Und schließlich: Wäre es nicht logischer, wenn er gesagt hätte: „*Ihr* habt *mich* nie gekannt?“

Das griechische Wort für *kennen,* das hier verwendet wird, meint eine intime, persönliche Beziehung ähnlich dem „Erkennen“ zwischen Adam und Eva im Schöpfungsbericht (Gen 2,25). Es geht um eine *liebende Vereinigung,* eine *innige Verbundenheit.* Wir können es durchaus ernst meinen, wenn wir „Herr, Herr“, sagen. Wir können nach außen hin erfolgreich sein. Wir können eine Menge über Gott wissen. Aber wenn Christus uns nicht kennt, ist das alles bedeutungslos. Entscheidend ist die *Frucht,* die nur aus einer tiefen Beziehung zu Christus und aus der Hingabe an ihn erwächst.

Wenn wir Frucht bringen wollen, müssen wir unser Leben entschleunigen, damit Jesus zu jedem Aspekt unseres Lebens und unserer Leitungsaufgabe „freien Zugang“ hat. Natürlich hat Gott Zugang zu allem, was es *über uns* zu wissen gibt; aber das heißt nicht, dass er auch Zugang *zu uns* hat. Liebende Vereinigung ist ein Akt der Hingabe – wir geben Gott uneingeschränkten Zutritt –, und das kann nicht im Vorübergehen geschehen. Wir müssen erreichbar sein; wir müssen die Tür unseres Herzens immer für ihn offenhalten. Jesus drängt sich uns nicht auf; es ist an uns, ihm die Tür zu öffnen.

Es reicht nicht, Jesus „Herr“ zu nennen. Es reicht nicht, unsere Leistungsnachweise zu archivieren. Jesus hat dafür harte Worte; er nennt es „gesetzloses Treiben“. Luther übersetzt: „Ihr Übeltäter“.

Die Schlüsselfrage lautet: Ist die Tür unseres Herzens uneingeschränkt geöffnet für ihn? Oder lassen wir zu, dass die Anforderungen unserer Leitungsaufgabe uns dermaßen in Beschlag nehmen, dass wir keine Zeit mehr haben, ihm die Tür zu öffnen – und zwar kontinuierlich? Suchen wir die Nähe zu Jesus nur noch sporadisch und leben ansonsten geistlich gesehen auf Autopilot?

Wohlgemerkt: Jesus sagt nicht, dass wir ohne ihn keine Gemeinde bauen können. Er sagt nur, dass unsere Bemühungen wertlos sind, wenn sie nicht aus der liebenden Beziehung zu ihm erwachsen (Joh 15,5). Mit anderen Worten: Es kommt schon darauf an, was wir tun. Aber es kommt noch mehr darauf an, wer wir sind.

Meist haben wir so viel zu tun und sind mit so vielen dringenden Aufgaben beschäftigt, dass wir es als normal hinnehmen, dass …

- Worship-Leiter und Musiker zwar die ganze Woche keine Zeit für Jesus haben, aber am Sonntag die Gemeinde in die Gegenwart Gottes führen;
- Menschen, die redebegabt und theologisch gebildet sind, andere unterrichten, ohne selbst Zeit mit Gott zu verbringen, in denen er ihr Herz erreichen kann;
- Mitarbeiter der Gemeinde eine funktionierende Infrastruktur aufrechterhalten und die Finanzen verwalten können, ohne selbst die Beziehung zu Gott zu pflegen.

Natürlich würden wir das nie als vorbildliches Verhalten für Mitarbeiter bezeichnen; wir sehen es aber auch nicht als großes Problem, wenn es eben so ist.

Als junger Christ hat es mich sehr irritiert, dass Gott anscheinend auch Menschen in leitenden Positionen in der Gemeinde gebraucht, die keine oder eine höchst unterentwickelte Beziehung zu Jesus haben. Aber nach ein paar Jahrzehnten als Pastor und Gemeindeleiter irritiert es mich nicht mehr. Warum nicht? Weil ich selbst bis zu einem gewissen Grad ein solcher Leiter gewesen bin. Ich habe meine Predigten vorbereitet und gehalten, ohne mir Zeit mit Jesus zu nehmen. Ich habe gute Initiativen ins Leben gerufen, die sicher auch Menschen geholfen haben; aber ich war zu sehr verstrickt in den Wirbel meiner Aktivitäten, um die enge Verbindung zu Jesus zu pflegen.

Jonathan Edwards, der große amerikanische Theologe (1703–1785), weist darauf hin, wie oft die Bibel Menschen beschreibt, die viel *für* Gott tun, aber nicht *mit* Gott leben. Gestalten wie Bileam im Alten Testament, Judas Iskariot und Saulus waren alle eifrig im Einsatz für Dinge, die ihr Umfeld sicher als verdienstvoll für die Sache Gottes betrachtet hätte; aber sie hatten keine echte Beziehung zu Gott. Edwards folgert daraus eines: Das einzige Kennzeichen echter geistlicher Reife und geistlicher Wirksamkeit besteht darin, ob unser Tun ein Ausdruck von *Agape* ist – einer Liebe zu Gott und zum Nächsten, die sich selbst verschenkt.[1] Das ist die Qualität in unserem Leben und unserer Leiterschaft, die der Teufel nicht verfälschen kann. Und die Quelle dieser Agapeliebe ist nichts anderes als ein Leben in liebender Verbundenheit mit Gott.

Was ist liebende Verbundenheit?

Der Theologe Hans Urs von Balthasar beschreibt Jesus so: „Hier ist ein Mensch ohne Sünde, weil er aus einer Liebe lebt, die den Willen des Vaters in seinem Leben voll und ganz zum Zuge kommen lässt.“[2] Lassen Sie diese einfache, aber hintergründige Feststellung ein wenig auf sich wirken. Balthasar beschreibt damit exakt, was liebende Verbundenheit, ja liebende Einheit ist: *Gott so zu lieben, dass er uneingeschränkt in unserem Leben zum Zuge kommt. Dass er überall Zutritt hat.* Hören wir die Worte des auferstandenen Christus an die Gemeinde in Laodicea und an uns:

> *„Merkst du nicht, dass ich vor der Tür stehe und anklopfe? Wer meine Stimme hört und mir öffnet, zu dem werde ich hineingehen, und wir werden miteinander essen – ich mit ihm und er mit mir" (Offb 3,20).*

Wenn wir in liebender Verbundenheit mit Jesus leben, halten wir diese Tür weit offen. Wir fragen nach dem Willen Gottes in jedem Bereich unseres Lebens – und das schließt unser Leitungshandeln ein, von schwierigen Gesprächen über Entscheidungsprozesse bis dahin, wie wir mit unseren emotionalen Triggern umgehen. Eine solche Beziehung zu Gott entsteht nicht im Vorübergehen. Wir müssen uns Zeit dafür nehmen und Strukturen und Rhythmen in unser Leben einbauen, die es ermöglichen, dass eine liebende Hingabe zum festen Bestandteil unseres Alltags wird.

Die Frage, die wir uns stellen müssen, lautet: Inwiefern fördert oder verhindert mein derzeitiges Lebenstempo meine Fähigkeit, Gottes Gegenwart und seinen Willen voll und ganz in meinem Leben zum Zug kommen zu lassen? Was immer wir daraufhin tun, um Gott mehr Raum zu geben, ist kein Selbstzweck; es kann nur ein Mittel sein, um dieses Ziel zu erreichen. Aber um das gleich klarzustellen: In der Haltung der Hingabe zu leben, während man in seiner Leitungsfunktion unter Druck steht und vielfältige Herausforderungen zu meistern hat, ist keine geringe Aufgabe.

Jesus war mit enormem Druck und Belastungen konfrontiert – in einem Ausmaß, wie das kaum jemand von uns erlebt. Und doch entzog er sich regelmäßig all den Anforderungen, um Zeit mit seinem Vater zu verbringen. Er verlangsamte sein Lebenstempo, um sicherzustellen, dass er noch synchron war mit Gott – dass er eins war mit dem Vater und der Vater mit ihm, ganz erfüllt von Gott bis in jede Pore seines Körpers, seines Geistes, seiner Seele. Er legte es Gott in die Hände, was aus seiner Mission wurde, er gab seine Lebensumstände und Probleme an den Vater ab. Die Folge war, dass alles, was Jesus tat, aus einer tiefen Gelassenheit und Zentrierung erwuchs, die seine Beziehung zu Gott ihm schenkte.[3]

Jesus lädt uns ein in eine ebensolche liebende Verbundenheit mit dem Vater, wie er sie gelebt hat: „Wenn jemand in mir bleibt und ich in ihm bleibe, trägt er reiche Frucht; ohne mich könnt ihr nichts tun" (Joh 15,5). Das griechische Wort für *bleiben* kann auch übersetzt werden mit *jemandem folgen, sich an jemanden halten, seinen Wohnsitz aufschlagen bei jemandem, treu bleiben.* Es benennt die unverzichtbare Voraussetzung dafür, was es heißt, Jesus in liebender Verbundenheit zu folgen. Jesus verspricht, wenn wir das tun, wird in jedem Fall „Frucht" wachsen. Wenn wir es dagegen versäumen, Raum zu schaffen für diese liebende Verbundenheit, können die Konsequenzen gravierend und von Dauer sein – und nicht nur uns schaden, sondern auch den Menschen, die wir führen, und anderen darüber hinaus.

Wie liebende Verbundenheit mit Gott – und ihr Fehlen – sich auf Ihr Führungsverhalten auswirkt

Darf ich raten, was Sie an diesem Punkt denken? Vielleicht etwas wie: Pete, das klingt ja alles ganz schön und gut, aber ich habe einen sehr anspruchsvollen Job und muss vielschichtige Probleme lösen. Ich brauche Klartext. Wie sieht diese liebende Verbundenheit mitten in den sehr realen Herausforderungen des Führungsalltags aus? – Das ist genau die richtige Frage! Sehen wir uns also Szenarien an, die erkennen lassen, welchen Unterschied es macht, ob ein Leiter aus der liebenden Verbundenheit mit Gott heraus handelt oder eben nicht.

Szenario 1: Lukas ist Gemeindegründer. Fünfzig Menschen gehören zu seiner Kerngruppe. Nach knapp neun Monaten Vorbereitung wird die Gemeinde offiziell gegründet. In den ersten vier Wochen kommen knapp vierzig Leute neu hinzu. Lukas und sein Team sind begeistert darüber, wie Gott wirkt, und haben hohe Erwartungen. Das Problem ist nur, dass Lukas so viel zu tun hat, dass er es auf keinen Fall schaffen kann.

- *Reaktion ohne liebende Verbundenheit mit Gott:* Lukas stellt gewissenhaft am Anfang jeder Woche seine To-do-Liste auf. Er weiß, er kann nicht alles machen, also versucht er, die Tätigkeiten herauszufiltern, die vermutlich die meiste Wirkung zeigen werden. Dann setzt er seine Prioritäten und hofft, dass er bis zum Ende der Woche wenigstens die Hälfte seiner Aufgaben erledigen kann. In seiner Stillen Zeit am Morgen meditiert er den Predigttext. Er arbeitet hart und lange, manchmal auch nachts. Er betet für die Belange der Gemeinde und der Menschen in ihrem Umfeld, die sie erreichen möchte. Angst vorm Scheitern steigt in ihm auf, aber er schiebt sie beiseite. Er will bewusst positiv denken. *Wir werden nicht scheitern,* denkt er. *Gott ist treu und er hat ganz offensichtlich seine Hand im Spiel. Im Moment habe ich zwar keine Minute freie Zeit. Aber wenn erst mal hundert Leute regelmäßig zum Gottesdienst kommen, wird es sicher entspannter.*
- *Reaktion aus der liebenden Verbundenheit mit Gott:* Lukas ist sich darüber im Klaren, dass er sich in einer potenziell gefährlichen Situation befindet. Seine Zeit wird im Höchstmaß beansprucht. Seine größte Herausforderung und seine oberste Priorität liegen für ihn darin, den Feiertag auch Feiertag sein zu lassen, Zeiten allein und im Schweigen zu verbringen und die Bibel nicht nur zur Predigtvorbereitung zu lesen, sondern auch als Nahrung für seine eigene Seele. Auch für das Gebet nimmt er sich bewusst Zeit, um alle Aspekte seines Lebens und seiner Gemeindeleitung mit Gott zu besprechen. Einmal im Monat trifft er sich mit einem geistlichen Begleiter, der für ihn in den stürmischen Gewässern seiner ersten Monate als Gemeindeleiter ein Anker ist. Zu Beginn der Woche setzt er die Prioritäten in sei-

ner To-do-Liste, indem er versucht, Gottes Willen und Führung im Blick auf die anstehenden Aufgaben zu erkennen. Aufkommende Ängste gibt er an Gott ab; außerdem spricht er mit seiner Frau, einem Mentor und einem guten Freund offen über seine Ängste und Schwachstellen. Er betet darum, dass er Gottes Willen erkennt und ausführen kann. Ihm ist deutlich bewusst, wie leicht er in der großen Aufgabe, eine Gemeinde aufzubauen, an Jesus vorbeigehen kann.

Szenario 2: Daniel leitet die Kleingruppenarbeit seiner Gemeinde, wo er mit einer 80-Prozent-Stelle angestellt ist. Gerade hat er auf einem Kongress inspirierende Strategien für Kleingruppen kennengelernt, die zu einem spürbaren Wachstum führen könnten. Voller Begeisterung und neuer Ideen kommt er zurück.

- *Reaktion ohne liebende Verbundenheit mit Gott:* Daniel dankt Gott für die neuen Ideen und möchte sie möglichst rasch umsetzen. Er vereinbart ein Treffen mit den fünf engagiertesten Gruppenleitern, um seine neue Vision mit ihnen zu teilen. Er möchte, dass der Funke überspringt, und stellt einige praktische Vorschläge zusammen, die sie sofort umsetzen können. Vor dem Treffen betet er darum, dass seine Gruppenleiter seine Ideen nicht ablehnen, sondern dafür offen sind. Dass er unter einer gewissen Anspannung steht, ist ihm kaum bewusst. Er weiß, dass der Gemeindeleiter begeistert sein wird, wenn über die Kleingruppen mehr Menschen erreicht werden. Voller Enthusiasmus stürmt er in das Treffen mit seinen Mitarbeitern.
- *Reaktion aus der liebenden Verbundenheit mit Gott:* Bevor Daniel sich mit seinen fünf wichtigsten Kleingruppenleitern trifft, nimmt er sich einen Nachmittag lang Zeit, um zu beten und seine Eindrücke von der Konferenz zu verarbeiten. Dass er voller Adrenalin ist und das eine gewisse Euphorie auslöst, ist ihm sehr bewusst. *Woher kommt diese Begeisterung?*, fragt er sich. *Und was könnte Gott mir dadurch sagen wollen? Bin ich deswegen so aufgeregt, weil meine Arbeit wachsen könnte – und alle*

sehen, dass ich hier einen guten Job mache? Oder begeistert mich die Möglichkeit, so viel mehr Menschen mit dem Evangelium zu erreichen? Zunächst verabredet er sich mit Franzi, einer erfahrenen Mitarbeiterin. Er erzählt ihr von seiner Begeisterung und fragt sie nach ihrer Sicht der Dinge. Dann trifft er sich mit dem Gemeindeleiter, um auch dessen Reaktion zu erfahren. Nachdem er das Thema noch drei Wochen durch weitere Lektüre, Gebet und Nachdenken vertieft hat, setzt er ein Treffen mit seinen fünf engagiertesten Gruppenleitern an, bei dem er von der Konferenz berichtet und einzelne Vorschläge und Strategien vorstellt. Er hört genau auf die Reaktionen, Fragen und Bedenken aller Teilnehmer. Außerdem hört er darauf, was Gott ihm durch die Reaktion seines Teams, durch seine eigenen Gedanken und durch seine Gefühle sagen will. Die Gruppe betet um Weisheit und um ein gutes Urteilsvermögen und beschließt die ersten drei Schritte zur Umsetzung der neuen Vision.

Halten wir fest: In beiden Fällen besteht die Reaktion aus der liebenden Verbundenheit mit Gott *nicht* darin, eine neue Leitungsstrategie einzuführen oder etwas effektiver *zu tun.* Diese Dinge sind nur die natürliche Folge einer liebenden Verbundenheit mit Gott, einer anderen Art *zu sein.* So zu reagieren, wie oben beschrieben, ist nur möglich, wenn wir ganz bewusst in allen Bereichen unseres Lebens Jesus, seinen Willen und seine Gegenwart einbeziehen.

Lukas hat mehr zu tun, als er bewältigen kann – eine der größten Herausforderungen für wohl jeden Leiter. Daniel ist vor Begeisterung kaum zu halten. Aber beide lassen sich nicht von den Umständen oder möglichen Resultaten diktieren, wie sie entscheiden und Prioritäten setzen. Ihr Ausgangspunkt ist ihre Verbundenheit mit Gott. Daraus erwächst eine innere Freiheit und auch die Freude an ihrer Aufgabe, selbst in Zeiten vermehrter Anspannung und großen Drucks.

Wenn wir uns nicht die Zeit nehmen, um die Verbundenheit mit Gott zu pflegen, sind die Konsequenzen vielleicht nicht sofort sichtbar. Aber auf lange Sicht erzeugt ein Führungsverhalten ohne

Verbundenheit mit Gott eine Illusion von Wachstum und Fortschritt, die am Ende schlechte Früchte trägt.

Sie wissen, dass Sie nicht aus der lebendigen Beziehung zu Gott leben, wenn Sie …

- ständig unter Druck stehen, weil Sie zu viel zu tun und zu wenig Zeit für alles haben,
- immer in Eile sind,
- immer wieder vorschnelle Meinungen äußern oder Urteile fällen,
- sich häufig Sorgen um die Zukunft machen,
- sich zu viel darum kümmern, was andere denken,
- schnell in Abwehrhaltung gehen und leicht verletzt sind,
- häufig abgelenkt oder mit Ihren eigenen Gedanken beschäftigt sind,
- Stress, Angst und körperliche Anspannung auf Dauer ignorieren,
- anderen einen Erfolg nicht gönnen oder sich dadurch sogar bedroht fühlen,
- meistens mehr reden als zuhören.

Wenn wir uns keine Zeit für Gott nehmen

Paulus versichert uns: „Wenn sich jemand um ein leitendes Amt in der Gemeinde bemüht, strebt er nach einer großen und ehrenvollen Aufgabe“ (1 Tim 3,1). Die Kirche und die Welt haben Menschen nötig, die führen können. Aber wenn wir ein leitendes Amt so ausfüllen, dass wir dabei nicht nach Gottes Willen fragen, werden wir die Dinge nur schlimmer machen. Wenn wir uns keine Zeit nehmen, um die Verbundenheit mit Gott zu pflegen, wird das früher oder später Konsequenzen haben – ernsthafte Konsequenzen. In fast dreißig Jahren im Gemeindedienst habe ich fast alles, was ich gleich beschreiben werde, selbst erlebt. Ich habe zwar eine Menge daraus gelernt, aber es war eine schmerzhafte Erfahrung und ich habe einen hohen Preis bezahlt.

Gottes Arbeit auf eigene Faust zu tun, kostet einen hohen Preis.

Mose und sein Bruder und Mitpastor Aaron haben fast vierzig Jahre gearbeitet und darauf gewartet, endlich das Verheißene Land zu betreten. Mit anfänglich 603 550 Mann[4] (Frauen und Kinder nicht mitgezählt), die sie führen sollten, wurde ihre Geduld mehr als einmal bis an ihre Grenzen strapaziert; das Klagen und Murren wollte einfach nicht aufhören. Als das Volk schließlich darüber jammert, dass es nichts zu essen hat, und Mose beschuldigt, er habe sie in die Wüste geführt, damit sie dort sterben, gerät Mose außer sich vor Wut. Er ist außerdem erschöpft und schlecht in der Lage, mit Zorn und Vorwürfen gut umzugehen. Schließlich verliert er die Beherrschung:

> *Der Herr sprach zu Mose: „Nimm deinen Stab! Ruf mit deinem Bruder Aaron das Volk vor dem Felsen dort zusammen!* ***Sprecht laut zu dem Stein, so dass alle es hören****! Dann wird Wasser aus ihm herausfließen, und ihr könnt den Menschen und Tieren zu trinken geben." Mose gehorchte und nahm den Stab, der im Heiligtum lag. Gemeinsam mit Aaron versammelte er die Israeliten vor dem Felsen und rief: „Passt gut auf, ihr widerspenstigen Menschen! Sollen wir euch Wasser aus diesem Felsen holen?" Er hob den Stab und schlug zweimal damit gegen das Gestein. Da strömte eine große Menge Wasser heraus. Das ganze Volk und alle Tiere konnten ihren Durst stillen. Aber der Herr sprach zu Mose und Aaron: „Ihr habt mir nicht vertraut und meinen heiligen Namen nicht geehrt, sondern euch selbst in den Mittelpunkt gestellt. Deshalb dürft ihr mein Volk nicht in das Land bringen, das ich ihnen geben werde" (4 Mo 20,7-12; Hervorhebung vom Verfasser).*

Mose und Aaron waren zweifellos Männer, die ihrem Volk dienten. Aber jetzt, nachdem er jahrzehntelang seine Führungsaufgabe untadelig wahrgenommen hat, fällt Mose aus der liebenden Verbundenheit mit Gott heraus und nimmt die Dinge selbst in die Hand. Er fährt aus der Haut und beschimpft sein Volk als widerspenstig. Statt Gott die Ehre zu geben und zu tun, was er geboten hat, vertraut er lieber auf eine altbekannte Strategie und schlägt auf den Felsen – wieso auch nicht, es hatte ja schließlich schon mal geklappt (2 Mo 17,6).

Und wunderbarerweise strömt das Wasser – genug, um den Durst von fast drei Millionen Menschen zu stillen und auch den ihrer Tiere! Das Volk bekommt, was es braucht – aber Mose und Aaron zahlen einen hohen Preis. Gott nennt ihr Vergehen Rebellion und Unglauben und verwehrt es ihnen, ihr Volk ins Verheißene Land zu führen.

Öfter als ich gern zugeben möchte, habe ich auch „auf den Felsen geschlagen", aus Frustration und Zorn darüber, dass Gottes Wege oft so undurchsichtig sind. Ich weiß sehr gut, wie es ist, wenn man eine Sitzung mit einem Gebet eröffnet, in dem man Gott um seine Führung bittet, und dann den ganzen Abend nur eigene Pläne verfolgt. Ich habe mich oft genug auf das verlassen, was in der Vergangenheit schon funktioniert hatte – oder was anscheinend für andere Gemeindeleiter funktionierte –, ohne den mühsamen Weg zu gehen, im Gebet den Willen Gottes für die gerade aktuelle Situation zu suchen. Warum? Es ging schneller. Es war leichter. Und wie so viele andere Leiter, die ich kenne, habe ich mich selbst um die Freude und Zufriedenheit gebracht, das Verheißene Land zu betreten, das ich gesehen hätte, wenn ich bereit gewesen wäre, Gottes Willen auf Gottes Weise und nach Gottes Zeitplan zu tun.

Wann haben Sie zum letzten Mal die Dinge selbst in die Hand genommen? Auf den Felsen geschlagen? Und welches „verheißene Land" setzen Sie vielleicht gerade aufs Spiel? Egal wie Ihre Umstände sind, in jedem Fall kann ich Ihnen eines sagen: Zuerst verliert man die Freude und den Frieden, die Jesus schenkt. Führen wird zum Kraftakt. Die Menschen, denen man doch dienen will, werden zur Last. Bald kommt man sich vor wie ein Wüstenwanderer und fragt sich nur noch: *Wo ist Gott? Was ist eigentlich passiert?*

Man kann nicht mit Überschallgeschwindigkeit leben, ohne der Seele zu schaden.

Wenn ich darüber spreche, dass es nötig ist, unser Lebenstempo anzupassen, um Zeit zu haben für die Verbundenheit mit Gott, höre ich immer wieder denselben Einwand: „Pete, genau dazu habe ich einfach keine Zeit." Wenn das auch Ihr Einwand ist, dann stehen die Chancen gut, dass Sie zu schnell unterwegs sind. Überschallgeschwindigkeit macht uns blind für den Schaden, den dieses Lebenstempo in unserer Seele anrichtet.

Die Apostelgeschichte berichtet von einer aufschlussreichen Begebenheit. Gott lässt durch Paulus Wunder geschehen: Kranke werden geheilt, Besessene frei. Dann geschieht Folgendes:

> *Einige der jüdischen Geisterbeschwörer, die im Land umherzogen, versuchten, den Namen von Jesus, dem Herrn, für ihre Zwecke zu gebrauchen. Sie sprachen ihn über den von bösen Geistern Besessenen aus, wobei sie folgende Formel benutzten: „Ich beschwöre euch bei dem Jesus, den Paulus verkündet!" Auch die sieben Söhne eines gewissen Skevas, eines führenden jüdischen Priesters, gingen so vor. Doch eines Tages gab ihnen der böse Geist, der in einem Besessenen war, zur Antwort:* ***„Jesus kenne ich, und wer Paulus ist, weiß ich ebenfalls; aber wer seid ihr?"*** *Und der Mensch, der von dem bösen Geist besessen war, stürzte sich auf sie, überwältigte sie alle und schlug sie so zusammen, dass sie blutend und mit zerrissenen Kleidern aus dem Haus flohen (Apg 19,13-16; Hervorhebung vom Verfasser).*

Bezeichnend, oder? Da wollen Menschen etwas von dem Ansehen abstauben, das jemandem zukommt, der Macht über böse Geister hat. Aber sie nehmen eine geistliche Abkürzung. Sie überspringen die langfristige Investition in ein Leben in enger Verbindung zu Gott – die Quelle von Paulus' geistlicher Vollmacht.

Wann immer wir feststellen, dass wir zwar gern ebenso wirksam wären *wie Jesus,* aber uns keine Zeit *mit Jesus* nehmen, steuern wir geradewegs auf eine Variante von „blutend und mit zerrissenen Kleidern aus dem Haus rennen" zu. Diese sieben Söhne von Skevas wollten Dinge verkünden und tun, die von ihrem Leben nicht gedeckt waren. Die Integritätslücke in ihrem Leben war das Einfallstor für Gegenkräfte, die ihnen ernsthaft schadeten.

Gut, ich bin nie nackt und blutig aus dem Haus getrieben worden. Aber ich kenne das hohle Gefühl, wenn ich anderen Wahrheiten verkündet habe, die ich für mich selbst noch nicht verdaut hatte. Ich habe mir Erkenntnisse und Ideen ausgeborgt, die bei anderen zu funktionieren schienen. Bei einem anderen Prediger hatten sie so kraftvoll geklungen; warum war es bei mir anders? Weil ich mir nicht die Zeit genommen hatte, etwas, das zum Wort Gottes an mich geworden war, auch tatsächlich Wort Gottes für mich sein zu lassen. Es an mir wirken zu lassen. Und was passierte? Nichts. Meine Worte klangen hohl. Keine Vollmacht. Kaum eine Wirkung. Kaum Veränderung des Lebens.

Je öfter wir einer derartigen Illusion anheimfallen, umso mehr verbiegen wir unsere Seele. Wir sind Lügner: Wir wollen etwas darstellen, was wir nicht sind.

Sich durchzumogeln, hat auf lange Sicht einen hohen Preis.

Jesus hat mehr als neunzig Prozent seines Lebens – dreißig von dreiunddreißig Jahren – als Unbekannter verbracht. In diesen Jahren in der Verborgenheit hat er das Fundament für sein beeindruckendes öffentliches Wirken gelegt: die liebende Verbundenheit mit seinem Vater.[5] Auch nachdem er an die Öffentlichkeit gegangen war, pflegte Jesus diese enge Beziehung zu seinem Vater sorgfältig. Von seinem ersten Auftreten in Kapernaum (Mk 1,35) bis zu seinen letzten Stunden ich Gethsemane (Mt 26,36-46) nahm sich Jesus Zeit für die Gemeinschaft mit dem Vater.

Wenn Jesus dieses Fundament einer tiefen Beziehung zum Vater brauchte, dann können auch wir von diesem verborgenen Leben in Gott keine Abstriche machen, ohne auf lange Sicht die Folgen zu spüren. Jesus lebt beispielhaft vor, wie es ist, unter großem Druck gelassen zu bleiben, angesichts eines Verrats Ruhe zu bewahren, selbst denen, die ihn töten, zu vergeben – alles Früchte einer langen Geschichte des Einsseins mit seinem Vater. Ich bin überzeugt: Ein Hauptgrund dafür, dass so viele Christen in leitenden Positionen diese Qualitäten, die wir an Jesus sehen, nicht aufweisen, liegt darin, dass wir unsere Beziehung zu Gott schleifen lassen. Kein Wunder, dass wir dann eher Unzufriedenheit und Anspannung ausstrahlen als Gelassenheit und Ruhe.

Wenn ich hier an Sie appelliere, die notwendigen Veränderungen in Ihrem Leben vorzunehmen, damit Raum und Zeit für die liebende Verbundenheit mit Gott frei werden, dann möchte ich nicht, dass Sie noch einen zusätzlichen Termin in den ohnehin schon übervollen Kalender eintragen. Nein, worum es mir geht, ist etwas anderes: Es geht um eine 180-Grad-Wendung in Ihrem Leben und um eine ganz neue Weise, Ihre Leitungsaufgabe anzugehen. Offen gesagt ist das, worum ich Sie bitte, nichts weniger als ein grundlegender Akt der Rebellion, mit dem Sie unserem gesamten westlichen Führungsideal die Stirn bieten.

Tun Sie die ersten Schritte in Richtung Verbundenheit mit Gott

Auch die längste Reise beginnt mit einem kleinen Schritt. Deswegen möchte ich hier einige konkrete Schritte nennen, mit denen Ihr Weg zum Leben aus der engen Verbindung zu Jesus beginnen kann. Wenn Sie erst einmal auf dem Weg sind, wird diese Beziehung sich vertiefen und reiche Früchte tragen. Denn es ist ein lebenslanger Weg.

Finden Sie Ihre Wüste

In der Bibel und in der Geschichte der Kirche war die Wüste immer ein Ort der geistlichen Vorbereitung, Reinigung und Verwandlung. Von Mose über Elia, Johannes den Täufer bis zu Jesus: Alle bedeutenden Gottesmänner haben längere Wüstenzeiten erlebt, in denen sie auf ihren Auftrag vorbereitet wurden. Vom dritten bis fünften Jahrhundert zogen sich Männer und Frauen – die sogenannten Wüstenväter und -mütter – bewusst als Einsiedler in die Wüsten Syriens, Palästinas und Ägyptens zurück. Wenn wir unsere Verbindung mit Gott vertiefen möchten, sollten wir ähnliche „Wüstenzeiten" in unser Leben einbauen; Zeiten, in denen wir ganz für Gott da sind.

Einer der frühen Wüstenväter war Antonius der Große von Ägypten (251–356 n. Chr.). Der hoch gebildete Sohn christlicher Eltern lebte zwanzig Jahre in der Wüste, in Einsamkeit und Schweigen. Als er danach in die Welt zurückkehrte, entdeckten seine Zeitgenossen an ihm alle Kennzeichen eines authentischen, gesunden Menschen – er war heil an Leib, Seele und Geist. Tausende suchten seinen Rat und Gott wirkte mächtig durch ihn. „Nicht seine physische Größe hob ihn aus der Masse heraus, sondern seine Charakterfestigkeit und die Reinheit seiner Seele. Da seine Seele frei war von Unordnung, hielt er auch seine äußeren Sinne ungestört … er war nie aufgewühlt, seine Seele war gelassen und er wirkte niemals düster, weil sein Geist freudig war."[6]

Als Christen in einer Leitungsaufgabe können wir natürlich nicht zwanzig Jahre allein in einer Wüste verbringen. Aber die Wüste ist ein geeignetes Bild für das, worum es geht: dass wir einen Ort finden – eine Parkbank, einen Stuhl vor dem Fenster, ein Einkehrhaus … –, an den wir uns von den vielen Menschen und Verpflichtungen zurückziehen und mit Gott allein sind. Einen Ort, an dem wir die Tür unseres Herzens so weit öffnen, wie wir können, damit Jesus, sein Wille und seine Gegenwart in jedem Bereich unseres Lebens zum Zug kommen. Die folgende kleine Begebenheit aus dem Leben des Antonius hat mich lange beschäftigt:

> *Abba Antonius erhielt einen Brief von Kaiser Konstantin, in dem er ihn bat, nach Konstantinopel zu kommen. Antonius wusste nicht, ob er der Einladung folgen sollte, und fragte Abba Paulus um Rat. Der sagte ihm: „Wenn du gehst, wird man dich Antonius nennen. Aber wenn du hierbleibst [in der Wüste], wird man dich Abba Antonius nennen.“*[7]

Antonius lehnte die Einladung schließlich ab. Warum? Weil der Dienst des Kaisers ihn von der Aufgabe fortgeführt hätte, die Gott in der Wüste für ihn hatte. Er sollte dort zu einem „Abba“ heranreifen, einem Vater im Glauben für die vielen, denen er abseits der Öffentlichkeit diente. Und das konnte er nur in der Wüste, in einem geruhsamen Leben in der Verbundenheit zu Gott.

Antonius wusste gut zu unterscheiden, welche Art von Führungsaufgabe Gott für ihn vorgesehen hatte. Auch jeder von uns hat seine spezifische Berufung, und die bezieht sich nicht nur auf das, was wir *für Gott tun;* ebenso wichtig ist, dass wir *in seiner Nähe sind.*

Vor allem in unserer protestantischen Tradition sind wir so geprägt von den Leistungswerten unseres westlichen Milieus, dass wir glauben, ein gewisses Maß an Überaktivität im Dienst sei normal. Wenn sich uns eine Tür öffnet, sind wir überzeugt, dass es Gottes Wille sein muss, dass wir schnurstracks hindurchgehen. Aber das ist selten der Fall. Ich glaube, dass diese Neigung, jede Gelegenheit für Gott zu ergreifen, schon viele Leiter ruiniert hat, die zwar gute Absichten, aber kein stabiles Fundament einer Verbundenheit mit Gott besaßen. Um dieses Fundament zu legen, müssen wir ein besonderes Geschenk annehmen: das Geschenk unserer Begrenztheit.

Für Geri und mich war ein Aspekt der Begrenztheit besonders fruchtbar: die Entscheidung, eine Lebensregel zu verfassen und danach zu leben. Diese uralte geistliche Praxis gab uns den Rahmen dafür, Unwesentliches aus unserem Leben zu streichen und Raum zu schaffen für ein vertieftes und ausgedehnteres Leben in Gott.

Entwickeln Sie für sich eine Lebensregel

Bitte lassen Sie sich nicht abschrecken von dem Wort „Regel". Der Begriff kommt aus dem griechischen *trellis* und bezeichnet ein Gestell, an dem Weinreben hochranken können und so mehr und bessere Frucht bringen. Ein gutes Bild dafür, wozu eine Lebensregel gut sein kann: Sie bietet einen Rahmen, wie wir geistlich wachsen und mit Christus verbunden bleiben können. Das wiederum bringt uns geistlich „zum Blühen" und lässt unser Handeln als Leiter Frucht bringen.[8]

So eine Regel ist ganz einfach ein bewusst gewählter, gezielter Plan, wie wir bei allem, was wir tun, auf Gott ausgerichtet bleiben können. Sie gibt den geistlichen Übungen, die wir für uns gewählt haben, einen klaren Ort im Ganzen unseres Lebens. Die folgende Abbildung zeigt den Rahmen, an dem ich selbst mich über viele Jahre orientiert habe. Er umfasst die vier grundlegenden Bereiche geistlichen Lebens nach der Regel der Benediktiner: Gebet, Ruhe, Beziehungen, Arbeit. Ein- oder zweimal im Jahr überprüfe ich, ob die Einzelheiten noch stimmen, und nehme gegebenenfalls Anpassungen vor.

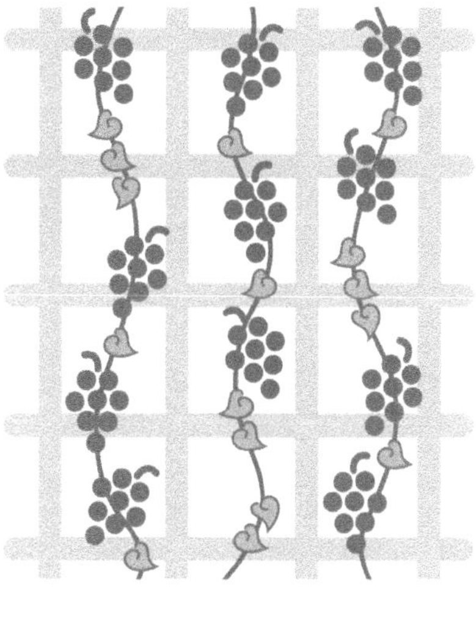

Gebet
Einen Ruhetag pro Woche
Stundengebet (3- oder 4-mal täglich)
Lectio Divina
Stiller Tag (1 bis 2 im Monat)
Tagebuch schreiben
Zeit mit Gott (schweigen, allein sein)
Tagesrückblick
Lektüre der Wüstenväter
Einkehrtage (4 bis 5 Tage im Jahr ins Kloster)
Ruhe
Sport (5- bis 6-mal pro Woche)
Urlaub (langfristig geplant)
Freitags frei, mindestens 2/3 des Tages
Lektüre/Bibliotheksbesuch
Sabbatzeiten (alle 7 Jahre 3 bis 4 Monate)
Therapien, wenn nötig
Strand, Natur, Wandern, Radfahren
Nutzung von sozialen Medien einschränken
Vortragstätigkeit begrenzen
Liebe Gottes
(empfangen und weitergeben)
Beziehungen
Unbeschwerte Zeit mit Geri
Unternehmungen mit Eva, Maria, Christy und Faith
In gutem Kontakt mit meinen Geschwistern bleiben
Regelmäßige Gespräche mit geistlichem Begleiter
Für die Mitarbeiter von Gemeinde und EHS da sein
An einer Kleingruppe teilnehmen
Freunde treffen
Familienfeiern
Urlaub oder Besuch bei Geris Familie
Arbeit
Persönliche Weiterbildung
Leitende Mitarbeiter in der Gemeinde als Mentor begleiten
Predigt und Lehre in der Gemeinde
Nächste Phase in der Gemeindeentwicklung vorbereit
Mitarbeiter schulen
Blog/Facebook/Twitter
Trainerausbildung EHS konzipieren, planen, durchführ
Schreiben begrenzen
Beten/bedenken, bevor ich etwas zusage

Jeder dieser Bereiche hilft mir nicht nur, das im Blick zu behalten, was ich zu tun habe; er ist auch ein Mittel, die Liebe Gottes zu erfahren und weiterzugeben. Diese Liebe Gottes steht im Zentrum. Wenn ich nicht den ganzen Tag hindurch von dieser Liebe lebe, sie für mich gelten lasse und darauf vertraue, habe ich nichts zu geben, das bleibenden Wert hätte. Wenn ich alle vier Bereiche gleichermaßen in meinem Leben berücksichtige, verhindere ich eine „Schieflage", indem ich in einem Bereich Dinge übernehme, die mich daran hindern, Verpflichtungen in einem anderen Bereich nachzukommen. Ich würde zum Beispiel keine neue Aufgabe im Bereich Arbeit annehmen, wenn dadurch mein Rhythmus von Ruhe, Gebet und Beziehungen aus dem Gleichgewicht käme.

Besonders zwei Versuchungen können Ihren Entschluss untergraben, eine Lebensregel für sich zu entwickeln. Die erste besteht darin, einfach nichts zu tun – Sie fühlen sich wie gelähmt und denken: *Das packe ich nicht! Es engt mich zu sehr ein. Es ist zu anstrengend.* Die zweite besteht im genauen Gegenteil: Sie machen alles auf einmal. Sie stellen Ihr Leben in jeder Hinsicht auf den Kopf und nach einem Monat geht Ihnen die Puste aus, weil Ihre Lebensregel zwar ein wunderbares Ideal darstellt, sich aber im wirklichen Leben nicht umsetzen lässt.

Vor beidem möchte ich Sie bewahren. Ich würde auch nicht empfehlen, die Abkürzung zu nehmen, indem Sie einfach meine Lebensregel für sich übernehmen. Ich habe sie seit inzwischen fast fünfzehn Jahren immer wieder verändert. Wenn Sie gerade erst anfangen, muten Sie sich nicht mehr Regelhaftigkeit zu, als Sie vertragen. Stellen Sie eine Regel auf, die Ihrer Person und Ihrer momentanen Lebenssituation entspricht. Lassen Sie es einfach angehen und machen Sie kleine Schritte. Das ist wichtig. Wie viel Struktur brauchen Sie gerade jetzt? Eher mehr oder eher weniger? Gehen Sie davon aus und tun Sie den ersten Schritt.

Ein wenig Vorbereitung tut dabei gut. Dazu dienen die folgenden Fragen. Schreiben Sie alles auf, was Ihnen jeweils dazu einfällt.

- **Was tun Sie zurzeit, das Ihrer Seele guttut? Was macht Ihnen Freude?** Menschen, Orte, Aktivitäten … Vielleicht Dinge wie Gartenarbeit, Wandern, mit Freunden reden, Kochen … Alles, was Ihnen in den Sinn kommt. Falls dieses Feld ganz unbebaut ist, nehmen Sie sich die Zeit zu überlegen, was Sie gern ausprobieren oder neu beginnen würden.
- **Welche Menschen, Orte oder Aktivitäten sollten Sie meiden, weil sie Sie auslaugen oder es Ihnen schwer machen, in Christus verwurzelt zu bleiben?** Hierher gehört alles, was Ihre Seele negativ beeinflusst – Gewaltszenen im Kino, Hektik, die eigenen Grenzen übergehen …
- **Welche unvermeidlichen Dinge beeinflussen Ihren Lebensrhythmus momentan?** Kindererziehung oder die Sorge für die alten Eltern, eine gesundheitliche Herausforderung, ein wichtiger beruflicher Schritt …

Mit diesen drei Rubriken – gut für meine Seele, schlecht für meine Seele, unabdingbar – haben Sie einen brauchbaren Grundstock für Ihre Überlegung, was Sie jeweils in die vier grundlegenden Bereiche Ihrer Lebensregel aufnehmen wollen: Gebet, Ruhe, Beziehungen und Arbeit. Weil fast jeder Leiter, den ich kenne, den Bereich Arbeit überladen hat, würde ich vorschlagen, dass Sie mit den anderen Bereichen beginnen und sich das Thema Arbeit zuletzt vornehmen.

Wenn Sie die einzelnen Rubriken füllen, achten Sie auch aufmerksam darauf, was Ihr Herz sagt. Was wünschen Sie sich für diesen Bereich Ihres Lebens vor allem? Was wollen Sie unbedingt? Gott redet häufig durch unsere Wünsche, übergehen Sie sie also nicht und betrachten Sie sie nicht als zweitrangig. Ihre Regel sollte unbedingt Elemente wie Spaß, Freude, Spiel enthalten. Machen Sie kleine Schritte. Machen Sie es sich nicht selbst unmöglich, sich an Ihre Regel zu halten, indem Sie sich zu viel vornehmen.

Wenn es um die Bereiche Gebet und Ruhe geht, würde ich vorschlagen, dass Sie aus den geistlichen Übungen, die ich dazu unten aufführe, eine oder zwei auswählen. Die hier genannten fünf unterstützen uns m. E. am besten dabei, unsere Verbundenheit mit Gott gezielt zu vertiefen: Stille und Schweigen, Schriftmeditation, Stundengebet, Tagesrückblick und das Einhalten eines Ruhetags.

Stille und Schweigen. Schweigen meint schweigen – ein wortloses Vor-Gott-da-Sein. Ich bemühe mich, das mindestens einmal am Tag für 20 Minuten zu üben. Diese Übung macht mich ruhig, während ich sie durchführe, und weniger angespannt, wenn ich wieder aktiv werde. Vielleicht beginnen Sie mit fünf Minuten und machen Ihre Erfahrungen damit.

Schriftmeditation. Wir lesen kleine Abschnitte der Bibel langsam und aufmerksam, um Gottes Stimme zu hören und seine Gedanken und sein Herz kennenzulernen. Ich nehme jeden Tag einen Abschnitt aus den Evangelien, um Jesus besser kennenzulernen. Außerdem habe ich immer einen oder zwei Bibelverse in der Tasche, über die ich während der Woche wiederholt nachdenke, auch außerhalb meiner Stillen Zeit.

Stundengebet. Das Stundengebet ist eine alte Praxis, zu bestimmten Zeiten im Tagesverlauf zum Gebet innezuhalten, etwa morgens, mittags und abends. Das gibt meinem Tag eine Struktur, indem es mich immer wieder in meiner Geschäftigkeit unterbricht, um einfach vor Gott da zu sein.[9] Für mich haben sich drei oder vier solcher Unterbrechungen bewährt.

Tagesrückblick. Diese Praxis wird meist auf Ignatius von Loyola (1491–1556) zurückgeführt. Abends schaue ich auf den Tag zurück, um zu erkennen, wie und wo mich Gottes Geist an diesem Tag geleitet hat, wo Gott mir nahe war, worin ich seinen Willen erkenne. Der Tagesrückblick, der auch das „Gebet der liebenden Aufmerksamkeit“[10] genannt wird, kann fünf Schritte umfassen:

1. Dank für alles Gute, das Gott heute geschenkt hat.
2. Rückblick auf alles, was heute war, ohne zu werten. In allem Geschehenen suche ich, die Spuren Gottes zu erkennen.
3. Wachheit für meine Emotionen. Erkenne ich darin Gottes Reden?
4. Versagen und Sünde benennen und in Gottes Erbarmen stellen.

5. Blick auf morgen und Bitte, immer verfügbarer für Gott zu werden, der mich liebt.

Besonders den dritten Schritt möchte ich Ihnen ans Herz legen. Ein Weg, wie Gott zu uns redet, sind unsere Emotionen. Ignatius von Loyola spricht in diesem Zusammenhang von „Trost“ und „Misstrost“. „Trost“ ist eine Erfahrung, die uns Freude, Lebendigkeit, Energie und Frieden schenkt, „die die Seele mit Liebe zu Gott entzündet“ und die uns mit Gott, mit uns selbst und mit anderen in Kontakt bringt. „Misstrost“ lässt uns das Gegenteil erleben: Erschöpfung, Erstarrung, Schwere, Tod. Sie können sich beim Rückblick auf Ihre emotionale Landkarte an diesem Tag fragen:

- Wo habe ich Freude und Frieden gespürt? Wo war ich im Kontakt mit mir selbst, mit Gott, mit anderen?
- Wo habe ich mich von Gott oder mir selbst abgeschnitten erlebt? Traurig, apathisch, erschöpft? Was hat mir Lebenskraft geraubt?

Wenn man über längere Zeit in dieser Weise betet, zeichnen sich die Spuren Gottes in unserem Leben und die Richtung, in die er uns leitet, deutlicher ab. Wenn Sie damit beginnen, empfehle ich diese Gebetsweise ein- oder zweimal am Tag, bis sie zur Gewohnheit geworden ist. Mir dient der Tagesrückblick als Markstein, in den Kleinigkeiten wie in den großen Angelegenheiten meines Lebens Gottes Wirken zu erkennen. Etwa in der Frage, wie viel ich in einer Sitzung sagen soll, aber auch, wenn es darum geht, einen neuen Mitarbeiter einzustellen.

Sabbat/Ruhetag. Der Sabbat ist im Alten Testament zentral. Für 24 Stunden legen wir die Arbeit aus der Hand, um uns zu erholen und uns an den guten Gaben Gottes zu freuen. Einen solchen Ruhetag zu haben, ist so unverzichtbar, wenn wir emotional reife Leiter sein wollen, dass ich diesem Thema das ganze folgende Kapitel widmen möchte.

Wenn Sie Ihre Lebensregel entwickeln, seien Sie nicht zu streng mit sich selbst. Ich kann Ihnen garantieren: Sie werden sich nicht immer an alles halten können, was Sie sich vorgenommen haben. Unerwartete Störungen und Unterbrechungen sind unvermeidlich. Es braucht Experimentierfreude und die Entschlossenheit dranzubleiben, bis Sie herausfinden, welche Lebensregel für Sie passt und hilfreich ist. Und vor allem: Verlieren Sie das Ziel der Sache nicht aus dem Blick. Es geht darum, die Liebe zu Gott und die Verbundenheit mit Jesus zu pflegen und zu vertiefen. Mehr als einmal habe ich dieses Ziel aus den Augen verloren und verbissen meinen „Plan“ eingehalten, während die Tür meines Herzens fest verschlossen war. Achten Sie darauf, dass Ihr Herz offen und empfänglich bleibt.

Sie sind kein perfekter Leiter – und müssen es auch nicht sein

Wenn wir die Veränderungen vornehmen, die nötig sind, damit die liebende Verbundenheit mit Gott in unserem Leben Raum gewinnt, dann ist das ein prophetischer und gesellschaftskritischer Akt. Wir leben nicht in der Wüste und auch nicht im Kloster, wo die gesamte Lebensform dieses Ziel unterstützt. Sie können damit rechnen, dass nicht alles gelingt und es auch unebene Strecken gibt, wenn Sie überlegen, was für Sie mit Ihrer einmaligen Persönlichkeit, Ihren Verpflichtungen, Grenzen und Ihrer Familiendynamik praktikabel ist.

Entscheidend ist nur, dass Sie einen langen Atem behalten. Einatmen, ausatmen, *entspannen.* Wir machen keine Vollbremsung, um unser Leben zu entschleunigen. Auch das Langsamerwerden geht allmählich vor sich. Wenn ich gelegentlich entmutigt bin, denke ich gern an einen Satz, den mir ein alter Trappistenmönch einmal gesagt hat, der seit sechzig Jahren im Kloster lebte. Im Blick auf das Beten stellte er fest: „Ich bin gerade mal ein Anfänger.“

Machen Sie den Test!

Prüfen Sie, wie gut es Ihnen gelingt, aus der liebenden Verbundenheit mit Gott zu leben. Selbsteinschätzungstest und Auswertung finden Sie unter: www.glaubensriesen.de → für Leiter

5

Den Ruhetag feiern

Es ist erst ein paar Jahre her, dass ich von allem, was mit Führungsaufgaben im christlichen Kontext zu tun hat, die Nase voll hatte. In einem Anfall von Frust rief ich einen Freund an. Bob ist Psychologe und berät seit 35 Jahren Menschen in Führungspositionen.

Ich war nicht in der Stimmung, meine Worte auf die Goldwaage zu legen. „Irgendwas läuft doch völlig schief", platzte ich heraus. „Alle, Pastoren, Gemeindeleiter, Führungsleute in Gemeinden stimmen mir zu: Es gibt nichts Wichtigeres, als Jesus zu Füßen zu sitzen. Oft bekomme ich nach Vorträgen sogar die Rückmeldung, dass das die wichtigste Botschaft für die Hörer gewesen ist. Manche übernehmen sie dann auch direkt in ihre nächste Predigt. Aber ich treffe nur sehr selten jemanden, der diese Überzeugung auch in die Tat umsetzt. Sie machen vielleicht am Anfang ein paar Versuche", jammerte ich, „aber schneller, als du gucken kannst, landen sie wieder genau da, wo sie vorher waren. Ich glaube, ich verschwende nur meine Zeit."

Ich hatte mit einer verständnisvollen Reaktion von Bob gerechnet. Stattdessen brach er in Gelächter aus. Zum Lachen war mir allerdings ganz und gar nicht zumute.

„Was ist daran so lustig?", fragte ich gereizt.

„Ach, Pete", sagte Bob. „Du verlangst etwas von ihnen, was sie nicht können. Sie *können* nicht innehalten. Nur weil sie Christen sind, sind deine Leiter doch nicht anders als die Konzernchefs, Wirtschaftsbosse oder Staranwälte, die ich tagtäglich in meiner Praxis sehe."

„Was soll das heißen?", fiel ich ihm ins Wort. „Das sind schließlich Pastoren und Gemeindeleiter. Sie kennen Christus."

„Pete“, sagte er, „du verstehst nicht.“

Bob war – ganz im Gegenteil zu mir – bemerkenswert ruhig.

Dann ließ er die Bombe platzen. „Sie können nicht innehalten. Es würde sie umbringen, aus ihrem hektischen Leben auszusteigen. Sie haben Angst. Todesangst – davor, was sie in sich entdecken könnten, wenn sie mal stehen bleiben würden. Und da willst du, dass sie schweigen, einen Ruhetag einführen und meditieren?“ Er lachte wieder. „Hast du überhaupt eine Ahnung, wie absolut fremdartig das *jedem* vorkommen muss, der es gewohnt ist, den Ton anzugeben, ob er nun Christ ist oder nicht? Die sind alle von etwas viel Tieferem angetrieben; sie wissen nur nicht, wovon.“

Die Wahrheit dieser Aussage war so eindringlich, dass es mir die Sprache verschlug. *Es würde sie umbringen, aus ihrem hektischen Leben auszusteigen. Sie haben Angst – Todesangst.*

„Diese Angst davor anzuhalten, offenbart, wie leer sie innerlich sind“, fuhr Bob fort. „Pete, diese Übungen, die du empfiehlst, haben das Potenzial, ihr gesamtes Selbstverständnis auszuradieren – dieses Bild von sich selbst, das auf Leistung basiert. Siehst du nicht, wie ungeheuerlich das ist?“

„Noch nicht ganz“, gab ich zurück.

Bob hatte mir für diesen Tag mehr als genug Stoff zum Nachdenken geliefert. Wenden wir uns also jetzt erst einmal einem verwandten Thema zu: dem Sabbat oder Ruhetag.

Sabbat – worum geht es da?

Nach biblischem Verständnis ist der Sabbat ein Tag – ein Zeitraum von 24 Stunden –, an dem wir die Arbeit ruhen lassen, uns erholen, das Leben genießen und Gott betrachten. Der jüdische Sabbat beginnt traditionell am Freitag bei Sonnenuntergang und endet am Samstag bei Sonnenuntergang. In den meisten christlichen Kirchen entspricht dem der Sonntag. Paulus war der Meinung, ein Tag sei als Ruhetag ebenso gut wie ein anderer (Röm 14,1-17). Es kommt nicht auf den Wochentag an. Worauf es ankommt, ist, dass wir uns diese 24 Stunden frei halten und diese Zeit schützen.

Der Sabbat kehrt jede Woche wieder; er begründet einen Rhythmus und dieser Rhythmus steht in deutlichem Kontrast zur Welt, in der wir leben. Der säkulare Rhythmus sieht in etwa so aus:

RHYTHMUS DER WELT:

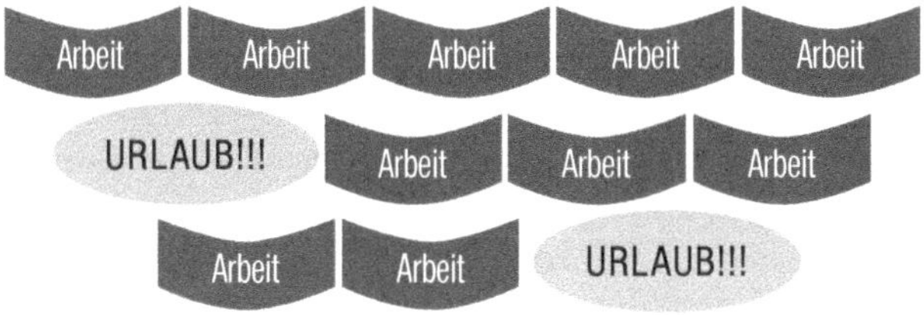

Gottes Rhythmus dagegen ist folgender:

HEILIGER RHYTHMUS:

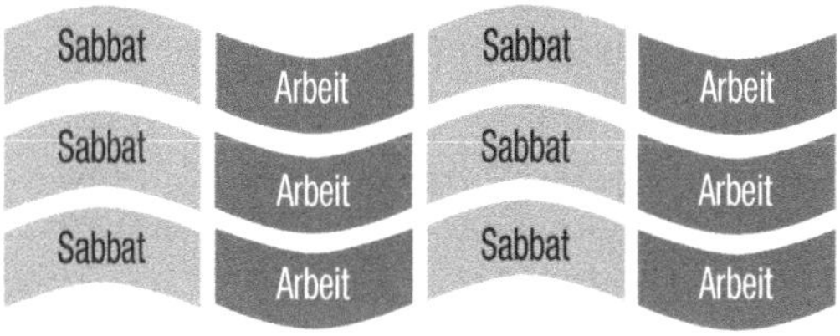

Der Rhythmus von Arbeit und Ruhe spiegelt den Rhythmus, der die ganze Schöpfung durchzieht. Da gibt es Tag und Nacht, Licht und Dunkel, Sonnenaufgang und Sonnenuntergang, Ebbe und Flut. Es gibt den Jahreslauf und die Jahreszeiten, es gibt Wachstum und Ruhe. Es gibt einen Wechsel und nicht immer das Gleiche.

Das Problem für Menschen in Leitungsaufgaben ist allzu oft, dass es keinen Wechsel mehr gibt. Es gibt nichts anderes mehr als die Arbeit. Sie beherrscht unser Leben und zerstört das Gleichgewicht von Arbeit und Ruhe, das Gott für uns vorgesehen hat.

Es brauchte die lebensverändernde Erfahrung unserer zweiten Sabbatzeit, bis ich den Drang verspürte, der Sache mit dem Sabbat auf den Grund zu gehen – nicht nur für mich selbst, sondern auch für unsere Gemeinde. Ich nahm mir richtig Zeit, mich in das Thema zu vertiefen. Dabei stieß ich auf vier grundlegende Merkmale, die den Sabbat definieren: Der Ruhetag, das sind 24 Stunden, an denen wir *innehalten* (die Arbeit unterbrechen), *ruhen* (uns erholen, auftanken), das Leben *genießen* und *Gott betrachten.*[1] Sehen wir uns diese Merkmale im Einzelnen an.

Innehalten. Der Sabbat – der Feiertag – ist in erster Linie ein Tag, an dem die Arbeit ruht – und zwar jegliche Arbeit, nicht nur die, für die wir bezahlt werden. Am Sabbat sagen wir Ja zu unseren Grenzen. Wir lassen die Illusion los, dass wir unverzichtbar sind für den Lauf der Welt. Wir erkennen an, dass wir mit all unseren Zielen und Projekten nie zu Ende kommen werden, dass Gott auf dem Thron sitzt und das Universum recht gut auch ohne unsere Hilfe regiert.

Mein Ruhetag beginnt am Freitag um 18 Uhr und endet am Samstag um dieselbe Zeit. An diesem Tag lasse ich alles liegen, was mit meiner Rolle als Pastor zu tun hat; ich schreibe nichts und bereite nichts vor. Ich beantworte keine E-Mails oder Anrufe; auch unerledigte Dinge der letzten Woche haben in dieser Zeit keinen Platz. Ich mache Pause von den sozialen Medien. Und ich erledige auch sonst nichts, was nach Arbeit aussieht: Wäsche waschen, einkaufen, die vielen kleinen Haushaltsaufgaben …

Ruhen. Wenn wir die Arbeit aus der Hand legen, nehmen wir Gottes Einladung an, uns auszuruhen. Gott hat geruht, nachdem die Schöpfung vollendet war (Gen 2,1-4). An diesem Tag tun wir Dinge, die uns aufbauen, uns neue Energie geben – vom Mittagsschlaf bis zum Lesen, Wandern, Hobbys nachgehen oder gut Essen. Alles, was nicht den Charakter von Arbeit hat.

Damit das gelingt, muss man allerdings während der Woche darauf hinarbeiten. Ich muss Zeiten für die routinemäßigen Aufgaben einplanen, wenn ich sie nicht am Ruhetag machen will – Reparaturen, Auto waschen, Bankgeschäfte erledigen usw.

Was tue ich, um mich zu erholen? Ich mache einen Mittagsschlaf, verbringe Zeit mit Geri, mit unseren Töchtern, lese einen Roman, sehe mir einen Film an, gehe schwimmen oder wandern, besuche Freunde oder Verwandte oder fahre ins Museum. Vielleicht mähe ich sogar den Rasen – das zählt für mich nicht als Arbeit, sondern als angenehme Abwechslung.

Genießen. Nachdem Gott die Welt erschaffen hatte, erklärte er sie für „sehr gut" (Gen 1,31). Das war kein erschöpfter Kommentar – *Schön, dass das endlich erledigt ist!* –, es war die freudige Anerkennung und Würdigung einer großartigen Leistung. An jedem Sabbat oder Ruhetag lädt Gott uns ein, an dieser Würdigung teilzuhaben; seine Schöpfung und alle seine guten Gaben zu genießen, uns daran zu freuen.

Eine wichtige Frage im Blick darauf, wie ich meinen Ruhetag gestalte, lautet daher: *Was macht mir wirklich Freude? Was tut meiner Seele gut?* Das ist natürlich für jeden anders. Aber diese Dinge sollten auf jeden Fall am Ruhetag – am *Feier*tag – vorkommen.

Gott betrachten. Das eigentliche Ziel des Ruhetags liegt darin, sich an Gott zu freuen, ihn zu schauen und zu genießen. Der biblische Sabbat ist ein Tag, der „heilig ist vor dem Herrn". Wir machen nicht Urlaub von Gott; im Gegenteil: Wir suchen ihn. Gott und seine Liebe zu betrachten, zu preisen, zu verinnerlichen, darum geht es eigentlich. Der Sabbat lädt uns ein, das Unsichtbare hinter dem Sichtbaren zu erkennen – die verborgene Weise, in der Gott in unserem Leben am Werk ist. Das muss nicht heißen, dass wir den ganzen Tag beten oder die Bibel lesen. Aber wir werden aufmerksam und empfänglich dafür, wie Gottes Liebe uns in so vielen Gaben begegnet, die er uns schenkt. Wir entdecken Gottes Größe und Schönheit in allem – von Menschen über ein gutes Essen, ein schönes Kunstwerk bis zu Sport, Musik und Hobbys. All das kann uns Gottes Liebe verkünden, weil es unsere Seele froh macht.

Wie könnte ein Ruhetag, ein Feiertag, ein Sabbat für Sie aussehen? Ich hoffe, meine vier Grundelemente können als erste Orientierung dienen. Aber falls Ihnen das schon zu detailliert vorkommt, treten Sie erst einmal einen Schritt zurück. Konzentrieren Sie sich auf die Grundbedeutung des Sabbats – ein Tag, an dem wir einen Vorgeschmack des Himmels, der Ewigkeit bekommen.

Rabbiner Abraham Joshua Heschel schrieb:

> *Wenn man nicht schon in dieser Welt den Geschmack des Sabbats schätzen lernt, wenn man nicht angeleitet wird, das ewige Leben zu genießen, wird man auch in der kommenden Welt unfähig sein, an der Ewigkeit Geschmack zu finden … Das Wesen der kommenden Welt ist ein ewiger Sabbat und der siebente Tag in dieser Zeit ist eine Vorwegnahme der Ewigkeit.*[2]

Am Sabbat üben wir sozusagen schon hier in dieser Welt die Ewigkeit ein. Wir blicken voraus auf jenen Tag am Ende unseres Lebens, an dem wir alle Arbeit aus der Hand legen, ruhen, genießen und die Herrlichkeit Gottes in aller Fülle schauen werden. Den Sabbat zu feiern, verbindet in einem sehr realen Sinn Himmel und Erde. Es versetzt uns in die Lage, nicht nur die Arbeit ruhen zu lassen, sondern aus der Ruhe heraus dann auch unsere Arbeit zu tun.

Warum ein Ruhetag heute eine solche Herausforderung ist

Als Gott vor 3500 Jahren den Sabbat einführte, war das eine revolutionäre Idee. Und sie ist es bis heute geblieben. Nach meiner Beobachtung sind es vor allem drei Gründe, die es uns schwer machen, einen Tag in der Woche Abstand von der Arbeit zu nehmen.

Wir haben Angst davor, was wir in uns selbst entdecken könnten

„Sie können nicht innehalten", hatte mein Freund Bob gesagt. Was steht denn hinter diesem Widerstand? Aus zahllosen Gesprächen mit Pastoren rund um den Globus meine ich, etwas herausgehört zu haben: Die Antwort lautet *Scham.*

Scham ist das höchst schmerzhafte Empfinden oder die Erfahrung, von Grund auf fehlerhaft, mangelhaft, wertlos zu sein und „als Mensch in entscheidender Hinsicht nicht zu genügen"[3]. Und das wollen wir nicht spüren. Also arbeiten wir immer noch mehr und noch mehr. *Wenn ich dieses Projekt noch mit Erfolg zu Ende gebracht habe, dann werde ich mich besser fühlen. Dann kann ich mich vielleicht mal zurücklehnen. Aber jetzt noch nicht.*

Scham ist etwas anderes als Schuld und es ist wichtig, sich das bewusst zu machen. Schuld bezieht sich auf etwas, das ich *tue.* Wenn ich etwa über eine rote Ampel fahre, ist das ein Fehler, den ich gemacht habe. Aber es besagt nichts über meinen Wert als Mensch. Scham dagegen bezieht sich darauf, wer ich *bin.* Dann empfinden wir: „Ich habe nicht nur etwas falsch gemacht; nein, ich bin falsch." Wenn uns in unserer Führungsaufgabe Fehler unterlaufen, denken wir leicht: *Ich bin eine Nullnummer. Ein Idiot! Wenn ich ein guter Pastor wäre, wär mir das nicht passiert.* Scham bestätigt uns nicht falsches *Verhalten,* sie erklärt uns für falsch in unserem tiefsten *Sein.*

Ein freier Tag kann da beängstigend wirken. Denn nichts Produktives zu tun, macht uns verletzlich. Eventuell empfinden wir uns als emotional bloßgestellt – vor Gott oder vor anderen. Arbeit überdeckt Gefühle von Unzulänglichkeit oder Wertlosigkeit – nicht nur gegenüber anderen, sondern auch vor uns selbst. Solange wir beschäftigt sind, können wir die Stimmen übertönen, die uns einflüstern:

Ich bin nie gut genug.
Ich bin nie wirklich sicher.
Ich bin nie wirklich perfekt.
Ich bin nie erfolgreich genug.

Kennen Sie diese Stimmen auch?

Viel zu viele Christen in Leitungsverantwortung entfliehen diesen beschämenden Botschaften, indem sie zu viel arbeiten. Ich zähle mich durchaus dazu, allerdings würde ich mich inzwischen zu den Workaholics rechnen, die auf dem Weg der Besserung sind.

Wenn Sie rasch abschätzen möchten, wie gefährdet Sie diesbezüglich sind, fragen Sie sich, wie viele der folgenden Aussagen auf Sie zutreffen:

- Bringen Sie mehr Enthusiasmus für Ihre Arbeit auf als für Ihre Familie oder sonst etwas?
- Nehmen Sie gelegentlich Arbeit mit ins Bett? Oder ins Wochenende? In den Urlaub?
- Ist die Arbeit der Bereich in Ihrem Leben, über den Sie am meisten reden und der Ihnen am meisten bedeutet?
- Arbeiten Sie mehr als vierzig Wochenstunden?
- Rechnen Ihre Familie oder Freunde nicht mehr damit, dass Sie zu einem verabredeten Zeitpunkt tatsächlich erscheinen?
- Laden Sie sich zusätzliche Aufgaben auf, weil Sie befürchten, dass die sonst liegen bleiben?
- Planen Sie zu wenig Zeit für einzelne Projekte ein, sodass Sie unter Druck geraten?
- Werden Sie schon mal ungnädig gegenüber Menschen, die andere Prioritäten setzen als ihre Arbeit?
- Machen Sie so viele Überstunden, dass es Ihren Beziehungen schadet?[4]

Wie haben Sie abgeschnitten? Wenn Sie nur einige dieser Fragen mit Ja beantworten, werden Sie sich mit Ihrer Arbeitssucht auseinandersetzen müssen, wenn Sie einen Ruhetag in Ihrem Leben etablieren wollen. Und wenn Sie sich entscheiden, den Kampf um einen ausgewogenen Rhythmus von Arbeit und Ruhe aufzunehmen, sollten Sie wissen, dass dies nicht nur ein emotionaler und spiritueller Kampf ist, sondern möglicherweise auch körperliche Auswirkungen hat. Wenn wir ständig auf Hochtouren laufen, produziert der Körper bestimmte Hormone und andere Stoffe, die uns helfen, unter diesen Bedingungen zu funktionieren. Schalten Sie dann eine Stufe zurück, kann es zu regelrechten Entzugserscheinungen kommen.

Wir verbinden den Sabbat mit Gesetzlichkeit oder erstarrter Tradition

Die Missverständnisse um den Sabbat sind so alt wie der Sabbat selbst. Der Talmud, der zentrale Text des klassischen Judentums und Grundlage jeglicher jüdischer Gesetzgebung, benennt neununddreißig Aktivitäten, die am Sabbat verboten sind. Wie das Sabbatgebot umzusetzen ist, war Gegenstand vieler Auseinandersetzungen zwischen Jesus und den Pharisäern. In der Kirchengeschichte gab es Zeiten und Bewegungen, in denen Verstöße gegen die Sonntagsordnung strafrechtlich verfolgt wurden. So wurde etwa der gerade zum Präsidenten der USA gewählte George Washington auf seiner Reise von Connecticut nach New York angehalten und belangt, weil er das in Connecticut bestehende Reiseverbot an Sonntagen verletzt hatte. All das hat den Sabbat in die Ecke engstirniger Buchstabenmoral oder verstaubter, widersinniger Traditionen gerückt. So sind in einem New Yorker Krankenhaus mit vielen jüdischen Ärzten und Patienten am Sabbat alle Fahrstühle darauf programmiert, auf jeder Etage zu halten – damit niemand gezwungen ist, am Sabbat einen Fahrstuhlknopf zu betätigen.

Für manche mögen das Gründe sein, es mit dem Ruhetag nicht so genau zu nehmen. Aber vielen anderen, mich selbst in meinen ersten 27 Jahren als Christ inbegriffen, fehlt schlicht das Verständnis für den tiefen Sinn des Feiertags und die Kenntnis der reichen biblischen Tradition, die verständlich macht, warum es nötig ist, den Sabbat zu schützen.

Wir verkennen, wer wir im Kern sind

Wie oft fragen wir, wenn wir jemandem zum ersten Mal begegnen: „Und was machen Sie beruflich?" Wir stellen diese Frage, weil in unserer Zeit und Kultur die Identität eines Menschen zum großen Teil an seinem Beruf festgemacht wird. Jeder, der schon mal arbeitslos oder wegen der Kinder gerade nicht berufstätig war, weiß, wie peinlich es sein kann, wenn man auf diese Frage keine gute Antwort geben kann. Wir definieren uns selbst und unseren Platz in der Welt über unsere Arbeit oder Stellung. Und auch unsere Mitmenschen klassifizieren und bewerten wir danach, was sie arbeiten.

Und daran ist auch etwas Richtiges. Mindestens zum Teil. Gott ist ein Arbeiter und wir sind es auch. Aber das ist nicht die tiefste Wahrheit über uns. Zuallererst sind wir Menschen – Ebenbilder Gottes und als seine Gegenüber geschaffen. Söhne und Töchter Gottes. Das Wichtigste ist also nicht, was wir *tun,* sondern was wir *sind.* Wir verkehren diese Rangfolge, wenn wir unsere Arbeit zur Grundlage unserer Identität machen. Wir setzen uns damit selbst herab; und es wird dann sehr schwierig, die Arbeit überhaupt noch aus der Hand zu legen.

In meiner Herkunftsfamilie lautete die klare Botschaft: *Du bist so viel wert, wie du leistest.* Die Identität und die Werteskala unserer Familie knüpften sich daran, dass wir produktiv und leistungsorientiert waren. Für uns als Kinder bedeutete das: gute Schulnoten und sportliche Erfolge erzielen, als Erwachsene, einen guten Job haben und die Kinder anständig erziehen. Ausruhen war etwas, das man zwangsläufig tat, um dann wieder voll leistungsfähig zu sein. Der Gedanke, dass Ausruhen etwas mit Lebensfreude und Genießen zu tun haben könnte, war unvorstellbar.

Leider ist meine Familie nicht die einzige mit einer verzerrten Vorstellung von Identität und vom Stellenwert der Ruhe. Die Krankheit, unseren Wert nach unserem Tun zu bemessen und nicht nach unserem Sein, ist in der ganzen Welt verbreitet. Und der Druck, den dieses falsche Selbstverständnis erzeugt, ist enorm. Ihm zu widerstehen, ist nicht einfach.

Was kann uns also motivieren, dem regelmäßigen Sabbat, dem Feiertag, wieder einen Platz in unserem Leben zu geben und das Leben entsprechend neu zu ordnen? Ich glaube, das kann gelingen, wenn wir das biblische Verständnis des Sabbats zurückgewinnen. Ich möchte das mit einem Bild tun. Der Sabbat ist wie ein funkelnder Diamant mit vielen Facetten, in denen sich das Licht und die Schönheit eines Lebens spiegelt, das in Beziehung steht zum lebendigen Gott.

Der Schatz des Sabbats

Ein Diamant ist eine Kostbarkeit. Das Feuer, der Glanz, die Brillanz eines Diamanten spiegeln sich in seinen Facetten, den polierten, eckig geschliffenen Seiten, und zwar zeigt jede Facette einen neuen Aspekt der Schönheit und Qualität des Diamanten. Ein Diamant durchschnittlicher Größe kann bis zu 58 Einzelfacetten aufweisen.

Der Sabbat ist wie ein solcher Diamant mit vielen Facetten, von denen jede einen weiteren Aspekt von Gottes Liebe zu uns und von seiner Gegenwart in dieser Welt reflektiert. Wie ein Diamant immer mehr von seinem Feuer und Wert offenbart, je genauer wir ihn betrachten, wird auch der Sabbat immer mehr von seinem Glanz entfalten, je mehr wir ihn verstehen und praktizieren – bis wir schließlich ganz im Glanz seiner vielen Facetten stehen und voll Ehrfurcht die strahlende Schönheit Gottes bestaunen, auf die der Sabbat verweist.

Das jüdische Volk hat diese Kostbarkeit des Sabbats über Jahrtausende bewahrt. Francine Klagsbrun beschreibt ihre Erfahrungen mit dem Sabbat folgendermaßen:

> *Lange bevor ich ganz begriff, warum dieser Tag heilig ist, bevor ich seine Schönheit recht zu erfassen vermochte, bevor ich die Sabbatgebräuche verstand, wusste ich eines: Der Sabbat war ein „Wunder". Denn so sprach mein Vater vom*

> *Sabbat, von meinen Kindertagen an bis weit in sein hunderts- tes Lebensjahr … In der Tat: ein Wunder. Im ganzen Universum existierte kein solcher Tag, bis er schließlich in der hebräischen Bibel zutage trat. Andere Völker der Antike kannten „Tage des Unheils" … Aber niemand kannte einen festen Tag in jeder Woche jedes Monats in jedem Jahr, an dem alle Arbeit liegen blieb und alle Geschöpfe ruhten – ja, selbst die Tiere.*[5]

Seit nunmehr zwölf Jahren beschäftige ich mich mit dem Sabbat und mache meine Erfahrungen damit. Gegenüber den dreieinhalb Jahrtausenden jüdischer Sabbatpraxis ist das natürlich gar nichts. Dennoch habe ich mittlerweile einige wenige Facetten dieses anscheinend unerschöpflich faszinierenden Diamanten genauer betrachtet. Vier davon haben mein Verständnis für das Wunder des Sabbats sehr bereichert:

- der Sabbat als zentrale geistliche Übung,
- der Sabbat als Widerstand gegen geistliche Mächte und Gewalten,
- der Sabbat als Spiel,
- der Sabbat als Ort der Offenbarung.

Der Sabbat als zentrale geistliche Übung

Wohl jede geistliche Übung hat einen Wert an sich; aber manche Praxis gehört zum Herzstück eines erwachsenen Glaubenslebens. Geistliche Übungen *retten* uns nicht, aber wenn wir im Glauben wachsen wollen, sind sie unverzichtbar. Die Bibel zu lesen, rettet uns nicht. Beten rettet uns nicht. Gottesdienst zu feiern, rettet uns nicht. Was uns rettet, ist der Glaube an Jesus Christus, der für unsere Sünden starb und von den Toten auferstand. Aber wenn wir nicht regelmäßig die Bibel lesen, beten oder Gottesdienst feiern, wird unser Glaube höchstwahrscheinlich nicht wachsen. Den

Ruhetag zu halten – zu feiern –, ist eine geistliche Kernübung – ein entscheidender Kanal, durch den Gottes Güte und Gnade in unser Leben hineinfließen.

Dass Begriffe wie „geistliche Übungen“ oder „regelmäßige Sabbatpraxis“ uns nicht gerade begeistern, hat m. E. folgenden Grund: Unsere christliche Praxis ist in eines der beiden folgenden Extreme abgeglitten: Gesetzlichkeit oder Beliebigkeit.

Gesetzlichkeit erwartet Anerkennung von Gott für den Gehorsam gegenüber den Geboten. Im Neuen Testament finden wir diese Haltung bei den Pharisäern, die Jesus vehement bekämpften, weil er am Sabbat heilte. Später warnt Paulus vor jeder Form von Gesetzlichkeit in der Gemeinde: „Niemand soll euch also Vorhaltungen machen wegen dem, was ihr esst oder trinkt oder was ihr an den Festen, am Neumondstag oder am Sabbat tut. Das ist doch alles nur ein Abbild und ein Schatten der Dinge, die Gott angekündigt hatte und die in Christus Wirklichkeit geworden sind“ (Kol 2,16-17).

Beliebigkeit auf der anderen Seite missbraucht Gottes Gnade, indem sie seine Gebote völlig außer Acht lässt. Konkrete Ausübungsformen des Glaubens wie etwa der Sabbat gelten dann als irrelevant und unnötig. Dann lässt man auch leicht mal eben den Gottesdienst ausfallen, weil man am Wochenende ja auch so viele andere attraktive Dinge tun kann. Und Gott führt doch wohl nicht Buch darüber, wie oft wir in der Kirche waren? Mit meiner Sabbatpraxis war ich selbst ein Vierteljahrhundert klar im Lager der Beliebigkeit beheimatet. Einen Ruhetag zu halten, erschien mir als lästige Pflicht.

Das änderte sich erst, als ich begriff, dass der Sabbat zu den geistlichen Kerndisziplinen gehört und denselben Stellenwert hat wie

Bibel lesen, beten, Gottesdienst und teilen.[6] Der Sabbat ist Gottes gute Gabe für sein Volk. Jesus hat gesagt: „Der Sabbat ist für den Menschen gemacht, nicht der Mensch für den Sabbat" (Mk 2,27). Und so sollten wir ihn auch sehen: als einen wesentlichen Kanal, wie seine Liebe uns erreicht. Warum sollte jemand auf so etwas verzichten wollen? Gerade Führungskräfte erinnert der Sabbat daran, dass das Leben mehr ist als die Arbeit. Leben ist entscheidend Begegnung mit Gott. Ein Sabbatrhythmus verweist die Arbeit auf den ihr angemessenen Platz; sie ist auch dann noch ein hohes Gut, aber sie ist nicht mehr Gott.

Der Sabbat als Widerstand gegen geistliche Mächte und Gewalten

„Mächte und Gewalten" gehören zu dem „Heer der Geister in der unsichtbaren Welt, die hinter allem Bösen stehen", wie Paulus im Epheserbrief (6,12) schreibt. Der Theologe Walter Wink beschrieb sie als „sowohl himmlisch als auch irdisch, göttlich und menschlich, geistlich und politisch, unsichtbar und sichtbar"[7]. Sie lassen sich in politischen, ökonomischen und Bildungssystemen entdecken, die Menschen dehumanisieren und zerstören. Es sind die mächtigen Kräfte hinter so etwas wie ungezügeltem Ehrgeiz, Lust, Rassismus, Sexismus und Mammonvergötzung. Es sind eben diese Mächte, die uns an unsere Arbeit versklaven und uns die Freude des Sabbats vorenthalten wollen. Wenn wir den Ruhetag halten, stellen wir uns ihrer Macht entgegen.

Als Gott den Sabbat einsetzt, begründet er ihn so:

> *Achte den Sabbat als einen Tag, der mir allein geweiht ist! So habe ich es dir befohlen … Und denke daran, dass du Sklave warst im Land Ägypten und dass der HERR, dein Gott, dich mit starker Hand und mit ausgestrecktem Arm von dort herausgeführt hat! (5Mo 5,12.15).*

Über 400 Jahre lang lebten die Israeliten als Sklaven in Ägypten. Sie arbeiteten sieben Tage in der Woche, 365 Tage im Jahr. Ihre Eltern, Großeltern, Urgroßeltern existierten nur zu einem Zweck: um zu arbeiten. Sie hörten nie auf. Sie ruhten sich nie aus. Sie kannten weder Freude noch Vergnügen.

Als Machthaber, der sich Gottes Willen widersetzte, stellte der Pharao etwas dar, was Paulus vielleicht „Mächte und Gewalten der Finsternis" genannt hätte. Er galt als Gott und ließ sich als solcher verehren. Hinter seiner Herrschaft standen Mächte und Gewalten, die das Volk Gottes versklavten, die die Menschen zu Arbeitsmaschinen degradierten. Aber die Macht des Pharao über das Volk Gottes war nun gebrochen. Sie hatten eine neue Identität erhalten. Ihr Wert beruhte nicht mehr auf dem, was sie *taten;* er beruhte darauf, wer sie *waren:* Söhne und Töchter, denen der lebendige Gott seine Liebe und Gnade zuwendet.

Leider verharren viele von uns unter der Herrschaft eines harten, kontrollierenden Sklaventreibers, eines „Pharao" in unseren Köpfen, der uns einredet, wir dürften nicht aufhören, wir könnten uns keinen Ruhetag „leisten". Unsere Kultur hält uns in Fesseln, indem sie uns vorgaukelt, dass wir das sind, was wir vorzuweisen haben, dass wir Loser sind, wenn wir nicht ständig mehr Erfolge vorweisen, wenn wir uns dem Diktat des ständigen „schneller, höher, weiter" entziehen.

Mit dem Geschenk des Sabbats lädt uns Gott ein, den „Mächten und Gewalten" etwas entgegenzusetzen und uns auf seine Seite zu schlagen. „Der Sabbat wird zu einem maßgeblichen, konkreten, sichtbaren Weg, uns für den Gott der Ruhe zu entscheiden und uns mit ihm zu verbünden."[8] Mit dieser wöchentlichen Praxis trotzen wir allen Einflüssen, die uns nur nach unserer Führungsqualität oder unserer Produktivität definieren. Wir erklären der Welt in aller Öffentlichkeit, dass wir keine Sklaven sind, sondern freie Menschen, Männer und Frauen, die Jesus erlöst und zur Freiheit berufen hat.

Gerade als Menschen mit Führungsverantwortung leisten wir diesen Widerstand nicht nur für uns selbst; er kann auch Signalwirkung für andere entfalten: für die, die wir führen, für die Kirche insgesamt, für die Welt.

Bis zum heutigen Tag ist für Menschen jüdischen Glaubens das Halten des Sabbats ein zentraler Aspekt ihrer Identität als Gottes Bundesvolk. Und bis heute bringt das Sabbatgebot bemerkenswerte Formen von Widerstand hervor.

B&H Photo in New York ist der größte unabhängige Foto- und Kameraanbieter in den USA (und der zweitgrößte der Welt). Die Eigentümer und viele Beschäftigte sind chassidische Juden, die sich noch heute kleiden wie ihre Vorfahren in Osteuropa vor 200 Jahren. Täglich betreten zwischen 8000 und 9000 Menschen den riesigen Store an der 9th Avenue. Dabei erzielt B&H 79 Prozent seines Umsatzes mit Onlineverkäufen. Doch selbst in diesem hart umkämpften Markt macht B&H am Sabbat und an einem halben Dutzend weiterer jüdischer Feiertage keine Geschäfte. Der Store schließt freitags um 13 Uhr die Türen und bleibt den ganzen Samstag geschlossen – am verkaufsintensivsten Tag der Woche! Die Website ist zwar für Kunden aufrufbar, aber auch Bestellungen kann man am Sabbat nicht aufgeben. Als der Pressesprecher von B&H gefragt wurde, wie man es sich leisten könne, nicht nur das Ladengeschäft, sondern auch den Onlinehandel am Black Friday, dem umsatzstärksten Tag des Jahres, zu schließen, gab er zur Antwort: „Wir unterstehen einer höheren Autorität."

Der Holocaustüberlebende und Autor Elie Wiesel berichtet von einer noch drastischeren Widerstandskraft, die der Sabbat selbst in den Konzentrationslagern verliehen hat:

> *Ich erinnere mich an einen litauischen Prediger, einen „Maggid", der jeden Freitag im Lager umherging und jeden, der ihm begegnete, mit einem leisen Lächeln erinnerte: „Jüdischer Bruder – vergiss nicht, es ist Sabbat." Er wollte uns daran erinnern, dass auch mitten in Rauch und Gestank noch immer der Sabbat Zeit und Welt regierte.*[9]

In beiden Beispielen wurde eine Grundaussage der Bibel verstanden: Gott herrscht souverän – über jede Art von Mächten und Gewalten in der Welt. Gott ist der König der Könige und der Herr aller Herren.

Wenn wir den Ruhetag feiern, proklamieren wir damit auch, dass Gott „die gottfeindlichen Mächte und Gewalten [...] entwaffnet und ihre Ohnmacht vor aller Welt zur Schau gestellt [hat]; durch Christus hat er einen triumphalen Sieg über sie errungen" (Kol 2,15). Wir bekräftigen, dass Menschen unendlich wertvoll sind, unabhängig davon, was sie leisten, und dass keine Wirklichkeit im ganzen Universum wichtiger ist als die Liebe Gottes.

Der Sabbat als Spiel

Diesen Aspekt des Sabbats habe ich beim großen deutschen Theologen Jürgen Moltmann entdeckt. Er fragt: „Warum hat Gott das Universum erschaffen, wenn er doch frei ist und sich selbst genügt?" Seine Antwort lautet: Als Gott die Welt schuf, hat er gespielt. Die Weisheit, die bereits vor Beginn der Welt existierte (Spr 8,23.25), spielte vor dem Vater, als die Welt geschaffen wurde: „[...] als er das Fundament der Erde legte – da war ich als Kind an seiner Seite. Ich erfreute mich an Gott und seinen Werken, ich spielte auf seiner Erde und war glücklich über die Menschen" (Spr 8,30.31). Es bereitet Gott Freude und Wohlgefallen zu erschaffen. Und so ist die Schöpfung „Spiel Gottes, ein Spiel seiner grundlosen unergründlichen Weisheit. Sie selbst ist der Spielraum für Gottes Prachtentfaltung."[10]

Gott lässt Hiob wissen: Als er die Welt schuf, „sangen alle Morgensterne, und die Engel jubelten vor Freude" (38,7). Ein Hinweis darauf, dass wir eine Frucht von Gottes Liebe und Daseinsfreude sind. Gott hat Vergnügen daran, Gott zu sein.

In Gottes Schöpfung findet sich eine spielerische Verschwendung: Eine Überfülle an Samen keimt und wächst nie; Millionen Blätter färben sich im Herbst prachtvoll, ganz egal, ob irgendein menschliches Auge das wahrnimmt oder nicht; unglaubliche Arten von Fischen schwimmen in der Tiefsee, wo sie niemand je sieht; und jede Blume erblüht zu voller Schönheit, auch wenn niemand sie betrachtet. All das ist da, damit wir es genießen. Jemand hat mal gesagt: „Wenn Sie sich fragen, ob Gott gern spielt, sehen Sie sich ein paar von seinen Geschöpfen an: ein Schnabeltier, einen Vogel Strauß, eine Giraffe. Der bloße Anblick lässt uns lächeln wie Kinder."

Moltmann stellt heraus: Wenn wir Geschöpfe sind, die in seinem Bild erschaffen wurden, dann sollen wir Gott auch darin ähnlich sein, dass wir spielen. Im Spiel, so Moltmann, bringt der Mensch seine Freiheit zum Ausdruck. Spielen verbindet uns mit der Freude des Schöpfers an seiner Schöpfung, mit der Freude des Spielers an seinem Spiel. Im Spiel verbinden sich Ernst und Spaß, Spannung und Entspannung. Der Spieler ist ganz bei seinem Spiel und nimmt es ernst und zugleich transzendiert er sich selbst und sein Spiel – denn schließlich ist es eben nur ein Spiel.[11]

Viele Pastoren und Führungsleute sind nicht gut im Spielen. Manchmal denke ich, wir nehmen das Leben viel ernster, als Gott es tut. Und die meisten Gemeinden, die ich kenne, sind in dieser Hinsicht einseitig. Es gibt doch viel zu viel für das Reich Gottes zu tun, als dass man spielen könnte! Aber ob wir spielen können, ist ein guter Gradmesser dafür, ob wir wirklich glauben, dass das Leben mehr ist als die Arbeit. Ich musste es regelrecht lernen, an meinem Ruhetag auch zu spielen. Inzwischen ist Spielen ein fester Bestandteil meiner geistlichen Praxis und hilft mir, ein besserer Jesusnachfolger und ein besserer Gemeindeleiter zu werden.

Der Sabbat als Ort der Offenbarung

Gott offenbart sich uns auf verschiedenen Wegen, z. B. durch die Bibel, im Gebet, durch weise Mentoren, in der Schöpfung und durch Umstände wie „offene oder geschlossene Türen" in bestimmten Situationen. Und dann gibt es die Dinge, die uns nur durch den Schmelztiegel des Leids und die Stürme des Lebens zu vermitteln sind. Nur wenigen ist allerdings klar, dass ein ähnliches Prinzip für den Sabbat gilt: Manche Dinge kann Gott uns nur in die Seele legen, wenn wir die Arbeit aus der Hand legen und zur Ruhe kommen.

Am Sabbat offenbart Gott etwas von seiner Heiligkeit und seiner Güte – nicht dadurch, dass er etwas schafft, sondern dadurch, dass er ruht. Wenn wir Gottes Geschenk des Ruhetags nicht annehmen, verpassen wir etwas Wesentliches über Gott – etwas, das wir aber nur über den Sabbat wahrnehmen können. Ein biblisches Beispiel:

Gott gebot den Israeliten, in jedem siebten Jahr, dem Sabbatjahr, das Land brach liegen zu lassen. Warum? Damit der Boden sich erholen konnte. Dass intensive Nutzung den Boden auslaugt, wissen wir heute ebenfalls. Und mit dem Ackerboden unserer Seele ist es kaum anders bestellt. Die Arbeit fordert uns; sie beansprucht unsere Energie, unsere Weisheit, unsere Kraftreserven. Wenn wir dem Ackerboden unserer Seele keine Pause gönnen, tun wir uns selbst Gewalt an. Wir sind als Menschen geschaffen, die einen Rhythmus von Arbeit und Ruhe brauchen. Kommt der aus dem Takt, machen sich Erschöpfung und Anspannung breit und die Früchte des Geistes kommen immer weniger in unserem Führungshandeln zum Tragen. Aber am Sabbat nutzt Gott Ruhe, Freude und Spiel, um unseren Vorrat an Liebe, Freude, Frieden, Geduld und Freundlichkeit wieder aufzufüllen. Wir erleben seine Liebe hautnah, er füllt uns wieder auf – als Menschen und als Leiter – und nur so kann unsere Arbeit fruchtbar sein.

Und wenn wir erst einmal stehen bleiben und zur Ruhe kommen, entdecken wir auch, dass Gott redet – und zwar überraschend oft. Denn manches von dem, was er uns zu sagen hat, können wir nur hören, wenn wir zur Ruhe gekommen sind. Manches hochwichtige Ziel erscheint dann viel weniger wichtig oder sogar als Ablenkung von etwas, wozu Gott uns eigentlich einlädt. Wir bekommen einen Blick dafür, dass das Leben viel weiter und reicher ist als das nächste To-do auf unserer Agenda. Indem wir unsere Arbeit (und alle Sorgen, die damit verbunden sind) für 24 Stunden Gott überlassen, lernen wir allmählich, auch im Rest der Woche ihm zu überlassen, welche Früchte unsere Arbeit trägt.

Geri und ich sind immer wieder überrascht, wie oft uns wichtige Erkenntnisse gerade am Sabbat erreichen. Zwei Beispiele:

- **Gott hat keine Eile.** Meist ist er viel langsamer unterwegs, als mein Terminplan für das Erreichen meiner Ziele vorsieht. Oft genug muss ich auch entdecken, dass er gänzlich andere Ziele hat! Sechs Tage in der Woche entwerfe ich Strategien, werbe um Mitarbeiter, vermittle eine Vision und habe den Kopf voller aufregender Ideen und Pläne. An meinem Ruhetag lasse ich das alles und koste etwas von der Gelassenheit und Befriedigung Gottes, der entschlossen seinen Plan verfolgt, diese Welt zu retten, aber dabei nichts überstürzt – während ich glaube, dass diese Welt verzweifelt seinen ganzen Einsatz nötig hat, und zwar *jetzt.*
- **Meine wichtigste Aufgabe als Pastor ist es, Jesus zu vertrauen (Joh 6,28-29).** Sechs Tage in der Woche tue ich mein Bestes, um meine Gaben und Fähigkeiten für Gottes Gemeinde in dieser Welt einzusetzen. Und ich bemühe mich dabei, mein Vertrauen auf Jesus zu setzen. Am Sabbat geht es nur darum, ihm zu vertrauen und seine Liebe zu empfangen. Ich werde daran erinnert, dass Jesus der Herr der Kirche ist und dass er die Welt besser lenkt und leitet als ich. Dass wirklich „Gott im Regiment sitzt" und nicht ich. Gott ist ja auch am Werk, wenn ich schlafe; und wenn ich aufstehe, kann ich die Zusammenarbeit mit ihm fortsetzen (Ps 121, 127).

Der Sabbat kann viele Erkenntnisse und sogar neue Offenbarungen für uns bereithalten. Wir müssen nur innehalten und sie annehmen.

Schaffen Sie einen Rahmen für Ihren Ruhetag

Wenn Sie einen schlichten „freien Tag" zu einem „Sabbat für den HERRN, unsern Gott" machen wollen, werden Sie Kreativität und Durchhaltevermögen ebenso brauchen wie die Bereitschaft, aus Fehlern zu lernen. Einen freien Tag als Sabbat zu feiern, erfordert einiges an Überlegungen und Vorausplanung. Es verlangt außerdem, dass Sie festlegen, wie Sie diese Ruhezeit verbringen wollen und wie Sie sie schützen können. Im Judentum spricht man davon, dass man „einen Zaun um den Sabbat errichten" müsse; das waren die detaillierten Sabbatregeln. Der Ruhetag ist Raum, der schutzbedürftig ist.

Ein Freund von mir reist jedes Jahr mehrmals ins Heilige Land. Was er mir von der Sabbatfeier erzählte, die er wiederholt bei einem jüdischen Rabbiner und seiner Familie miterlebte, hat mich fasziniert.

Schabbat beginnt immer mit einem besonderen Essen, zu dem Verwandte und Freunde eingeladen werden. Bestimmte vorgegebene Gebete und Segensworte werden gesprochen, die Sabbatkerze wird entzündet. Nach dem Essen unterhält man sich – manchmal stundenlang.

„Wie bewusst und sorgfältig der Tisch gedeckt war, die speziellen Speisen, das Zusammensein von Familie und Freunden – mir kam es immer eher so vor wie ein kleines Fest, nicht wie ein gewöhnliches Sonntagsessen. Man kann es sich so vorstellen, als ob jede Woche Weihnachten ist. So festlich ist *Schabbat*", berichtete mein Freund.

Aber zum Sabbat gehört es auch, dass man sich an ganz bestimmte Regeln hält. Warum, das erklärt der Rabbiner so: „Wir halten uns strikt daran, was man am Sabbat tun darf und was nicht. Diese Regeln bilden den Rahmen oder das Gefäß, das es ermöglicht, wirklich zur Sabbatruhe zu gelangen. Für uns hebt sich der *Schabbat* deutlich von den restlichen Tagen der Woche ab. Alles, was ablenkt – und in unserer technologischen, informationsbesessenen Zeit gibt es jede Menge Ablenkungen –, wird weggelassen, damit Raum ist für das Gebet, Studium, lange Spaziergänge, gemeinsames Essen, gute Gespräche. Wenn wir uns nicht an die festen Grenzen halten würden, hätten wir für all das keine Zeit und keinen Raum."

Auf diese Weise den Sabbat zu halten, den Ruhetag zu *feiern*, kann sehr bereichernd sein. Aber es braucht die Bereitschaft, das schützende Gefäß zu bauen, die Grenzen zu ziehen, die uns das ermöglichen. Für manche kann das heißen, an diesem Tag auf soziale Medien zu verzichten oder den PC nicht einzuschalten. Für andere, dass sie absolut kein Wort über die Arbeit verlieren. Vielleicht übernimmt man auch den Brauch des Sabbatessens am Vorabend samt Segensworten und Kerze. In christlichen Gemeinden ist in jüngster Zeit die entsprechende Sonntagsbegrüßung wiederentdeckt worden. Setzen Sie also den passenden Rahmen für Ihren Sabbat. Nehmen Sie die vier Hauptaspekte – innehalten, ausruhen, genießen und Gott betrachten – und bauen Sie den schützenden Rahmen, der für Sie in Ihrer derzeitigen Lebenssituation stimmt. Im Folgenden ein paar Vorschläge, wie das konkret aussehen kann.

Den Sabbat verstehen. Gute Bücher zum Thema sind nicht schwer zu finden. Ich empfehle für den Anfang Abraham Joshua Heschels *Sabbat: seine Bedeutung für den heutigen Menschen*[12].

Bestimmen Sie Ihren Sabbat-Tag. Es ist längst nicht mehr selbstverständlich, dass der Sonntag der freie Tag ist. Für Pastoren ist er es sowieso nicht. Darauf kommt es auch nicht an. Wichtig ist aber, dass Sie Ihre Sabbatzeit definieren: 24 Stunden in der Woche. Die Sabbatzeit sollte dann feststehen und nicht jede Woche wechseln. Diese Disziplin dient als ein wirksamer „Zaun" – und ist auch insofern sinnvoll, als dadurch ein gleichmäßiger Rhythmus von Arbeit und Ruhe in Ihr Leben kommt.

Schreiben Sie auf, was Ihnen Freude macht. Das mag schwieriger sein, als es klingt – einfach, weil wir es nicht gewohnt sind. Was ist Ihr liebstes Hobby? Was wollten Sie schon lange wieder einmal tun? Welche Menschen tun Ihnen gut? Fangen Sie einfach an, die Ideen kommen dann mit der Zeit.

Bereiten Sie Ihren Sabbat vor. Damit Sie tatsächlich einen arbeitsfreien Tag haben, müssen Sie vermutlich auch im Rest der Woche ein paar Dinge umorganisieren. Planen Sie „unbezahlte Arbeit", die Sie sonst an Ihrem freien Tag tun, definitiv zu anderen Zeiten in der Woche ein. Im Kalender!

Definieren Sie Ihren „Sabbatrahmen" – und experimentieren Sie damit. Formulieren Sie klare Regeln und Grenzen: Was wollen Sie an Ihrem Sabbat tun? Was wollen Sie definitiv nicht tun? Wodurch soll dieser Tag sich von den übrigen Wochentagen unterscheiden? Was müssen Sie im Voraus bedenken und tun, damit das gelingt?

Etwa: An meinem Sabbattag …

- … beginne ich am Vorabend mit einem schönen Essen, Kerzen, Gespräch, Gebet,
- … genieße ich die Natur,
- … habe ich Zeit, mit den Kindern zu spielen,
- … schaue ich *nicht* auf Smartphone oder PC,
- … rede ich *nicht* über die Arbeit,
- … erledige ich *keine* übrig gebliebenen Hausarbeiten.

Sie werden Ihre ganz individuelle Sabbatgestaltung finden – vermutlich, nachdem Sie ein wenig mit ersten Vorstellungen experimentiert haben. Aber werfen Sie Ihre Regeln nicht zu schnell über Bord. Wenigstens sechs Wochen sollten Sie sich an Ihren ersten Entwurf halten. Störungen und Ausnahmen werden sich von selbst einstellen. Nach ein paar Wochen können Sie überprüfen, ob Ihre Sabbatpraxis sich bewährt hat oder ob Sie etwas ändern möchten.

Vielleicht finden Sie ja auch Freunde und Bekannte, die gemeinsam mit Ihnen das „Sabbatexperiment" machen. Dann können Sie sich gegenseitig unterstützen.

Wie wirkt sich Ihre Sabbatpraxis auf Ihren Führungsstil aus?

Nach fast drei Jahrzehnten als Gemeindeleiter kann ich eines mit Sicherheit sagen: Im Blick darauf, wie ich meine Leitungsaufgabe wahrnehme, ist der Sabbat heute der entscheidende Tag der Woche. Es ist der Tag, an dem ich eine zentrale Wahrheit des Evangeliums am intensivsten glaube – und lebe. Wie? *Ich leiste nichts – und ich bin doch absolut geliebt.*

Durch den Sabbat habe ich gelernt, was das Wichtigste ist: Gott,

Liebe, Freude, Geri, unsere Töchter, Freunde, Familie. Und das hatte Auswirkungen darauf, wie ich unsere Gemeinde leite, auf meinen Führungsstil. Ich kann besser loslassen. Ich bin aufmerksamer für die Stimme Gottes. Und ich bin viel entspannter (jedenfalls meistens).

Der Sabbat hat nicht nur mich verändert, sondern auch die Menschen, mit denen ich zu tun habe: meine Familie, meine Gemeinde. Je besser ich verstand, dass der Sabbat es mir ermöglicht, aus der Ruhe heraus zu arbeiten (und nicht einfach nur die Arbeit ruhen zu lassen), umso besser konnte ich auch meinen Mitarbeitern Ruhe gönnen. Der Sabbat hat sozusagen Kreise gezogen. Genau wie im biblischen Modell:

> *Achte den Sabbat als einen Tag, der mir allein geweiht ist! … An diesem Tag sollst du nicht arbeiten, weder du* ***noch deine Kinder, weder dein Knecht noch deine Magd, weder dein Rind noch dein Esel****, noch ein anderes deiner Tiere,* ***auch nicht der Fremde****, der bei dir lebt. Dein Knecht und deine Magd sollen genauso ausruhen wie du (5Mo 12.14; Hervorhebung vom Verfasser).*

Und schließlich ein paar Dinge, die Sie noch wissen sollten:

Gehen Sie mit gutem Beispiel voran. Erzählen Sie von Ihren Erfahrungen mit dem Ruhetag. Auch von Misserfolgen. Den Ruhetag zu halten, ist eine prophetische Zeichenhandlung und ein ausgezeichneter Anschauungsunterricht für andere. Menschen brauchen Vorbilder.

Machen Sie den Sabbat zum Thema. Nicht nur unsere Mitarbeiter werden mit der Bedeutung und Praxis des Sabbats vertraut gemacht; er ist auch Thema in jedem Grundkurs für neue Gemeindeglieder. Erfahrungsgemäß weckt das anfangs viele Fragen. Planen Sie Zeit ein, darauf einzugehen, sowohl in Gruppen als auch in Einzelgesprächen. Schließlich muss jeder seine Sabbatpraxis auf die ganz individuellen Lebensumstände abstimmen.

Machen Sie anderen den Sabbat lieb. Fragen Sie Ihre Mitarbeiter immer wieder mal, welche Erfahrungen sie mit dem Ruhetag machen. Nehmen Sie sie ernst. Auf diese Weise wird auch deutlich, dass Ihnen nicht nur an deren Leistung gelegen ist, sondern an jedem Einzelnen als Mensch.

Allerdings: Bevor Ihre Sabbatpraxis sich auf Ihren Führungsstil auswirken kann, müssen Sie erst einmal eigene Erfahrungen damit sammeln. Fangen Sie also am besten gleich damit an.

Machen Sie den Test!

Prüfen Sie, wie gut es Ihnen gelingt, den Ruhetag zu feiern. Selbsteinschätzungstest und Auswertung finden Sie unter: www.glaubensriesen.de → für Leiter

Teil 2

Das äußere Leben

Meine erste Idee zu diesem Buch bestand im Wesentlichen aus den vier Kapiteln, die jetzt folgen und die sich auf die Handlungsfelder von Führungskräften beziehen. Warum? Weil die meisten Führungskräfte auf der Suche sind nach praktischen Vorschlägen und Ideen, die sich einfach und kurzfristig umsetzen lassen. Im Lauf der Arbeit an diesen Themen wurde mir dann aber klar: Wenn wir nur äußerlich etwas verändern, ohne unser inneres Leben einzubeziehen, können wir zwar auf kurze Sicht Veränderungen zum Besseren bewirken; ihre Nachhaltigkeit ist aber zu bezweifeln.

In Teil 1 habe ich das Bild des Wolkenkratzers verwendet, der nur deswegen stabil bleibt, weil er mit Beton- oder Stahlpfosten tief im Boden verankert ist. Dieses Bild veranschaulicht, warum dieses Buch letztlich doch mit Teil 1 beginnt. Um emotional gesund zu leiten und einen stabilen Bau zu errichten, müssen wir bestimmte Grundhaltungen tief in unserem inneren Leben verankert haben. Diese Grundhaltungen hat Teil 1 entfaltet: sich seinem eigenen Schatten stellen, aus der Existenz als Ehepartner oder Single heraus führen, Zeit frei machen für die liebende Begegnung mit Gott, den Ruhetag (Sabbat) feiern.

Jetzt, zu Beginn von Teil 2, in dem es um das äußere Handeln von Leitungspersonen geht, möchte ich ein anderes Bild verwenden: das uralte Symbolbild eines Baumes, der kräftig gewachsen ist und viel Frucht trägt. Besser als das Bild des Wolkenkratzers veranschaulicht das Baumsymbol, dass eine untrennbare organische Verbindung zwischen den Wurzeln (unserem inneren Leben) und den Zweigen, an denen die Früchte wachsen (unser äußeres Leben), unbedingt nötig ist, wenn denn Früchte wachsen sollen.

Ein Baum mag noch recht lange schön und kräftig aussehen, selbst wenn das Wurzelwerk bereits beschädigt oder nicht genügend verankert ist. Aber auf lange Sicht werden Wasser und Nährstoffe nicht mehr in ausreichendem Maß transportiert werden, um den ganzen Baum gesund zu erhalten. Dieses Problem erleben wir, wenn unsere Gemeinden oder Organisationen nach außen schneller wachsen, als es der tatsächlichen Qualität unseres geistlichen Lebens entspricht. Tiefe, weit verzweigte Wurzeln verankern einen

Baum im Boden; durch sie gelangen Wasser und Nährstoffe aus einem gut durchwurzelten Erdreich in den Baum. Im Blick auf Gemeinden und christliche Werke scheint es mir, als ob das Wurzelwerk unseres geistlichen Lebens häufig zu schwach ausgebildet ist, um der Herausforderung gewachsen zu sein, eine wachsende Gemeinde, Organisation oder ein größer werdendes Team zu leiten.

Eigentlich sollte man ja erwarten, dass ein vertieftes inneres Leben sozusagen von selbst zu guten Führungsmethoden führt. Leider ist das häufig nicht der Fall. Allzu oft besteht keine Verbindung zwischen unserer Beziehung zu Jesus und der Art, wie wir einzelne Aufgaben im Führungsalltag angehen, etwa Zukunftsplanung, Teamentwicklung, mit Macht umgehen, Grenzen setzen, Projekte abschließen, Neues beginnen. In diesen Bereichen übernehmen wir zu oft ungeprüft Strategien und Techniken aus dem säkularen Management. Im Endeffekt pfropfen wir so unseren geistlichen Wurzeln einen säkularen Zweig auf. Und der trägt dann nicht die Früchte, die wir eigentlich erwarten sollten.

Sicher sollten wir von Wirtschaft und Management so viel wie möglich lernen. Aber wir sollten nicht alles unkritisch übernehmen. Und was wir übernehmen, muss sorgfältig „beschnitten" werden, damit es zum geistlichen Leben unseres Teams und zum geistlichen Auftrag unseres Werkes passt. Aus unseren Wurzeln, aus unserem Leben mit Jesus, muss die Substanz nach oben und nach außen strömen; dieser geistliche „Lebenssaft" sollte auch unser äußeres Handeln in jeder Hinsicht durchdringen und speisen, wenn wir gute Früchte sehen wollen.

In den folgenden Kapiteln wollen wir uns ansehen, was es heißt, wenn sich die kritischen Handlungsfelder unseres Führungsverhaltens (die Zweige des Baums) tatsächlich aus den Wurzeln des Baumes (unserem geistlichen Leben) speisen und von dort her Nährstoffe und Flüssigkeit erhalten. Vier grundlegende Handlungsfelder für Leiter habe ich ausgewählt:

- Planen und entscheiden
- Teamkultur prägen
- Umgang mit Macht, gesunde Grenzen setzen
- Abschiede und Neuanfänge gestalten

Mein eigener Weg dahin, diese vier äußerlichen Handlungsbereiche mit meinem inneren Leben in Einklang zu bringen, war faszinierend und belebend – nicht nur für mich selbst, sondern auch für unsere Gemeinde. Gott hat uns auf diesem Weg viel geschenkt: Freude, diesen Weg zu gehen; die Gnade, geduldig warten zu lernen, bis sein Wille sich deutlich zeigt; und eine Klarheit, wenn wir dann weitergingen, die befreiend war. Ich wünsche Ihnen, dass Sie auf diesem Weg ähnlich belebende Erfahrungen machen.

6

Planen und Entscheiden

Zwei Jahre nach der Gründung von New Life Fellowship im Jahr 1987 saß ich mit Geri im Flugzeug. Ich hatte wunderbare Neuigkeiten für sie und hatte auf genau den richtigen Moment gewartet, sie ihr mitzuteilen. Dieser Moment war jetzt.

„Ach, übrigens, Geri, wir starten mit einem spanischen Gottesdienst. In fünf Monaten. Alles ist schon so gut wie geplant. Es wird fantastisch."

Schweigen.

Ich geriet innerlich ins Straucheln und ging unsere zurückliegenden Jahre noch einmal durch, um meine Sicherheit wiederzugewinnen. Alles, was wir bisher getan hatten – Studium, Costa-Rica-Aufenthalt, Erfahrungen in einer spanischen Gemeinde und dann die Gemeindegründung in einem vorwiegend spanisch sprechenden Umfeld –, hatte doch auf diesen Punkt abgezielt. Und jetzt hatte Gott auch noch ein spanisches Ehepaar in unser Leitungsteam geführt.

Ich hatte nicht den geringsten Zweifel daran, dass es Gottes Wille war, dass wir einen spanischen Gottesdienst anbieten sollten. Es war eine riesige Chance, weitere Menschen mit dem Evangelium zu erreichen. *Wie konnte das denn nicht Gottes Wille sein?* Außerdem würden noch mehr Menschen aus der Kerngemeinde im neuen Projekt ihre Gaben einbringen können. *Eine klassische Win-Win-Situation! Natürlich sollten wir das machen.*

Als Geri schließlich antwortete, war ihr der Ärger anzuhören. „Was soll das heißen, Pete? Du hast die englischsprachige Gemeinde noch nicht auf soliden Boden gestellt und willst einen neuen Sprachraum erobern? Wir haben für die Kerngemeinde noch kein stabiles Führungsteam. Und überhaupt: Wer soll denn da predigen? Du vielleicht?"

Auf diese Frage war ich vorbereitet.

„Nein", erwiderte ich ruhig. „Es gibt da bald ein neues Ehepaar. Ich kenne sie aus meiner Zeit in Kolumbien. Sie ziehen nächste Woche nach New York und wurden uns wärmstens empfohlen. Das meiste werden sie übernehmen. Ich werde damit nicht viel zu tun haben."

„Das kann nicht dein Ernst sein", murmelte Geri, wandte sich ab und starrte aus dem Fenster.

Irgendwo in meinem Hinterkopf regte sich der Gedanke: *Sie hat vermutlich recht. Aber wenn wir das nicht jetzt anfangen, verlerne ich mein Spanisch. Und dann habe ich Zeit, Energie und Geld umsonst investiert.*

Der armlehnenbreite Abstand zwischen uns wuchs sich zu einem Abgrund aus.

Geri starrte weiter aus dem Fenster. Ich betete, Gott solle ihr den nötigen Glauben und Weitsicht schenken. Dann brach ich das Schweigen.

„Geri, keine Sorge. Ich habe alles mit dem Gemeindevorstand besprochen. Alle sind begeistert."

Geri seufzte. „Pete, es ist viel zu früh für so was. Du hast es zwar nicht gut durchdacht, aber ich weiß schon: Du machst es sowieso. Egal, was ich sage – du wirst es durchziehen."

Wie recht sie damit hatte.

Unser spanischer Arbeitszweig wuchs im ersten Jahr rasant. Aber die Mitarbeiter aus Kolumbien bewährten sich nicht; sehr bald mussten wir sie durch einen zweiten Pastor ersetzen. Drei Jahre später spaltete dieser Mann die Gemeinde und gründete mit 200 Mitgliedern eine eigene Gemeinde. Diese spaltete sich in den folgenden Jahren weitere drei Mal, bevor sie zehn Jahre später einging. Die spanischsprachigen Gemeindeglieder, die blieben, bilden heute wieder einen blühenden Zweig der Gemeinde. Aber das ganze chaotische und leidvolle Unterfangen brachte jede Menge unnötige Verletzungen und überflüssige Missverständnisse mit sich und es sollte neun Jahre dauern, bis all das geheilt und überwunden war.

Als alles begann, war ich selbst noch etliche Jahre davon entfernt, die vier entscheidenden Wurzeln zu kennen, die das innere Leben in Gott verankern. Und da mir dieser Anker fehlte, war mein Führungsverhalten schwach und bruchstückhaft. Ganz besonders, wenn es um Zukunftsplanung und Entscheidungsfindung ging. Und unsere Leitungsstruktur – alles, was überirdisch sichtbar war – zeigte die ersten Anzeichen dafür, dass das Wurzelsystem zu flach war. Konflikte häuften sich, Menschen kamen nicht miteinander aus, Ehrenamtliche waren überfordert. Leute blieben weg. Und ich stand unter zunehmendem Druck, all diese Risse zu kitten oder zu übertünchen, indem ich mich noch mehr anstrengte. Aber das machte die Dinge nur noch schlimmer.

Ich wusste sehr wohl, dass wir Probleme hatten. Aber jahrelang hielt ich an dem Glauben fest: Wenn wir nur die richtige Methode für unsere Entscheidungsfindung und Planungen entdecken würden, dann würden wir auch *gute* Entscheidungen treffen. Das war nicht nur naiv, sondern auch völlig abwegig. Erst als wir endlich daran gingen, unsere Wurzeln zu stärken (wie in Kapitel 2 bis 5 beschrieben), kamen wir auch im Blick auf unsere Entscheidungsprozesse weiter. Unsere Beziehung zu Jesus strömte aus den Wurzeln nach oben und nach außen in die Zweige. Und es wurde plötzlich überdeutlich, welch dramatischen Unterschied unser neues Vorgehen, das auf emotionaler Reife gründete, für unsere Entscheidungs- und Planungsprozesse bedeutete.

Planen und entscheiden nach Standardverfahren

Wenn ich Strategien und kreative Problemlösungen entwickeln muss und Visionen vermitteln darf, bin ich in meinem Element. Allerdings bin ich dabei lange von falschen Annahmen ausgegangen. Vielleicht können Sie sich in einigen der folgenden Annahmen wiederfinden:

- Wenn wir zu Beginn der Sitzung beten, lenkt Gott unsere Gespräche und Entscheidungen.
- Natürlich ist es Gottes Wille, dass unsere Gemeinde ständig Frucht bringt (und nicht etwa mal eine Zeit braucht, in der der Baum beschnitten wird).
- Jede Initiative, die im Rahmen unserer Gemeindestrategie positive Auswirkungen hat, entspricht dem Willen Gottes.
- Es ist in jedem Fall Gottes Wille, uns nicht mit Grenzen abzufinden, wenn wir an solche stoßen.
- Es ist selbstverständlich, dass alle unsere Mitarbeiter in gemeinsamen Entscheidungsprozessen darauf achten, was dadurch in ihnen ausgelöst wird; dass sie in der Bibel und ggf. durch Rat von außen danach suchen, den Willen Gottes zu erkennen.
- Zu Sitzungen erscheint jeder Teilnehmer emotional ausgeglichen und hat sich vorher im Gebet und in Gottes Nähe vorbereitet.
- Zahlenmäßiges Wachstum und wachsende Beteiligung der Gemeindeglieder an Gemeindeaktivitäten sind ein Zeichen authentischen Wachsens in Christus.
- Solange wir in der richtigen Richtung unterwegs sind, sieht Gott über manche zweifelhaften Motive, die uns antreiben, hinweg.

Leider muss ich sagen: Jede einzelne dieser Annahmen ist falsch. Aber ich bin sicher nicht der einzige Pastor oder Gemeindeleiter, der sich viel zu lange davon leiten ließ. Und damit bin ich mindestens einer von drei verbreiteten Versuchungen erlegen:

- Erfolg an einem zu eng definierten Maßstab zu messen,
- Pläne zu machen und auszuführen, ohne Gott einzubeziehen,
- über Grenzen zu gehen, die Gott setzt.

Unser Maßstab für Erfolg greift zu kurz

Typischerweise bemisst sich Erfolg in Zahlen. Im Gemeindekontext sind das Gottesdienstbesucher, Spendenaufkommen, Anzahl von Bekehrungen, Taufen, Hauskreisen und sonstigen Gemeindeaktivitäten. In der Wirtschaft sind es Marktanteil, Expansionsprogramme, Größe des Kundenstamms oder – im großen Stil – Börsenwert. Wenn die Zahlen raufgehen, sind wir erfolgreich; wenn nicht, dann nicht.

Für die Frage, ob wir Frucht bringen für das Reich Gottes, können Zahlen durchaus ein angemessener Maßstab sein. Aber dieser Maßstab hat auch seine Gefahren. Ein Beispiel aus eigener Erfahrung:

Als unsere Gemeinde noch recht jung war, bot uns jemand eine zweckbestimmte große Geldsumme für eine Einladungskampagne in unserem Stadtteil an. Wir produzierten einen professionellen Einladungsflyer für den Ostergottesdienst und weitere Gemeindeveranstaltungen. 10 000 Briefumschläge wurden von eifrigen Mitarbeitern handbeschriftet, was zwei Wochen gedauert hat. Andere Gemeinden hatten mit solchen Kampagnen sehr gute Erfahrungen gemacht.

Ostern kam. Unser regulärer Gottesdienstbesuch von 25 stieg auf 75 – meist auswärtige Gäste und Freunde unserer Kerngruppe. Nur zwei Besucher aus dem Stadtteil waren unserer Einladung gefolgt. Und die kamen später auch nie wieder. Der anfängliche Schwung verpuffte ziemlich restlos …

Was war passiert?

Im Rückblick schreibe ich unseren Misserfolg zum Großteil meiner emotionalen Unreife und mangelnden Führungserfahrung zu. 10 000 Briefe in englischer Sprache – für ein Umfeld, in dem die meisten Bewohner aus anderen Sprachräumen kamen und für die Schriftkultur ohnehin etwas Fremdes war. Man hätte es wissen können. Aber der Hauptgrund, so sehe ich es heute, war eine falsche Vorstellung davon, was Erfolg bedeutet.

Die Erfolgsmodelle, die ich damals kannte (aus Büchern, Medien und von christlichen Kongressen), bezogen sich alle auf große, schnell wachsende Gemeinden in Mittel- bis Oberschicht-Kontexten oder auf Megagemeinden rund um die Welt. Auch mein weiterer Bezugspunkt – die großen Erweckungsbewegungen unter John Wesley (1703–1791) in England oder Charles Finney (1792–1875) und William J. Seymour (1870–1922) in den USA – konnte mit beachtlichen Zahlen aufwarten.

Meine Versuche, diese Kenntnisse umzusetzen, konzentrierten sich weitgehend auf äußere Faktoren: eine Ausweitung unseres Einzugsbereichs; Strategien, Menschen zu motivieren, sich einzubringen; Konzepte, die Kleingruppenarbeit zu stärken; hohe Qualitätsstandards für Gottesdienst und Predigt, damit Leute gern wiederkommen. Natürlich alles wichtige Dinge. Das Problem war nur: Wir verwendeten viel mehr Zeit und Energie auf diese äußeren Faktoren, als wir den inneren Prozessen widmeten: Inwiefern veränderten Menschen sich tatsächlich? Wie vertiefte sich die Glaubensbeziehung unserer Mitglieder? Wie stand es um die Ehen oder um die Singles? Welche Qualität hatten die Beziehungen der Gemeindeglieder untereinander?

Im Blick auf die Führungsmannschaft verkannten wir, wie wichtig die persönliche Veränderung im Inneren ist, die man nicht gleich nach außen sieht. Sie ist die Kraftquelle, durch die wir auch unsere Umwelt erreichen können. Davon waren wir durchaus überzeugt. Ich habe sogar darüber gepredigt. Aber mitten in all den äußeren Aktivitäten schien einfach keine Zeit und Kraft vorhanden, sich um das innere geistliche Leben zu kümmern. Wir waren zu beschäftigt mit unseren Ideen und überfüllten Terminkalendern.

Damals kannte ich keinen anderen Weg, Erfolg zu messen, als die äußeren Fakten und Zahlen. Und es dauerte etliche Jahre, bis ich aus meinem Fehler lernte. Jahre, in denen ich blockiert war durch meine zu enge Definition von Erfolg.

Wir planen und handeln, ohne Gott einzubeziehen

Man könnte den Eindruck gewinnen, dass Gottes Führungspersonal seit Beginn der Menschheitsgeschichte immer dazu neigte, seine Pläne ohne ihn zu machen.

Abraham und Sara warteten jahrelang darauf, dass Gott den verheißenen Erben schenken würde. Dann wurden sie ungeduldig und nahmen die Dinge selbst in die Hand. Ismael wurde geboren – und das sorgte keinesfalls für Familienharmonie (Gen 16,1-4).

Mose tötete einen Ägypter – ein verfehlter Versuch, seinem Volk Recht zu verschaffen. Sein impulsiver Akt brachte ihn für vierzig Jahre in die Wüste und kostete ihn seine Beziehungen zu seiner Adoptivfamilie und beinahe auch sein Leben (2 Mo 2,11-12).

Israel wollte sein wie andere Völker und bestand darauf, einen König zu haben, obwohl Samuel sie im Auftrag Gottes davor warnte. Sauls Krönung war der Auftakt zu Konflikten, Spannungen und Abfall von Gott. Die ganze Geschichte endete schließlich in der Teilung Israels (1 Sam 8,19-20; 1 Kön 12).

Die Liste ließe sich fortsetzen. Saul beschließt, Gottes Erwählten – David – zu töten. Jona flieht vor Gottes ausdrücklichem Auftrag, nach Ninive zu gehen, in die Gegenrichtung. Petrus weigert sich in Galatien, mit Heidenchristen an einem Tisch zu sitzen. Eigene Pläne zu schmieden und zu verfolgen, ohne auf Gott zu hören, scheint seit Jahrtausenden an der Tagesordnung.

Dass wir uns fragen: Was kann ich für Gottes Reich tun?, und dass wir entsprechende Pläne machen, ist wunderbar und ganz biblisch. Allerdings sollten wir folgende Fragen dabei nicht ausblenden: *Passt dieses Vorhaben, diese anscheinend günstige Gelegenheit in den größeren Plan Gottes mit dieser Welt? Wie nehmen wir Gottes Willen in dieser Sache wahr? Ruft er uns dazu auf, die Sache anzupacken?* Gottes Wege und Gedanken sind höher als unsere Gedanken (Jes 55,8-9). Nur wenn wir sorgfältig auf seine Stimme hören, können wir erkennen, was er wohl vorhat.

Wir überschreiten Grenzen, die Gott setzt

Als Christen in Führungsverantwortung haben wir es ständig mit Grenzen zu tun: mit menschlichen, persönlichen, zeitlichen, finanziellen Grenzen; mit Grenzen an Fähigkeiten und Möglichkeiten. Als Menschen sind wir begrenzte Geschöpfe, die lernen müssen, mit Grenzen zu leben – seien sie nun relativ harmlos oder extrem.

Vor diesem Hintergrund hat der Theologe Reinhold Niebuhr das Wesen der Sünde beschrieben. Sünde ist, so sagt er, „der aus Angst um unsere geschöpfliche Existenz geborene Wunsch, unsere Begrenztheit und Endlichkeit zu überwinden“[1]. Christliche Leiter tun heute genau das – und zwar ständig. Aus irgendeinem Grund finden wir es extrem schwer bis unmöglich zu warten, zu hören, unsere Grenzen anzuerkennen. Vielleicht ist dies die gravierendste und raffinierteste Form von Rebellion gegen Gott. Ich jedenfalls kenne das aus eigener Erfahrung – mehr, als mir lieb ist. Mit manch einem groß angelegten Projekt habe ich mich und meine Gemeinde maßlos überfordert. Wir haben im Weihnachtsgottesdienst Theatereinlagen inszeniert, die mit dem Broadway mithalten konnten – zumindest, was unseren Ehrgeiz anging. Kurzfristig haben wir damit auch große Menschenmengen angezogen und viel Publicity bekommen – nach außen. Aber hinter den Kulissen herrschte Chaos. Der Protest blieb nicht aus.

Grenzen zu respektieren – eigene oder die von Mitarbeitern und Gemeindegliedern –, ist eine der größten Herausforderungen für Leiter. Es braucht schon eine gereifte Persönlichkeit, um eine großartige Chance, die vielleicht zu deutlichem Wachstum der Gemeinde führen kann, nicht wahrzunehmen und sich für etwas Schlichteres, Normaleres zu entscheiden. Wir sind jetzt 100 Gemeindeglieder. Warum sollten daraus nicht 200 werden? Und dann nicht 500? Es ist nicht schwer, von Dingen zu träumen, für die unser wirkliches Leben keinerlei Voraussetzungen bietet. Aber wenn wir mehr tun wollen, als Gott von uns erwartet, ist der Misserfolg vorprogrammiert.

Grenzen berühren den Kern unserer Gottesbeziehung. Gott hat Adam und Eva eine klare Grenze gesetzt – und ihnen nicht erklärt, warum: Vom Baum der Erkenntnis von Gut und Böse sollten sie nicht essen, sonst würden sie sterben (Gen 2,17). Sie sollten Gott vertrauen, auch wenn sein Handeln schwer zu verstehen war. Dies ist genau der Punkt, der für mich als Gemeindeleiter die größte Versuchung und den größten Kampf darstellt: die Grenzen zu akzeptieren, die Gott mir setzt. Und damit bin ich nicht allein.

Vielleicht blicken Sie noch einmal zurück. Drei Versuchungen für Leiter haben wir kennengelernt: Erfolg an einem zu eng definierten Maßstab zu messen, ohne Gott zu planen und zu handeln und Grenzen zu überschreiten, die Gott gesetzt hat. Welche ist für Sie die größte? Und was könnte der Grund dafür sein?

Wenn diese drei Versuchungen unser normales Planen und Entscheiden kennzeichnen, dann stellt sich die Frage: Wie sähe es aus, wenn wir unsere Pläne und Entscheidungen auf Basis emotionaler Reife verfolgen würden?

Planen und entscheiden auf Basis emotionaler Reife

Emotional gesundes Planen und Entscheiden beginnt ebenfalls mit einer Grundannahme (in diesem Fall allerdings mit einer zutreffenden). Sie lautet wie folgt: Als Menschen sind wir gefallene Geschöpfe mit einer Tendenz, unser Herz zu verhärten. Bernhard von Clairvaux schrieb im 12. Jahrhundert einem seiner ehemaligen Mönchsschüler, Papst Eugene III, zu diesem Thema:

> *Ich fürchte, dass Du, eingekeilt in Deine zahlreichen Beschäftigungen, keinen Ausweg mehr siehst und deshalb Deine Stirn verhärtest … Es ist viel klüger, Du entziehst Dich von Zeit zu Zeit Deinen Beschäftigungen, als dass sie Dich ziehen und Dich nach und nach an einen Punkt führen, an dem du nicht landen willst. Du fragst, an welchen Punkt? An den Punkt,*

> *wo das Herz anfängt, hart zu werden. Frage nicht weiter, was damit gemeint sei: wenn Du jetzt nicht erschrickst, ist Dein Herz schon so weit.*[2]

Mit anderen Worten: Wer nicht mehr fürchtet, das eigene Herz könne sich verhärten, der hat bereits ein hartes Herz. Und das ist in jedem Fall ein großes Problem. Für Leiter gilt das besonders, denn ein hartes Herz nimmt uns die Fähigkeit, den Willen Gottes zu erkennen und zu tun.

Im Lauf der Zeit haben sich für mich vier Kennzeichen für ein emotional gesundes Planen und Entscheiden herausgebildet und ich glaube, diese Dinge sollten im Ackerboden unseres Herzens fest verwurzelt sein. Beginnen wir mit dem Fundament, auf dem alles Weitere aufbaut: einer neuen Definition von Erfolg.

Erfolg bedeutet: radikal Gottes Willen tun

Von Beginn meines Christseins an war ich – rein verstandesmäßig – überzeugt, dass es für meinen Glauben lebenswichtig ist, nach dem Willen Gottes zu fragen. Aber es brauchte viele Jahre und eine heftige Krise, bis ich erkannte, dass dieser Aspekt bei meinem Planen und Entscheiden tatsächlich so gut wie gar nicht vorkam. Erst als wir unsere Reise in Richtung emotionaler Reife und geistlichem Wachstum begannen, änderte sich das – grundlegend. In diesem Zusammenhang änderte sich auch meine Definition von Erfolg. Ich fand einen völlig neuen Zugang dazu, den Willen Gottes zu erkennen und in mein Leitungshandeln einzubeziehen.

Wie geschah das? Ich verlangsamte mein Leben, um mehr Zeit *mit* Gott zu verbringen, einfach in seiner Nähe zu *sein.* Die geistlichen Übungen, die ich in Teil 1 beschrieben habe, gaben diesem *Sein vor Gott* eine konkrete Form: Schweigen, Sabbatpraxis, eine Lebensregel. Nicht nur persönlich, auch dafür, wie ich unsere Gemeinde leitete, rückte das Fragen nach dem Willen Gottes und der Gehorsam gegenüber dem Erkannten sehr stark in mein Blickfeld.

Ich begriff ganz neu, dass unsere Gemeinde ein einziges Ziel, einen einzigen Auftrag hatte: zu werden, was sie entsprechend dem Ruf Gottes werden sollte, und zu tun, was sie entsprechend dem Ruf Gottes tun sollte – ohne Rücksicht darauf, wohin uns das führen würde. Dies – dem Ruf Gottes zu folgen – sollte von nun an das Kriterium für Erfolg bei uns sein. Und alles, woran wir früher unseren Erfolg gemessen hatten – mehr Gottesdienstteilnehmer, umfangreichere und bessere Angebote, diakonische Dienste –, musste demgegenüber in den Hintergrund treten. Ich war nicht länger bereit, ein „erfolgreicher" Leiter zu sein, der diesen Erfolg damit bezahlte, dass er nicht mehr nach dem Willen Gottes fragte.

Haben Sie schon einmal die Möglichkeit in Betracht gezogen, dass Ihre Arbeit oder Organisation zwar wächst, in Wahrheit aber gerade dabei ist zu scheitern?

Bevor Sie diese Frage beantworten, beschäftigen wir uns erst einmal mit einigen der glaubensstärksten und daher erfolgreichen Führungsfiguren Gottes. Von Johannes dem Täufer sagte Jesus: „Unter allen Menschen, die je geboren wurden, gibt es keinen Größeren als Johannes" (Lk 7,28). Wenn wir jedoch eine Erfolgskurve vom Wirken des Johannes zeichnen wollten, würde sie einen steilen Aufstieg zeigen, dem ein unaufhaltsamer und tiefer Absturz folgt. Der Prophet Jeremia diente Gott leidenschaftlich und in ganzem Gehorsam, aber den meisten seiner Zeitgenossen galt er als lächerliche Figur; sie waren für seine Botschaft nicht empfänglich – ganz sicher nicht das, was man eine Erfolgsgeschichte nennen könnte. Für den Propheten Amos sah Erfolg so aus, dass er seine Heimat, das geistlich lebendigere Südreich Juda, verlassen und seine Botschaft im Nordreich Israel verkünden musste, wo er auf wenig Resonanz stieß. Jesus selbst ließ eine Art Massenbewegung in Kapernaum, wo die Menschen in Scharen zu ihm strömten, hinter sich, um an anderen Orten ganz von vorn zu beginnen (Mk 1,39-40).

Keiner dieser Gottesmänner würde wohl heute in Führungskreisen als erfolgreich bezeichnet werden. Aber die Bibel lässt keinen Zweifel daran: Gott hat ihren Dienst anerkannt. Und das legt eben die Frage nahe: Unsere Organisation kann wachsen, unsere Aufgaben können zunehmen – und wir können doch auf dem Holzweg sein. Warum? Weil Gottes Erfolgsmaßstab mehr und anderes umfasst als das sichtbare Wachstum. Erfolg besteht in Gottes Augen zuallererst darin, dass wir tun, was er von uns erwartet, und zwar auf *seine* Weise und nach *seinem* Zeitplan.

Sehen wir uns an, wie ganz unterschiedlich die Verantwortung aussieht, die Gott seinen Leuten heute anvertraut. Da gibt es den Vorstandschef eines Weltkonzerns, den Mitarbeiter eines freien Werks, das sich um obdachlose Teenager kümmert, den Pastor einer Stadtgemeinde, einen Topmanager in Europa, einen Gemeindeältesten in einer rasch wachsenden afrikanischen Gemeinde, einen Pastor im Ehrenamt in einer dünn besiedelten ländlichen Gegend. Wie sollte wohl eine Standarddefinition für Erfolg aussehen, die all diese unterschiedlichen Umstände berücksichtigt? Und doch tun wir oft genug so, als gäbe es sie, wenn wir Erfolg nur an äußeren Kriterien messen.

Nein. Wir müssen eins wieder in den Blick nehmen: Was in Gottes Augen als Erfolg gilt, das bemisst sich an Ihrer ganz individuellen Situation und dem, was Sie darin als Gottes Willen erkennen – sowohl für sich persönlich als auch für die Gemeinde, das Werk oder das Team, das Sie leiten. Die Herausforderung für jeden Leiter liegt darin, sich auf den langwierigen und mühevollen Prozess der Unterscheidung einzulassen, der nötig ist, um herauszufinden, was genau der Wille Gottes zu diesem konkreten Zeitpunkt und in Ihrer konkreten Situation ist.

Anfangs fiel es mir schwer, diese Definition – Gottes Definition – für Erfolg für unsere Gemeinde zu akzeptieren. Sie bremste mich aus; ich hatte das Gefühl, dass ich als Leiter einer solchen Gemeinde keine so gute Figur abgeben würde wie die Führungsgestalten von größeren Gemeinden oder Werken, mit denen ich mich verglich. Aber im Lauf der Zeit lernten wir, uns auf Gottes Weisheit für genau unseren Kontext hier in New Life einzulassen. Und wir glauben, dass Gott uns dafür ganz klar drei weitere Erfolgskriterien genannt hat.

Heute bedeutet Erfolg für uns:

Wir sind dann erfolgreich, wenn Menschen eine tief greifende Veränderung erfahren, im Glauben und in ihrer Persönlichkeit wachsen und nicht nur nach außen hin ihr Verhalten ändern. Der Schlüssel, durch den wir Menschen für Christus erreichen wollen, ist in New Life eine emotional gesunde Spiritualität. Sie hat absolute Priorität. Diese Entscheidung machte es erforderlich, einen Maßstab dafür zu entwickeln, was tief greifende Veränderung und geistliches Wachstum bedeuten. Ein paar unserer Maßstäbe sind:

- Jeder, der in New Life in irgendeiner Weise leitend tätig ist, verpflichtet sich, seine Beziehung zu Gott zu pflegen. 10 bis 30 Minuten morgens und einige Minuten am Spätnachmittag oder Abend sollen für Gebet und Bibellesen freigehalten werden.
- Alle hauptamtlichen und ehrenamtlichen Leiter nehmen sich jede Woche eine Auszeit von 24 Stunden (Sabbatpraxis).
- Alle hauptamtlichen und ehrenamtlichen Leiter üben das Gebet der liebenden Aufmerksamkeit bzw. den Tagesrückblick, um Gottes Wirken und seinen Willen in ihrem Leben zu erkennen.
- Alle hauptamtlichen Mitarbeiter, ob pastoral oder administrativ, nehmen ihre Aufgaben auf der Basis einer emotional gesunden Spiritualität wahr und entwickeln und praktizieren entsprechende Fähigkeiten und Verhaltensweisen.
- Alle Gemeindemitglieder entwickeln eine persönliche Lebensregel, die ihnen hilft, Gottes Liebe selbst zu erfahren und weiterzugeben. Die Lebensregel ist Thema beim Aufnahmegespräch neuer Mitglieder.
- 85 Prozent unserer Mitglieder gehören zu Kleingruppen oder kleineren Arbeitsteams (ebenfalls eine familiärere Gruppe). Diese Zugehörigkeit gilt als wesentlich für das eigene geistliche Wachstum.
- Alle Kinder und Jugendlichen nehmen an einem Jüngerschaftskurs bei einem ausgebildeten Leiter teil.
- 50 Prozent der Ehepaare lassen sich darin schulen, wie sie ihre Ehe so leben können, dass darin zeichenhaft Gottes Liebe zu seiner Welt sichtbar wird.

Manche dieser Kriterien lassen sich verhältnismäßig leicht messen, bei anderen ist es schwieriger. Vor allem müssen wir uns bewusst machen, dass unsere Möglichkeiten zu „messen“, wie weit jemand in dem Prozess gekommen ist, Jesus ähnlich und in sein Bild verwandelt zu werden (2 Kor 3,18), natürlich begrenzt sind. Jede Pflanze auf dieser Erde hat ihre ganz eigenen Wachstumsbedingungen. Jeder Christ ist einzigartig und braucht einen maßgeschneiderten, persönlichen Zugang zu geistlichem Wachstum. Es ist eine Lebensaufgabe, möglichst viele dieser einmaligen Wege und Zugänge kennenzulernen, durch die Gott uns als Menschen und als Christen reifen lässt. Nicht jede Form, nicht jeder Zugang passt für alle. Gott arbeitet individuell.

Und wir haben es ja mit Menschen zu tun, nicht mit Apparaten. Zwar gibt es geistliche Übungen, die für jeden Christen unverzichtbar sind, wenn er im Glauben wachsen will, so wie Bibellesen, Beten, Gemeinschaft (alle Pflanzen brauchen ja auch Sonne und Wasser). Aber wie sich das individuelle Glaubensleben dann gestaltet, ist bei jedem anders. Gehen wir also sehr behutsam mit jeder Form von „Evaluation“ von Glaubensprozessen um.

Wir sind dann erfolgreich, wenn wir Barrieren überwinden: rassische, kulturelle, ökonomische und Geschlechterbarrieren. Dieses Ziel gehört zum Gründungsauftrag unserer Gemeinde. Wir sollen und wollen „Brückenbauer“ sein und Grenzen überwinden, wo wir auf sie stoßen. Das ist unser prophetisches Zeugnis für die Kraft des Evangeliums. Dieses „Brückenbauen“ soll auf allen Ebenen und in jedem Arbeitsbereich unserer Gemeinde geschehen und erkennbar sein. Es hat also Einfluss darauf, wen wir einstellen, welche Angebote wir machen, wie wir Gottesdienst feiern, es prägt unsere Kleingruppen, unseren Umgang mit Finanzen, unsere Predigten und unsere Definition davon, was Qualität in unserer Gemeindearbeit bedeutet.

Wir sind dann erfolgreich, wenn wir unserer Nachbarschaft und der Welt dienen. Unsere Berufung ist es, Gemeinde *der* Armen und Benachteiligten zu sein und nicht eine Gemeinde *für* die Armen und Benachteiligten. Wir bieten zum Beispiel obdachlosen Menschen in unserer Nachbarschaft Duschmöglichkeiten an. Das bedeutet, dass unsere Gebäude manchmal ziemlich strapaziert werden.

Vor Kurzem wurde ein großes Hotel ein paar Straßen weiter in eine Obdachlosenunterkunft umgewandelt, die fast 200 Familien Raum bietet. Das wiederum hat die Schulen und sozialen Einrichtungen im Stadtviertel enorm herausgefordert und auch wir haben uns auf den neuen Bedarf eingerichtet. So haben wir in der Gemeinde unsere Kantine vergrößert und etliche neue Angebote entwickelt, unter anderem ein Mentoringprogramm und Betreuungsangebote nach der Schule.

Wichtig ist uns außerdem, dass die Mitglieder unserer Gemeinde, die das Glück haben, über mehr finanzielle Mittel, eine bessere Bildung oder sonstige Fähigkeiten zu verfügen, in unsere praktischen Hilfsangebote einbezogen werden. Sie können sich zum Beispiel um gefährdete Jugendliche kümmern oder Menschen helfen, die keine Wohnung haben oder nicht krankenversichert sind.

Bevor Sie weiterlesen, nehmen Sie sich doch einen Moment Zeit für die folgende Frage: Was würde sich an Ihrer Gemeindesituation oder an Ihren Umständen ändern, wenn Sie Erfolg nicht mehr nach Zahlen messen würden, sondern daran, radikal den Willen Gottes zu tun? Welche Maßstäbe für Erfolg hat Gott für Sie und für Ihr Team? Und wenn Sie diese Frage bedenken – welche Ängste und Befürchtungen steigen dann in Ihnen auf? Sie können mir glauben: Ich weiß, wie beunruhigend diese Fragestellung sein kann. Aber ich weiß auch, wie lohnend und befreiend es ist, sich an Gottes Erfolgsmaßstab zu halten und danach zu leben und zu leiten. Wenn Sie bereit sind, einige Risiken einzugehen und mit Spannungen zu leben, verspreche ich: Sie werden es nicht bereuen.

Wir schaffen Raum, auf unser Herz zu hören

Wenn wir nach emotional gesunden Prinzipen planen und entscheiden, sprechen wir nicht einfach zu Beginn einer Sitzung ein rasches Gebet und steigen dann unmittelbar in die Tagesordnung ein. Wir fangen damit an, dass wir Raum schaffen, unser Herz zu beteiligen und auf unser Herz zu hören. Wir lassen ganz bewusst die Ablenkungen und Sachzwänge in den Hintergrund treten, um nach dem Willen Gottes zu fragen und ihn dann auch zu tun. Diese Vorbereitung geschieht auf zwei Ebenen – persönlich und im Team.

Persönliche Vorbereitung

Bevor wir ein Sitzungszimmer betreten, ist unsere erste Pflicht als Leitende die, unser Herz im Gespräch mit Gott vorzubereiten. Wie viel Zeit braucht man dafür? Das hängt davon ob, welches Gewicht die anstehende Entscheidung oder Beratung hat und wie groß der Lärm gerade ist, den unser eigenes Inneres macht. Bei New Life lautet eine einfache Faustregel: Je wichtiger die Entscheidung, umso mehr Zeit braucht die Vorbereitung. Jesus gibt uns ein Beispiel für diese Art von innerer Vorbereitung im Herzen. Bevor er seine zwölf Jünger beruft, verbringt er die Nacht im Gebet.

> *In jener Zeit zog sich Jesus auf einen Berg zurück, um zu beten. Die ganze Nacht verbrachte er im Gebet. Als es Tag wurde, rief er seine Jünger zu sich und wählte zwölf von ihnen aus, die er Apostel nannte (Lk 6,12-13).*

Mitten im Trubel der Stimmen, die ihn dazu drängen, in Kapernaum zu bleiben, entzieht sich Jesus dem Ansturm der Menschen:

> *Bei Tagesanbruch verließ Jesus das Haus und ging an einen einsamen Ort. Doch die Leute suchten ihn, bis sie ihn gefunden hatten. Sie wollten ihn festhalten und verhindern, dass er von ihnen wegging. Aber er sagte zu ihnen: „Ich muss auch*

> *den anderen Städten die Botschaft vom Reich Gottes verkünden, denn dazu bin ich gesandt worden" (Lk 4,42-43).*

Immer wieder finden wir solche Hinweise in den Evangelien: Jesus widmet sich den Menschen, dann zieht er sich wieder zurück, um im Gebet den Willen des Vaters zu suchen.

Vielleicht am eindrücklichsten ist sein Gebetskampf in Gethsemane, in dem er darum ringt, den Willen des Vaters anzunehmen. Es ist einer der wichtigsten Bibeltexte zum Thema Planen und Entscheiden. Dreimal spricht Jesus dasselbe Gebet:

> *„Mein Vater, wenn es möglich ist, lass diesen bitteren Kelch an mir vorübergehen! Aber nicht wie ich will, sondern wie du willst" (Mt 26,39).*

Jesus, der Meister, der Leiter, hat nicht einfach blind und marionettenhaft gehorcht. Er musste den Gehorsam lernen – ebenso wie wir:

> *Als Christus hier auf der Erde war – ein Mensch von Fleisch und Blut –, hat er mit lautem Schreien und unter Tränen gebetet und zu dem gefleht, der ihn aus der Gewalt des Todes befreien konnte, und weil er sich seinem Willen in Ehrfurcht unterstellte, wurde sein Gebet erhört. Allerdings blieb es selbst ihm, dem Sohn Gottes, nicht erspart, durch Leiden zu lernen, was es bedeutet, gehorsam zu sein (Hebr 5,7-8).*

Jeder echte Gehorsam ist erlernter, erkämpfter und im Gebet errungener Gehorsam. Wenn selbst der Sohn Gottes nur nach heftigem innerem Kampf, nach Schweiß und Tränen den Willen des Vaters annehmen konnte, wie können wir erwarten, dass es uns weniger kosten wird?

Wenn ich mein Herz auf eine Entscheidung oder ein Planungsgespräch vorbereite, bemühe ich mich, innerlich eine Haltung zu gewinnen, die Ignatius von Loyola *Indifferenz* nennt. Damit meint er nicht Gleichgültigkeit oder Desinteresse. Was er meint ist, dass uns im Licht von Gottes Willen alles andere „egal“ sein soll. So sind wir bereit, sowohl dies als auch jenes als Gottes Willen zu akzeptieren. Ignatius sagt: In dem Maß, wie wir bereit sind, *jede* Antwort von Gott zu akzeptieren, in dem Maß sind wir überhaupt nur fähig, wirklich zu hören, was er zu sagen hat. Wenn wir ein mögliches Resultat vorziehen und uns daran klammern und ein anderes ablehnen, können wir Gott nicht deutlich hören. Unsere geistlichen Ohren werden taub sein vom Lärm unserer ungeordneten Vorlieben, Ängste und Anhänglichkeiten. In einem solchen Zustand ist es nahezu vorprogrammiert, dass wir unseren eigenen Willen mit dem Willen Gottes verwechseln.

Ignatius versteht die innere Haltung der Indifferenz als geistliche Freiheit. Wenn wir wirklich frei wären, so seine Argumentation, würden wir uns nicht darum sorgen, ob wir krank sind oder gesund, arm oder reich. Selbst ob wir ein kurzes oder ein langes Leben haben, würde uns nicht groß bekümmern.[3] Wir legen unser Leben in Gottes Hände und vertrauen, dass er das Beste daraus macht. Nun muss man zugeben: Niemand *möchte gern* krank sein oder jung sterben. Aber der Punkt ist: Was wir tun, wohin wir gehen, wem wir begegnen, das entscheiden nicht unsere Umstände, sondern das entscheidet die Führung Gottes. Wichtiger als all dies ist es, sich immer dafür zu entscheiden, Gott zu lieben und ihm zu gehorchen. Das ist unsere angemessene Antwort auf die Liebe, die er uns und der ganzen Welt anbietet.

In diese Haltung der Indifferenz zu finden und zu dem Vertrauen, dass Gottes Wille immer gut ist – egal, wie er aussieht –, das ist keine geringe Sache. Wir hängen an allem Möglichen: Titeln, Positionen, unserem Renommee, Orten, Menschen, Sicherheiten und an der Meinung der anderen. Wenn das im Übermaß der Fall ist, werden diese Dinge zu „ungeordneten Anhänglichkeiten“, übermäßigen Vorlieben, die Gott aus dem Zentrum unseres Lebens verdrängen und an seiner Stelle unsere Identität bestimmen.

Für mich bedeutet das: Ich bete *um* die Haltung der Indifferenz, damit ich *aus* der Indifferenz *heraus* beten kann. Ich bete eigentlich täglich um die Gnade, aufrichtig sagen zu können: *Vater, ich bin offen für jedes Ergebnis, jede Antwort, wenn nur dein Wille zum Tragen kommt. Ich möchte nichts mehr und nichts weniger als das, was du willst.* Ohne diese notwendige innere Vorbereitung – *um* Indifferenz und *aus* Indifferenz zu beten – riskiere ich, Gottes Stimme zu überhören.

An Tagen, an denen eine Sitzung der anderen folgt, geht es mir oft so wie vielen Führungskräften: Ich schleppe die Themen und Probleme aus einer Besprechung in die nächste. Aber wenn ich jeweils ganz präsent sein will, muss ich zunächst die Dinge aus der vergangenen Sitzung abschließen. Sonst übertönen sie die Stimme Gottes im Blick auf das nächste Thema. In solchen Situationen übe ich eine benediktinische Tradition: die *Statio.* Ein Innehalten und Unterbrechen. Die Kunst, die Übergänge zu gestalten. Die Kunst, bewusst zu tun, was wir sonst vielleicht nur automatisch tun. Ich gönne mir ein paar Momente der Stille zwischen zwei Terminen. Ich achte auf meine Körpersignale – auch durch sie kann Gott sprechen. Spüre ich Anspannung oder Angst? Wenn mir diese Zeit nicht bleibt, kann ich auch die nächste Sitzung mit einer kurzen Stille eröffnen, einen Bibelabschnitt oder einen Psalm vorlesen oder eine Kerze anzünden als sichtbare Erinnerung, dass Jesus unser Licht ist. Selbst wenn ich das tue, um mich selbst wieder auf meine Mitte in Jesus auszurichten, kann es doch meinem Team und unserem Gespräch zum selben Zweck dienen.

Gemeinsame Vorbereitung im Team

Um gute Entscheidungen zu treffen, fangen unsere Sitzungen – ob nun wöchentliche Sitzungen oder ganze Planungstage oder Klausuren – damit an, dass wir uns auch als Team innerlich auf Gott ausrichten.

Wenn ich eine Sitzung leite, steht am Anfang vielleicht eine kurze Zeit des Schweigens. Oder wir beten das Tagzeitengebet miteinander. Vielleicht lese ich eine Besinnung, die unsere Gedanken und Gefühle auf Christus ausrichtet. Der Sinn einer solchen Einstimmung ist der, eine Atmosphäre zu schaffen, die nicht von Konkurrenz oder Manipulation möglicher Ergebnisse bestimmt ist. Es geht darum, in eine Offenheit zu finden, in der wir gemeinsam wirklich nach dem Willen Gottes fragen können. Wir schweigen oder wir beten, um uns Gott zu überlassen und zu warten, bis er eingreift (Ps 37,7).

Bei unseren drei jährlichen Planungsklausuren im Team (normalerweise Januar, Juni und September) gehört ein Teil der Zeit immer der persönlichen Stille, in der jeder Einzelne Gott begegnen kann, bevor wir ans Plänemachen gehen. Vielleicht gibt es einen biblischen Text zur Meditation. Vielleicht führt jemand mit Impulsen durch eine gemeinsame Zeit des Schweigens. Jedenfalls soll am Beginn jeder wichtigen Planungskonferenz eine Erfahrung des „vor Gott Seins" stehen, bevor wir uns dann damit befassen, was wir „für Gott tun" sollen. So haben wir uns einmal zu Anfang einer solchen Klausur damit befasst, wie der Rhythmus von Alleinsein und öffentlichem Wirken im Leben Jesu aussah. Wir haben zunächst jeder persönlich anhand von Impulsen ein Gedicht meditiert, das jemand aus unserem Team zu diesem Thema geschrieben hatte, und uns anhand von Leitfragen in kleinen Gruppen darüber ausgetauscht, was die Einzelnen in ihrer Zeit mit Gott erlebt hatten oder was jeder gerade jetzt von Gott braucht. Dafür konnte dann in der Kleingruppe gebetet werden.

Dieses „vor Gott Sein" hat etwa zwei Stunden beansprucht. Wir machen die Erfahrung: Wenn wir uns diesen Raum der gemeinsamen Herzensvorbereitung nehmen, können wir anschließend effektiver an den Planungsteil gehen. Wir erleben eine Verbundenheit – unsere gemeinsame Sehnsucht nach Rhythmen, danach, alles, was wir für Jesus tun, aus unserer Gemeinschaft mit ihm, aus unserem Sein vor ihm erwachsen zu lassen. Und unsere Entscheidungen werden besser. So kann zum Beispiel deutlich werden, dass unser Terminkalender für den nächsten Planungszeitraum viel zu voll ist, und wir können rechtzeitig gegensteuern. Ohne diese Erfahrung, vor Gott einfach sein zu dürfen, würden wir uns manchmal viel zu viel aufhalsen.

Wir beten um Klugheit

Klugheit gehört zu den wichtigsten Charakterzügen oder Tugenden eines effektiven Leiters. Ohne sie kann man weder gut planen noch gut entscheiden. *Klugheit* charakterisiert einen Menschen, der in der Lage ist, alle wichtigen Faktoren in Betracht zu ziehen. Kluge Menschen denken voraus und bedenken die langfristigen Auswirkungen einer Entscheidung. Darin erweisen sie ihre Urteilsfähigkeit. Klugheit, genauer Lebensklugheit, ist eines der großen Themen im Buch der Sprüche. Nur wenige Beispiele:

> *Die Weisheit eines klugen Menschen zeigt sich daran, dass er vorausschauend seinen Weg geht (Spr 14,8a).*

> *Ein Kluger sieht das Unglück kommen und bringt sich in Sicherheit (Spr 22,3).*

> *Ein kluger Mensch kann sich beherrschen, und es ehrt ihn, dass er Fehler übergehen kann (Spr 19,11).*

Man hat die Klugheit die Tugend der Leitenden genannt. Sie befähigt uns, klar zu denken und uns nicht von Impulsen oder Emotionen leiten zu lassen. Klugheit lernt aus den Erfahrungen der Vergangenheit, den eigenen und denen anderer, und wendet sie auf neue Situationen an. Sie ist eine Schwester der Demut und sucht bereitwillig den Rat von Menschen mit mehr Erfahrung. Klugheit ist vorsichtig und sorgt für die Zukunft vor. Klugheit fragt: „Wenn wir die Gefühle einmal außer Acht lassen, was ist langfristig das Beste?" Klugheit erwägt alle relevanten Faktoren, Möglichkeiten, Schwierigkeiten, Konsequenzen. Und vielleicht am wichtigsten: Klugheit lässt sich nicht drängen – sie ist bereit, so lange auf Gott zu warten, wie es eben dauert, und Entscheidungsprozessen so viel Zeit zu geben, wie sie brauchen.

Der biblische Gegensatz zum Klugen ist der Törichte oder der Dummkopf. Töricht ist ein Mensch, der naiv ist und sich leicht von anderen beeinflussen lässt. Jemand, der die Mühe scheut, die Dinge gründlich zu durchdenken und die unbequemen Fragen zu stellen. Jemand, der hastig und impulsiv entscheidet und nur die unmittelbaren Folgen im Blick hat oder ein Problem rasch aus der Welt schaffen will.

Man kann mich also mit Fug und Recht töricht nennen. Denn in den Anfangsjahren in New Life waren meine Entscheidungen von all diesen Zügen geprägt. Ich habe immer gewitzelt, ich hätte ein Diplom im Fehlermachen. Wie oft habe ich Haupt- oder Ehrenamtliche viel zu rasch mit einer Aufgabe betraut, ohne die schwierigen Fragen zu stellen? Wie oft habe ich etwas Neues angefangen, ohne zu überlegen, wer langfristig die Arbeit machen sollte? Wie oft habe ich einen Dienst übernommen, ohne vorher in meinen Kalender zu sehen? Um Klugheit beten? Meine Gebetsliste hatte wichtigere Stichpunkte. Aber irgendwann habe ich meine Lektion gelernt.

Um Klugheit zu beten und uns dann zu bemühen, bestmöglich danach zu handeln, ist ein unverzichtbarer Bestandteil in unserem weitergehenden Fragen nach dem Willen Gottes geworden. Unser Leitungsteam schöpft daraus ebenso viel Freude an unserer Aufgabe wie aus unserer unumstößlichen Grundentscheidung, in allem den Willen Gottes zu tun.

Ein Beispiel aus der jüngeren Vergangenheit: Seit dreieinhalb Jahren waren wir schrittweise darauf zugegangen, dass ich die Leitung von New Life an meinen Kopastor Rich abgeben würde. Rich wuchs mehr und mehr in seine Rolle und seinen eigenen Leitungsstil hinein. Und eine seiner ersten Initiativen war es, unsere langjährige Vision wiederzubeleben, weitere Gemeindestandorte zu gründen. Verschiedentlich hatte man uns bereits zu diesem Schritt ermutigt und ich fand die Idee fantastisch. Auch im Leitungsteam stieß der Gedanke auf spürbare Resonanz und setzte Energie frei. Die meisten waren begeistert: Wir würden wachsen und mehr Menschen erreichen. Aber dann wagte jemand einen Einwand: Dies sei eine so weitreichende Entscheidung, dass wir als Team einen Unterscheidungsprozess miteinander durchlaufen sollten.[4]

Wir trafen uns also zu einem Planungsmeeting. Wir begannen

damit, um Indifferenz zu beten, damit jeder Einzelne bereit sein möge, sein „Lieblingsergebnis“ erst mal loszulassen. Dann sollte jeder anhand einer 1-bis-10-Skala einschätzen, wie groß seine Offenheit war, alles anzunehmen, was uns von Gott her deutlich werden würde.

Am Ende unseres dreistündigen Treffens war allen klar: Sechs Monate bis zur Gründung eines weiteren Standorts (das hatten wir im Blick gehabt) waren viel zu kurz. Es gab etliche Dinge, die vorher noch angegangen werden mussten. Vor allem musste die Leitungsübergabe abgeschlossen sein, bevor wir diese Spur weiterverfolgten. Und unsere Leitungsstrukturen auf allen Ebenen brauchten neue Strategien.

Dass wir so klug waren, die Entscheidung nicht zu überstürzen, gab Rich außerdem Zeit für eine wichtige Einsicht: welche Rolle sein Schatten in dieser Frage spielte. Im Verlauf des Unterscheidungsprozesses, offenbarte er uns später, sei ihm mehr und mehr deutlich geworden, wie sehr es ihm auch darum ging, sich zu profilieren und zu beweisen, dass er die Gemeinde auf das nächste Level führen konnte. Der Vergleich mit anderen Gemeindeleitern seines Alters spielte dabei ebenfalls mit. Er hatte das Gefühl, nicht mithalten zu können. Es fiel ihm nicht leicht, sich das einzugestehen. „Aber es ist die Wahrheit“, sagte er und war im Endeffekt dankbar für die Chance, diese Wahrheit erkennen zu können. So konnte er klug handeln und sich nicht von diesen unbewussten Motiven zu etwas treiben lassen, das ihn – und auch die Gemeinde – zu diesem Zeitpunkt überfordert hätte.

Wir werden aus Fehlern klug – auch aus den Fehlern anderer.[5] Wir lernen durch weisen Rat.[6] Aber am meisten wachsen wir in der unverzichtbaren Tugend der Klugheit, wenn wir sie beständig von Gott erbitten.

Wir suchen in unseren Grenzen, Gott zu erkennen

Ausgerechnet in unseren Grenzen sollen wir Gott suchen? Das ist doch wohl der unwahrscheinlichste Ort dazu. Wir wollen Grenzen überwinden, bekämpfen, durch gute Planung vermeiden, wir leugnen sie; wir wollen sie durchbrechen. Nach herkömmlichem Verständnis von Leitungskompetenz halten wir es vielleicht sogar für ein Zeichen von Führungsstärke oder Glaubenskraft, dass wir uns weigern, Grenzen zu akzeptieren. Aber wenn wir nicht gerade an unseren Grenzen nach Gott suchen, übersehen wir ihn möglicherweise recht oft.

Auch in dieser Hinsicht habe ich meine Lektionen gelernt. Einmal habe ich eine Konferenz über emotional gesunde Spiritualität viel zu groß aufgezogen – gegen besseren Rat. Am Ende kamen deutlich mehr Menschen, als unsere Mitarbeiter verkraften konnten. Alle arbeiteten die ganze Zeit über ihre Kräfte. Ich trank fünfmal so viel Kaffee wie sonst. Wir verausgabten uns weit mehr, als uns guttat und als Gott von uns verlangt hätte. Als die Konferenz dann über die Bühne war, war ich vollkommen ausgepowert. Zehn Tage lang war ich unfähig, irgendetwas Substanzielles zu tun. Als ich schließlich zum Arzt ging, sagte er nur: „Sie sind nicht krank, Herr Scazzero. Sie sind einfach erschöpft. Gehen Sie nach Hause und schlafen Sie sich aus."

Was war passiert? Ich hatte meine von Gott gesetzten Grenzen missachtet, obwohl mein Körper mir mehr als deutliche Warnsignale gegeben hatte. Mitten in meinem so wichtigen Tun *für* Gott hatte ich mich *gegen* Gott aufgelehnt. Und warum? Weil ich die Chance sah, mit unserem Thema ganz groß rauszukommen. Was hatte ich übersehen? Dass Gott auch in einem kleinen und unauffälligen Rahmen ganz groß rauskommen kann – auf *seine* Weise.

Gerade in und an unseren Grenzen zeigt sich Gott uns und der Welt, und zwar einzigartig und machtvoll. Sehen wir uns einige Beispiele an:

- Moses Grenze war seine schwere Zunge. Er äußert das gegenüber Gott. Und was antwortet der? „Habe nicht ich, der Herr, den Menschen einen Mund gegeben? Kann ich sie nicht stumm oder taub, sehend oder blind machen? Geh jetzt! Ich bin bei dir und sage dir, was du reden sollst“ (2 Mo 4,10-12). Gott macht es ganz klar: In dieser und durch diese Begrenzung von Mose ist er selbst am Werk. Und für die nächsten vierzig Jahre wird Mose in der Kraft dieses Gottes der Anführer eines ganzen Volkes sein.
- Jeremias Grenze war seine Neigung zur Depression. Er verfluchte den Tag seiner Geburt und wollte am liebsten sterben. Aber mitten in diesen Grenzen seiner Gemütsverfassung war Gott da und schenkte ihm Erkenntnisse über Gott, die noch heute zahllose Menschen zutiefst berühren.
- Abrahams Grenze war es, dass er nur einen einzigen Sohn mit Sara hatte. Er litt unter dieser Grenze und doch erlebte er auf seinem Glaubensweg außerordentliche Begegnungen mit Gott. Er wurde für uns alle ein Vater im Glauben (Röm 4,17) und seine Geschichte lässt uns tiefer erkennen, wer Gott ist – all das als Folge seiner Grenze.

Grenzen sind nicht selten Gottes getarnte Gaben. Diese biblische Wahrheit ist für uns oft schwer anzunehmen; sie läuft unserem intuitiven Gefühl zuwider. Sie schlägt unserer natürlichen Tendenz ins Gesicht, selbst Gott zu spielen und die Welt nach unseren Vorstellungen zu lenken. Aber sie ist unumstößlich. Im Lauf meiner Leitungstätigkeit habe ich sie in zweifacher Hinsicht schätzen gelernt.

Meine begrenzte Zeit ist eine Gabe. Es ist Geri zu verdanken, dass wir in den sechsundzwanzig Jahren, in denen ich nun schon New Life leite, immer einen Hauskreis in unseren eigenen vier Wänden zu Gast hatten. Allerdings war ich nicht immer mit ganzem Herzen dabei. Immer wieder fragte ich mich, ob ich meine Zeit nicht sinnvoller investieren konnte als in fünfzehn Menschen, von denen noch nicht einmal alle besonders begeistert schienen. Aber Gott hat mich durch Geris Beharrlichkeit davor bewahrt, das

Kleine und doch so Wichtige links liegen zu lassen. Und aus diesem unscheinbaren, aber kontinuierlichen Einsatz sind im Lauf der Jahre immer wieder Mitarbeiter und Leiter für unsere Gemeinde hervorgegangen, die Dinge bewegt haben, die ich mir nie hätte träumen lassen.

Die Grenzen unseres Stadtviertels sind eine Gabe. Ich habe oft innerlich geseufzt, wenn ich unsere Gemeindegebäude und deren Lage mit denen anderer Gemeinden verglichen habe. Wir spüren das oft, wenn es darum geht, neue Mitarbeiter einzustellen: Es ist nicht leicht, jemanden zu finden, der nach Queens (diesem Multi-Kulti-Stadtteil von New York) ziehen will. Aber mitten in diesem vielfach begrenzten Umfeld hat Gott ein sehr fähiges Mitarbeiterteam zusammengerufen, Menschen aus allen Ecken der Welt und erstaunlich vielen verschiedenen Nationen. So viele unserer Gemeindeglieder haben einen tiefen Glauben, sie haben Hunger und Durst nach dem Reich Gottes und sie haben so einmalige Gaben, die sie einsetzen, dass ich mir kaum mehr einen segensreicheren Ort vorstellen kann.

Wir überblicken immer nur einen kleinen Ausschnitt aus dem großen Gesamtplan Gottes. Aber was er in und durch unsere Begrenzungen tut, ist mehr, als wir jemals aus eigener Kraft zustandebringen würden.

Jetzt haben wir ein paar Eckpfosten im Blick auf emotional und geistlich gesunde Planungsprozesse und Entscheidungsfindung eingeschlagen. Nehmen Sie sich noch ein wenig Zeit für einen Rückblick auf die vier entscheidenden Merkmale. Erfolg bedeutet:

- radikal den Willen Gottes zu tun
- Raum zu schaffen, auf das Herz zu hören
- um Klugheit zu beten
- in unseren Grenzen Gott zu entdecken

Denken Sie daran, was Sie in Ihrer Leitungsaufgabe gerade am meisten herausfordert. Welches dieser vier Prinzipien spricht Sie spontan am meisten an? Welche Befürchtungen oder Ängste steigen in

Ihnen auf, wenn Sie überlegen, wie Sie es in Ihrem Führungsalltag umsetzen könnten? Welchen Preis hat es kurzfristig, wenn Sie aus der gewohnten Routine aussteigen, die Richtung ändern und die Dinge anders angehen? Und was sind die langfristigen Konsequenzen, wenn Sie es nicht tun? Wenn Sie bereit sind, einige Risiken einzugehen und eine Zeit lang mit einem gewissen Maß an Orientierungslosigkeit zu leben, verspreche ich Ihnen: Genau in diesem Prozess wartet Gott schon auf Sie.

Vier Fragen, die Sie sich stellen sollten

Zu Beginn dieses Kapitels habe ich von einer schlechten Entscheidung erzählt, die ich meiner Frau in einem Flugzeug eröffnete. Fragen wir uns vor dem Hintergrund dessen, was wir inzwischen über emotional und geistlich gesunde Entscheidungsprozesse wissen, noch einmal: Was war eigentlich an meiner damaligen Entscheidung falsch, mit einem spanischsprachigen Gottesdienst zu beginnen?

- Ich kannte meinen Schatten noch nicht. Meine Entscheidung war aus meinem unbewussten Bedürfnis erwachsen, mich als Leiter zu qualifizieren und wichtig zu fühlen. Und auch meine Angst davor, meine Sprachkenntnisse ungenutzt verfliegen zu lassen, war letztlich ein selbstsüchtiges Motiv.
- Ich verkannte die Bedeutung unserer Ehe für meine Führungsaufgabe und hatte auch nicht bedacht, wie sich dieser neue Arbeitsbereich auf meine Beziehung zu Geri und auf unsere Familie auswirken würde. Törichterweise hatte ich eine weitreichende Entscheidung getroffen, ohne zuerst mit Geri darüber zu sprechen.
- Ich war davon ausgegangen, dass dieser neue Arbeitszweig natürlich dem Willen Gottes entsprach und dass er deswegen auch meine Beziehung zu Jesus nicht negativ beeinflussen würde. Das war ein Irrtum. Der Druck, den die zusätzlichen Aufgaben in

meinen Zeitplan brachten, führte dazu, dass ich meine Zeit mit Gott immer knapper bemaß.
- Damals hatte ich den Sabbat noch nicht für mich entdeckt. Der Montag war zwar mein freier Tag, aber meist war ich dann mit jeder Menge Zusatzaufgaben und Problemen beschäftigt, die alle mit dem neuen spanischen Gottesdienst zusammenhingen.

Zum Ende dieses Kapitels möchte ich Sie einladen: Machen Sie nicht dieselben Fehler wie ich. Stärken Sie die entscheidenden Wurzeln Ihres inneren Lebens, von denen in Teil 1 die Rede war. Reflektieren Sie Ihre Erfahrungen und machen Sie die ersten Schritte dahin (oder vertiefen Sie Ihre schon bestehende Praxis), Ihre Entscheidungen und Ihre Planungen auf das solide Fundament einer emotional gesunden Spiritualität zu stellen.

- **Stellen Sie sich Ihrem Schatten.** Wie könnte mein Schatten oder der Schatten meiner Mitarbeiter meine Entscheidungen und Pläne beeinflussen? Was ist meine größte Angst? Angesichts einer anstehenden Entscheidung – habe ich genug Zeit eingeplant, um persönlich und auch in meinem Team auf das Herz zu hören und so mögliche Schatteneinflüsse gering zu halten? Wie viel Zeit ist nötig, damit alle im Team sich innerlich so vorbereiten können? Muss ich vielleicht noch irgendwo Rat suchen, um meinem eigenen Schatten auf die Schliche zu kommen?
- **Machen Sie Ihre Ehe oder Ihre Ehelosigkeit zur Basis Ihrer Führungsentscheidungen.** Wie wird eine anstehende Entscheidung sich auf meine Ehe oder mein Leben als Single auswirken? Welche Maßnahmen müssen wir vielleicht als Team ergreifen, damit unser Bedürfnis nach gesunden, belebenden Beziehungen in unseren Ehen oder unserem Leben als Single nicht zu kurz kommt? Können wir die gottgegebenen Grenzen unserer jeweiligen Situation als Ehepartner oder als Single akzeptieren?
- **Entschleunigen Sie Ihr Leben und widmen Sie der Beziehung zu Gott mehr Zeit.** Wie wird eine anstehende Entscheidung sich auf meine Möglichkeiten auswirken, die Beziehung zu Jesus

lebendig zu erhalten und zu vertiefen? Wie hoch (auf einer Skala von 1 bis 10) ist das Maß an Anspannung und Befürchtungen in unserem Team im Blick auf diese Entscheidung? Haben wir um Klugheit gebetet und alle relevanten Gesichtspunkte erwogen? Haben wir uns wirklich Mühe gemacht, auf Gottes leise Stimme zu warten und nach seinem Erfolgsmaßstab für uns zu fragen? Welche Versuchungen muss ich/müssen wir in dieser Sache unbedingt vermeiden?
- **Feiern Sie den Sabbat.** Wie wird sich die anstehende Entscheidung auf meine Sabbatpraxis auswirken? Haben wir gründlich bedacht, wie unsere Pläne den Terminplan der Woche beeinflussen werden, und sind wir sicher, dass sie unsere Feiertagsfreude nicht beeinträchtigen werden? Treffe ich, treffen wir als Team diese Entscheidung aus einer inneren Ruhe und Gelassenheit heraus? Wie wichtig ist diese Entscheidung in zehn, fünfzig oder hundert Jahren? Wie wichtig ist sie aus der Perspektive der Ewigkeit und unserer ewigen Sabbatruhe in der Gemeinschaft mit Jesus?

Vier Aspekte, die Ihnen helfen können, wachsamer und klüger zu planen und zu entscheiden, und die Sie davor bewahren können, den eigenen Willen mit dem Willen Gottes zu verwechseln. Und ich füge noch hinzu: Diese vier Aspekte durchzuarbeiten, ist meine Weise, „die Kanarienvögel im Blick zu behalten“.

Behalten Sie die Kanarienvögel im Blick

In den Zeiten, als es im Gold- oder Kohlebergbau noch keine technischen Möglichkeiten gab, den Kohlenmonoxidanteil der Luft zu bestimmen, kam es immer wieder zu Minenexplosionen, weil sich gefährliche Gase aufgestaut hatten. Aber die Bergleute fanden ihre eigene Lösung für das Problem: Sie setzten Kanarienvögel als Barometer für die Luftqualität in den Minen ein. Gewöhnlich zirpten und zwitscherten die Vögel den ganzen Tag lang munter vor sich hin. Aber wenn die Kohlenmonoxidkonzentration zu hoch wurde, verstummte der Vogelgesang. Das war das Zeichen für die Bergleute, schleunigst mitsamt den Vögeln die Mine zu verlassen.

Wer oder was sind Ihre Kanarienvögel, wenn es um Entscheidungen geht? Kleine Hinweise, dass etwas nicht recht stimmt? Wie erkennen Sie, wenn Sie dabei sind, Ihre eigenen Pläne zu machen, die mit Gott nicht viel zu tun haben? Welche Menschen hat Gott Ihnen zur Seite gestellt, die Sie genug lieben, um Sie darauf hinzuweisen, wenn Sie in Gefahr sind, eine „explosive“ Entscheidung zu fällen? Wenn Sie im Moment keinen solchen Menschen haben, bitten Sie Gott um einen oder zwei solcher Freunde. Und dann freuen Sie sich auf eine ganz neue Zufriedenheit, wenn Ihr Planen und Entscheiden immer mehr aus einer emotional gesunden Basis erwächst.

Machen Sie den Test!

Prüfen Sie, auf welcher Basis Sie im Moment Planungen machen und Entscheidungen treffen. Selbsteinschätzungstest und Auswertung finden Sie unter: www.glaubensriesen.de → für Leiter

7

Gemeindekultur und Teamentwicklung

Lassen Sie mich dieses Kapitel mit einer Geschichte beginnen.

Im Wald der Freundlichen Tiere lebte einmal ein Lamm, das gern ausgelassen herumsprang und auf den Wiesen graste. Eines Tages kam ein Tiger in den Wald und sagte zu den Tieren: „Ich möchte bei euch leben." Die Tiere waren begeistert. Denn anders als in vielen anderen Wäldern, gab es in diesem Wald bisher keinen Tiger. Nur das Lamm war ein wenig besorgt und äußerte das schüchtern gegenüber seinen Freunden. Aber sie sagten: „Mach dir keine Sorgen, wir werden mit dem Tiger reden und ihm erklären, dass er nur unter der Bedingung hier mit uns leben kann, dass er auch alle anderen Tiere hier im Wald leben lässt."
Also ging das Lamm wieder grasen und herumtollen. Aber es dauerte nicht lange, da fing der Tiger an, das Lamm anzuknurren und bedrohlich um es herumzuschleichen. Jedes Mal, wenn das geschah, ging das erschrockene Lamm zu seinen Freunden und sagte: „Ich fühle mich gar nicht mehr sicher hier im Wald." Aber die Freunde beruhigten es: „Ach was, Tiger benehmen sich nun mal so … Es ist einfach seine Art." Es sei dem Lamm doch gar nichts passiert, sagten sie, und vielleicht sei es auch einfach nur etwas empfindlich. Immer wieder versuchte das Lamm, nicht an den Tiger zu denken … Aber immer wieder – und meistens dann, wenn das Lamm es am wenigsten erwartete – erschreckte der Tiger es aufs Neue.

Schließlich konnte das Lamm es nicht mehr aushalten und fasste einen Entschluss. So sehr es auch den Wald und seine Freunde liebte … der Preis war zu hoch. Das Lamm ging zu den anderen Tieren und sagte, es werde den Wald verlassen. Aber davon wollten die anderen nichts hören. „Ach, die Sache lässt sich doch sicher regeln … Vermutlich ist alles nur ein Missverständnis, das sich leicht aufklären lässt, wenn wir uns alle zusammensetzen und ihr mal miteinander redet.“
Und das taten sie …
Nur eins von den Tieren – eins von den weniger feinsinnigen, wie es später hieß – soll die Bemerkung gewagt haben: „Hat man schon je so was Lächerliches gehört? Wenn ein Lamm und ein Tiger in ein und demselben Wald leben sollen, dann lässt man sie doch nicht miteinander reden. Man steckt den verdammten Tiger in ’nen Käfig.“[1]

Eine tiefsinnige Geschichte, oder? Allerdings weniger eine Geschichte über ein Lamm und einen Tiger, sondern mehr eine Geschichte über die Freunde des Lammes, die Führungsmannschaft im Wald der Freundlichen Tiere. Der Tiger ist ein Tiger – und Tiger verwandeln sich weder in Lämmer noch in irgendwelche anderen freundlichen Waldbewohner. Weitere Treffen und „Gespräche“ werden das Problem nicht lösen. Mehr als Problemlösungsgespräche braucht der Wald der Freundlichen Tiere eine gesunde Leitungsmannschaft – Leiter, die ihre eigenen Werte kennen und sich nicht durch Widerspruch oder Druck von anderen davon abbringen lassen. Was dem Leitungsteam im Wald der Freundlichen Tiere fehlt, ist der Mut, aus Liebe zu ihrer Gemeinschaft den Tiger in den Käfig zu sperren. Es ist die Fähigkeit, entschlossen ihre Gemeinschaft zu verteidigen, und die Bereitschaft, auch Kritik (die ganz sicher kommen würde, und nicht nur vom Tiger selbst) und Vorwürfe zu ertragen *(Was ist los mit dir? Seit du in der Leitungsriege bist, bist du ganz schön lieblos und herrschsüchtig geworden. Wer hat dich denn in dieser Sache zum Richter gemacht?).*

Die Führungsmannschaft der Tiere muss außerdem die Werte

definieren, die im Wald der Freundlichen Tiere gelten sollen. Und sie muss den Einfluss des Tigers begrenzen, damit nicht schließlich er der heimliche Anführer im Wald wird. Stattdessen bagatellisieren die Leiter die Gefahr („nur ein Missverständnis") und drücken sich mit scheinbar vernünftigen Argumenten davor, sich mit dem Problem zu befassen. Dadurch setzen sie nicht nur die Gemeinschaft einer großen Gefahr aus, sie lassen auch die Chance ungenutzt, klare Grenzen dafür zu benennen, was im Wald akzeptabel ist und was nicht. Und wenn wir einmal annehmen, es handelt sich hier um eine christliche Gemeinschaft (schließlich ist es der Wald der Freundlichen Tiere), dann fehlt ihnen die Wahrnehmung dafür, dass der heftige Konflikt vielleicht ein verborgenes Gottesgeschenk ist, an dem sie gemeinsam wachsen und Christus ähnlicher werden könnten.

Gemeindekultur und Teamentwicklung – worum geht es dabei?

Zu den Hauptaufgaben von Führungskräften gehört es, eine gute Unternehmenskultur zu prägen und ein stabiles Team aufzubauen. Für Leiter von christlichen Werken ist dies eine besondere Herausforderung, denn wir sollen ja eine Kultur und ein Team prägen, die entschieden anders sind als in weltlichen Organisationen.

Worum geht es also bei diesen wichtigen Aufgaben?

Teamentwicklung lässt sich recht einfach definieren. Es meint, eine Gruppe von Menschen mit unterschiedlichen Fähigkeiten, die eine gemeinsame Vision und ein gemeinsamer Wertekanon verbinden, bestmöglich einzusetzen. *Gemeindekultur* ist schon schwerer zu beschreiben. Warum? Weil sie im Wesentlichen aus unausgesprochenen Regeln und Gesetzen besteht, die besagen: „Wir machen das hier so."

Die Kultur einer Gemeinde oder eines Werks ist jenes unbestimmte Etwas, jene unsichtbare Gegenwart oder Atmosphäre eines Ortes, die man schwer beschreiben kann, solange man sie nicht selbst erlebt hat. Sie ist oft besser zu *spüren* als zu beschreiben. Die einfachste und vielleicht beste Definition, die ich bisher gefunden habe, beschreibt die Kultur einer Organisation als „die Summe der erlernten Denkmuster und Verhaltensweisen" in einer bestimmten Gruppe[2] oder als „das, was Menschen aus der Welt machen"[3].

Zur Kultur unserer Organisation gehören Dinge wie Vision, Werte, Strategie (z. B. Kirche für Suchende, Kirche für andere, missionale Kirche, Kirche als Lebenshöhepunktbegleiter usw.), Gewohnheiten und Stil (bei uns gibt es einen Chor und der trägt liturgische Gewänder, wir schweigen vor dem Gottesdienst, wir tragen keine „Sonntagskleider" usw.) und auch unser christlicher „Jargon". Autoritätsstrukturen und Entscheidungshierarchie, die Art der Beziehungsgestaltung, Konfliktmanagement, Auftritt in der Öffentlichkeit, unser Verständnis von persönlichem und geistlichem Wachstum – all das ist Ausdruck der Kultur der Organisation, die wir führen. Die Menschen, die zu uns kommen, bringen aus sehr unterschiedlichen Hintergründen und Ursprungsfamilien Prägungen mit. Als christliche Leiter müssen wir aus dieser bunten Mischung sehr gezielt eine neue Kultur formen, die sich als Familie Jesu in dieser Welt versteht und auch so agiert.

Kennzeichen einer emotional gesunden Gemeindekultur und Teamentwicklung

Was unsere Gemeindekultur und den Aufbau unseres Teams angeht, habe ich viel zu lange so agiert wie die Tiere im Wald der Freundlichen Tiere. Sie ahnen nicht einmal, dass es ihre Aufgabe ist, eine gute Kultur des Miteinanders und ein funktionsfähiges Team aufzubauen. Ich ahnte es ebenso wenig. Sie sind konfliktscheu. Ich war es auch. Sie sind kurzsichtig und denken nicht an die mittel- und langfristigen Folgen ihrer Entscheidungen. Ich ebenso – viel zu oft.

Ich habe mir kaum Gedanken darüber gemacht, welche Art von

Gemeindekultur ich eigentlich gestalten wollte, und wenn doch, dann habe ich nicht genug Kraft investiert, damit diese Vorstellung auch Wirklichkeit werden konnte. In unserem Team haben wir nicht über die Gemeindekultur gesprochen – nicht, weil wir es bewusst nicht wollten, sondern weil wir gar nicht wussten, dass es so etwas wie eine Gemeindekultur überhaupt gibt. Natürlich, wenn jemand sich offensichtlich danebenbenahm (rassistische Bemerkungen, in einer Sitzung laut oder beleidigend werden, fragwürdiger Lebensstil u. Ä.), haben wir entsprechende Maßnahmen ergriffen. Aber ansonsten waren wir absolut fixiert darauf, die Ziele zu erreichen, die wir uns gesetzt hatten. Die Chemie im Team war wichtig, aber nur als Mittel zu dem Zweck, maximale Effizienz zu erreichen.

Aber eines muss uns klar sein: Die Möglichkeiten, durch eine emotional gesunde Gemeindekultur und eine gute Teamatmosphäre das Leben von Menschen nachhaltig im Sinne Jesu zu beeinflussen und zu verändern, sind kaum zu unterschätzen. Gemeindekultur und Teamatmosphäre gehören daher zu den wichtigsten Instrumenten, um unsere langfristigen Ziele zu erreichen. Und das gilt im christlichen wie im säkularen Bereich gleichermaßen.

Vier Kennzeichen einer emotional gesunden Gemeindekultur und Teamentwicklung sind mir im Lauf der Zeit besonders wichtig geworden. Für eine Organisation mit einem gesunden Team und einer gesunden Kultur gilt:

- Berufliche Leistung und persönliches Glaubenswachstum sind untrennbar.
- „Elefanten im Raum“ werden erkannt und angesprochen.
- Es wird Zeit und Kraft in die persönliche geistliche Entwicklung der Mitarbeiter investiert.
- Die Qualität der Ehen bzw. des Singlelebens der Teammitglieder ist ein wesentlicher Faktor im Gemeindeklima.

Berufliche Leistung und persönliches Glaubenswachstum sind untrennbar.

Wie unsere Mitarbeiter ihren Aufgaben nachkommen, ist wichtig. Ob haupt- oder ehrenamtlich, jeder steht an seinem Platz, um eine Aufgabe zu erfüllen, und zwar so gut wie nur irgend möglich. In einer emotional gesunden Gemeindekultur wird man über entsprechende Erwartungen offen sprechen und Vereinbarungen treffen. In Mitarbeitergesprächen, in denen es auch darum geht, wie gut jemand die an ihn gestellten Erwartungen erfüllt, reden wir offen, respektvoll und direkt miteinander. Aber das ist noch nicht genug.

Wichtig ist auch, wie unsere Mitarbeiter für ihr geistliches Leben sorgen. Die Frage hier lautet: *Wie* wichtig ist das? In einem emotional gesunden Team heißt die Antwort: *Sehr wichtig!* Denn ein gesundes, sich vertiefendes geistliches Leben ist untrennbar verbunden mit der beruflichen bzw. ehrenamtlichen Leistung. In vielen Gemeinden ist man sich zwar einig, welche Grenzen nicht überschritten werden dürfen (Stehlen, Lügen, Streitsucht, fragwürdige persönliche Lebensführung usw.). Leider bleiben die Erwartungen und die Standards für geistliche Reife dagegen meist oberflächlich und unklar. Vielleicht kommt Ihnen manches in den folgenden Beispielen bekannt vor, wie Gruppen- oder Teamleiter auf schwierige Situationen reagieren:

- „Jakob? Oh, bei dem muss man wirklich aufpassen, was man sagt. Er ist so empfindlich. Und der leiseste Hauch von Kritik an seiner Jungschararbeit könnte bedeuten, dass er alles hinschmeißt. Und dann hätten wir ein noch größeres Problem, weil es keinen Ersatz für ihn gibt …“
- „Mia ist jung, persönlich noch recht unreif und manchmal ziemlich schroff. Ich hab hier und da mal versucht, sie darauf aufmerksam zu machen, aber jetzt habe ich's aufgegeben. Immer wieder verliert sie Leute aus ihrem Team – sie behauptet, weil die nicht wirklich engagiert seien. Ich kann nur hoffen, dass sie

mit der Zeit ein wenig nachsichtiger wird, diplomatischer. Jedenfalls habe ich zurzeit anderes um die Ohren, als mich um dieses Problem zu kümmern. Und was sie online für uns macht, könnte sonst keiner so gut wie sie."

- „Kai – ein fantastischer Jugendleiter. Bloß nicht, wenn es Konflikte gibt. Wenn ihm etwas gegen den Strich geht, kann ich das immer nur an seiner Körpersprache erahnen. Selbst wenn ich ihn ganz direkt frage, rückt er nicht damit heraus, was das Problem ist. Ich werde also weiter zwischen den Zeilen lesen müssen …"

Haben Sie auch Menschen wie Jakob, Mia und Kai in Ihrem Team? Jemanden mit Ecken und Kanten, der immer wieder Probleme macht oder Dinge verkompliziert? Und den Sie entweder ertragen oder für den Sie immer wieder viel Zeit investieren müssen, um die Scherben zu kitten?

Ich kenne solche Menschen. Und wie die meisten Pastoren hatte ich selten die Zeit, mich um diese geschätzten Zeitgenossen so zu kümmern, dass sie selbst in der Lage waren, die ungelösten Selbstwahrnehmungsprobleme oder Familientraumata eigenständig zu bearbeiten, die sich negativ auf unser ganzes Team auswirkten. Kein Wunder – zu Anfang meiner Tätigkeit als Hauptpastor hatte ich das ja selbst auch noch nicht getan. Das Beste, was ich anbieten konnte, waren ein paar rasch hingeworfene Ratschläge: „Versuch bitte, nicht so empfindlich zu sein." – „Ich hab da ein sehr gutes Buch über Konfliktfähigkeit; willst du's vielleicht mal lesen?" – „Du kannst ruhig etwas selbstbewusster sein. Was du sagst, ist wirklich wichtig."

Sie können sich vorstellen, wie hilfreich solche Bemerkungen waren: Sie haben kein einziges Problem gelöst. Ich hatte damals selbst noch nichts in der Hand, um problematischen Mitarbeitern eine Hilfestellung geben zu können, aus emotional unreifem Verhalten oder einer verzerrten Selbstwahrnehmung herauszuwachsen. Und das war ein großes Problem.

Leiter, die selbst kaum emotionale und geistliche Reife aufweisen, werden immer Teams aufbauen, für die und deren Arbeit dasselbe gilt. Das gilt auch dann, wenn die Zahlen wachsen und die Angebote exzellent sind. Wie könnte es auch anders sein? Wie sollen wir die Welt für Christus verändern, wenn wir selbst nicht verändert worden sind? Nein, wenn wir je mit unreifen oder problematischen Mitarbeitern angemessen umgehen wollen, müssen wir uns zuerst einmal um unser eigenes geistliches Wachstum und unsere persönliche Reife kümmern.

Persönliches geistliches Wachstum

Wenn wir für unsere Gemeinde New Life neue Mitarbeiter suchen, lautet die erste Voraussetzung in der Stellenausschreibung immer: „Persönlicher geistlicher Wachstumsweg".

Wir beginnen bei uns selbst. Warum? Weil wir nur dann deutlich machen können, dass berufliche Leistung und persönliches geistliches Wachstum zusammengehören, wenn wir es vorleben. Indem wir unserem eigenen Glaubens- und Persönlichkeitswachstum Priorität zumessen, und zwar Priorität für unsere Leitungsaufgabe, etablieren wir das als Wert in unserer Gemeindekultur und in unserem Team.

Geri und ich nehmen das sehr ernst. Wir haben Coaches und Mentoren. Wir besuchen Seminare, Workshops und Kongresse. Wir lesen unersättlich. Wir bemühen uns, über unseren eigenen Tellerrand (die nordamerikanische Kultur und die evangelikale Subkultur) hinauszuschauen und nehmen gern neue Perspektiven oder Praktiken auf, die uns persönlich und beruflich voranbringen. In unseren fast dreißig Jahren als Gemeindeleiter haben wir dreimal eine Sabbatzeit genommen, eine Auszeit, um uns fortzubilden, persönlich zu wachsen und Gott an den brüchigen Stellen in unserem Leben und in unserem Dienst arbeiten zu lassen. Was wir von Gott hören und erkennen, geben wir gern weiter – in Predigten, Mitarbeiterbesprechungen, privaten Gesprächen oder im Hauskreis. Alles zusammen vermittelt auch anderen den grundlegenden Wert: Du kannst nur als der führen, der du bist. Es ist also kein Egoismus, wenn wir Zeit, Geld und Kraft in unsere persönliche Entwicklung investieren, sondern genau genommen ein Akt des liebevollen Dienstes für unsere Mitarbeiter und unsere Gemeinde.

Geistliches Wachstum der Teammitglieder

Erst wenn wir unsere Arbeit auf der persönlichen Ebene getan haben und tun, können wir uns gezielt auch um offensichtliche Defizite unserer Teammitglieder kümmern. Und das ist kein „Extra" für einen christlichen Leiter, nichts, das man „auch noch" tun könnte, wenn die eigentliche Arbeit erledigt ist. Es gehört zum Kerngeschäft, wenn wir dienende Leiter im Namen Jesu sein wollen.

Ein Beispiel aus der Geschichte von New Life: Phil war seit etwa sechs Monaten bei uns im Team als Leiter der Kleingruppenarbeit. Und eins war bereits deutlich geworden: Phil war konfliktscheu. Das wurde u. a. an folgender Begebenheit deutlich: Ostern hatte bei uns ein großer Taufgottesdienst stattgefunden. Phils Assistentin Myrna war dafür zuständig, die Listen mit den Täuflingen zu schreiben und den Ablauf zu organisieren. Am Ostersamstag erhielt Phil eine Mail von seinem Supervisor: Emily, eine Jugendliche, sollte getauft werden, stand aber nicht auf der Liste und war irgendwie in die Vorbereitungen nicht einbezogen worden. Sie selbst freute sich sehr auf ihre Taufe und hatte auch schon die Familie von weiter her eingeladen. Der Supervisor bat Phil, die Sache in Ordnung zu bringen, damit Emily zu Ostern getauft werden könnte. „Klar, kein Problem", gab Phil zur Antwort.

Aber es war ein Problem. Jener Samstag war nicht nur Phils Sabbattag, sondern zugleich sein erster Hochzeitstag. Phil brauchte fünf Stunden, um alles zu organisieren. Der Sabbat war für ihn ebenso ruiniert wie sein Hochzeitstag. Und für seine Frau auch. Myrna anzurufen, die schließlich für den Fehler verantwortlich gewesen war, kam Phil nicht in den Sinn. Er kümmerte sich selbst um alles. Ostern entschuldigte Myrna sich bei Phil. Der lächelte und sagte: „Schon okay. War ja keine große Sache."

Weil Geri und ich die ganze Angelegenheit mitbekommen hatten, sprachen wir Phil darauf an. Wir machten ihm den Vorschlag, er könne sich bei einer anstehenden Konferenz über emotional gesunde Spiritualität als Fallbeispiel zur Verfügung stellen. Phil war gern einverstanden. Dann arbeiteten wir mit Phil ein Stufenmodell zur Wahrhaftigkeit durch, das ihm helfen könnte, in Zukunft ähnliche Situationen anders zu handhaben.[4]

Erklimmen Sie die Leiter der Wahrhaftigkeit

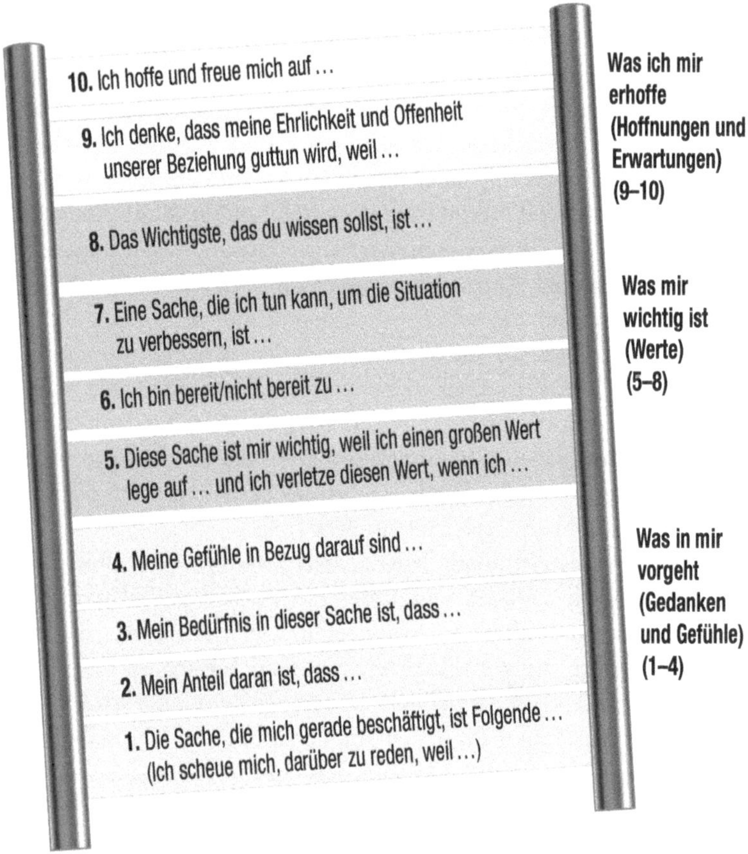

Bleiben Sie auf jeden Fall bei *einem* angesprochenen Problem

Diese Stufen der Wahrhaftigkeit sind ein gutes Hilfsmittel, um in Konfliktsituationen
- zu benennen, was man überhaupt empfindet,
- die eigenen Werte zu erkennen und zu ihnen zu stehen
- und das alles respektvoll und ohne Vorwürfe zu machen.

Das Modell ermöglicht es uns, ehrlich und zugleich transparent zu sein, wenn es darum geht, Konflikte oder Probleme anzusprechen. Phil hat damit gearbeitet und sich auf den Kongress vorbereitet, u. a. dadurch, dass er das Konfliktgespräch mit Myrna einige Male mit mir und Geri durchspielte. Auf dem Kongress – auf der Bühne vor etwa dreihundert Teilnehmern! – sagte Phil dann in etwa Folgendes zu Myrna:

> *Myrna, danke, dass wir dieses Gespräch führen können.*
> *Es geht um die Sache mit dem Tauftermin für Emily. Es hat mich gefreut, dass du dich für deinen Fehler entschuldigt hast. Und ich habe gesagt, es sei schon okay. Ich habe gelogen. Denn es war doch eine große Sache für mich und hat mir meinen Sabbat und Debbie und mir unseren ersten Hochzeitstag verdorben.*
> *Ich erzähle dir das, weil mich daran vor allem eins stört: dass ich nicht ehrlich zu dir war. Das tut mir leid – und hat mich auch erschreckt: dass ich so einfach lügen konnte. Ich habe viel darüber nachgedacht. Und etwas habe ich festgestellt: In meiner Kultur [Phil stammt aus Indien] ist es ein unausgesprochenes Gesetz, dass ein jüngerer Mensch niemals einen Älteren oder einen erfahreneren Kollegen auf einen Fehler aufmerksam macht – selbst wenn der andere einen gemacht hat. Das hat man gefälligst für sich zu behalten. Aber das bedeutet, dass wir lügen – und damit zerstören wir Beziehungen.*

Außerdem bin ich ein Harmonietyp. Ich will, dass du mich magst. Ich hatte Angst, du würdest auf Distanz gehen, wenn ich gesagt hätte, wie viel Arbeit die Sache mir gemacht hat. Wahrhaftigkeit und im Einklang mit mir selbst zu leben, sind hohe Werte für mich. Ich möchte als Leiter authentisch sein. Deshalb noch mal danke, dass ich jetzt offen mit dir darüber sprechen darf.

Ich möchte dir vor allem sagen: Ich respektiere dich und schätze deine Arbeit sehr. Mir ist sehr wichtig, dass du verstehst, wie schwer mir dieses offene Gespräch fällt – Generationen vor mir in meiner Familie und Kultur haben so etwas nie getan. Ich glaube, dass ich es dir jetzt sage, stärkt unsere Beziehung, weil du jetzt weißt, dass ich ehrlich zu dir sein kann. Ich freue mich, weiter mit dir zusammenzuarbeiten. Und ich hoffe, du fühlst dich frei, auch auf mich zuzukommen, wenn es etwas zu klären gibt.

Wie hat Myrna das aufgenommen? Sie hat gelächelt, Phil in die Arme genommen und gesagt: „Danke, Phil." Und das war's.

Vielleicht fragen Sie sich, ob ein so verhältnismäßig geringer Anlass es wert ist, so viel Zeit und Mühe in die Aufarbeitung zu investieren. Darf ich dazu ein paar Gegenfragen stellen? Wo ist Phil in seiner Leitungsaufgabe wohl in einem, drei oder zehn Jahren, wenn er so weitermacht wie bisher, jedem Konflikt aus dem Weg geht und Enttäuschungen und Verletzungen in sich hineinfrisst? Wie werden die Kleingruppen oder anderen Initiativen aussehen, die er aufbaut, wenn er sich seinen eigenen Defiziten nicht stellen kann? Wie wirkt es sich auf seine Beziehung zu Myrna und anderen im Team aus, wenn er sich weiterhin hinter einer freundlichen Fassade versteckt, weil er die Konfrontation scheut? Und wie wirkt sich das alles insgesamt auf die Gemeinde aus?

Jeder einzelne Mitarbeiter in Ihrem Team wird andere Macken und Defizite haben – genau wie Sie selbst. Die einen müssen sich ihrem Schatten stellen. Die anderen müssen an ihrer Selbstwahrnehmung arbeiten. Sie können dazu ermutigen, Tagebuch zu schreiben, sich einen Mentor oder Therapeuten zu suchen, ein Buch zum Thema zu lesen. Wieder andere arbeiten so viel und so perfektionistisch, dass man ihnen nahelegen muss, weniger zu arbeiten und ganz bewusst mehr Zeit mit Gott zu verbringen. Und so weiter.

Entscheidend ist, dass Sie jeden Einzelnen in Ihrem Team mit Ihren Gedanken und im Gebet begleiten. Denn wie für uns alle gilt auch für unsere Mitarbeiter: Jeder kann nur als der Mensch führen, der er *ist.* Niemand kann geben, was er nicht besitzt. Und was wir sind, strahlt aus – positiv wie negativ.

„Elefanten im Raum" werden erkannt und angesprochen

Ein „Elefant im Raum" meint ein unangemessenes oder unreifes Verhalten, das eigentlich unübersehbar ist, aber dennoch nicht erkannt oder nicht angesprochen wird. Manche Teams sind geradezu ein Eldorado für derartige Elefanten. Einige Beispiele:

- Jennys musikalische Begabung ist ein Segen für die ganze Gemeinde. Aber bei den wöchentlichen Planungstreffen des Lobpreisteams ist sie oft distanziert, launisch oder schlecht drauf und lässt deutlich erkennen, dass sie am liebsten gar nicht da wäre. Die anderen im Team bemerken das zwar, aber niemand spricht sie darauf an.
- Rainer ist ein guter Kommunikator. Die Leute mögen ihn. Das Problem ist: Er biegt die Wahrheit gern ein wenig zurecht. Immer wieder übernimmt er Aufgaben, die er dann nicht erledigt. Er übertreibt gern und legt sich die Fakten so zurecht, wie er sie braucht. Die meisten, die mit ihm zu tun haben, tolerieren das inzwischen mit der Begründung, er sei eben der visionäre Typ, das müsse man ihm nachsehen.
- Patrick verwaltet unser Budget seit zehn Jahren zuverlässig. Aber in anderen Arbeitsbereichen, für die er auch zuständig ist, lässt er die Dinge schleifen. Er ist sehr kritisch gegenüber ande-

ren, besonders neuen Mitarbeitern, die keine so lange Verbindung zur Gemeinde haben wie er. Die Gemeinde wächst und verändert sich, Patrick nicht. Sein Supervisor weiß nicht, wie er die Sache ansprechen soll – aber auch nicht, was er mit den vielen Beschwerden von Leuten machen soll, die Patrick eigentlich unterstützen sollte. Jahr für Jahr sitzt der Elefant ungestört weiter im Raum.

Es ist in kirchlichen Kreisen weit verbreitet, derartige Verhaltensweisen einfach zu ignorieren. Und wenn ich dann andeute, dass es zur Aufgabe der Gemeindeleitung bzw. des Pastors gehört, so etwas anzusprechen, ernte ich ungläubige Blicke. „Pete, weißt du, was passiert, wenn ich mich um jeden solchen ‚Elefanten' kümmern würde? Ich wäre bald mein halbes Team los. Und ich hätte für nichts anderes mehr Zeit."

Natürlich ist jede Situation anders. Jeder muss für sich im Gebet Klarheit suchen und dann Prioritäten setzen, wie er vorgehen will. Als mir klar wurde, dass ich die Gemeindekultur in New Life anders steuern und prägen musste, habe ich das getan. Denn eins ist sicher: Elefanten verschwinden nicht von selbst. Eher futtern sie sich am Schweigen noch fetter und wachsen sich mit der Zeit zu krisenbeladenen Monsterelefanten aus. Ich weiß das. Ich habe unzählige Elefanten ignoriert – und einen hohen Preis dafür bezahlt.

Viele Jahre hatte ich keinen Blick dafür, dass ich als leitender Pastor sozusagen der Hüter der Werte von New Life bin. Ich wusste nicht mal, dass wir eine Gemeindekultur hatten. Ich fühlte mich diesen Problemen nicht gewachsen und hoffte, irgendjemand anders würde sich schon darum kümmern. Ich ging irrigerweise davon aus, dass unser Team, Ehrenamtliche wie Hauptamtliche, unser Gemeindevorstand und die wichtigsten Freiwilligen automatisch „schon alles richtig machen". Wenn jemand aus der Rolle fiel oder unangenehm auffiel, war ich überrascht und verärgert. Aber was hatte ich erwartet? Natürlich brachten sie ihre Ecken und Kanten und Defizite mit, wenn sie zu uns kamen! Sie kannten ja nichts anderes.

Je mehr Leitungsverantwortung wir tragen, umso mehr persönliche Integrität ist dafür erforderlich. Wenn Menschen immer mehr Verantwortung übernehmen und mehr Einfluss gewinnen, ist es unvermeidlich, dass unbearbeitete Probleme in ihrem persönlichen Leben zutage treten. Übernommene, unreife Verhaltensmuster aus der Ursprungsfamilie, Autoritätskonflikte, Traumata, falsche Denkvoraussetzungen – das alles offenbart sich irgendwann.

Mit dem Ziel, unwillkommene Elefanten aus New Life zu verbannen und eine neue Gemeindekultur zu etablieren, entwickelten Geri und ich einige praktische Kenntnisse und Fähigkeiten für die Leitung der Gemeinde. Die Formel war einfach: Neue Fertigkeiten + neue Sprache + bewusste Umsetzung = verwandelte Gemeinde.

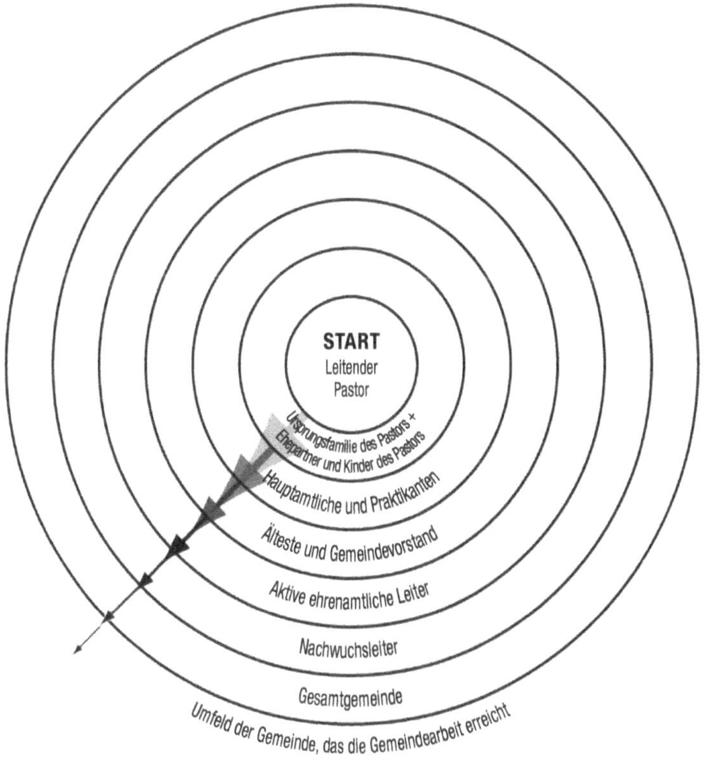

Worum es uns ging: Wir wollten Menschen konkrete Hilfsmittel an die Hand geben, um als Familie Jesu miteinander zu leben, und zwar liebevoll. Und die Veränderung musste im Leitungsteam beginnen. Die acht Fertigkeiten, die wir zusammenstellten, nannten wir „Basiskompetenzen für ein gelingendes Miteinander". Sie mögen einfach klingen, aber das täuscht. Jeder einzelne Baustein ruht auf einem soliden theologischen Fundament und umfasst etliche Bedeutungsschichten und Praxisebenen. Hier sind sie:

1. Das Kommunikationsrad
2. Keine Vermutungen anstellen
3. Erwartungen klären
4. Familienmuster erkennen
5. Den Eisberg entdecken
6. Einfühlsam zuhören
7. Wahrhaftig sein
8. Konstruktiv streiten

Diese acht Basiskompetenzen haben uns einen gemeinsamen Boden gegeben, auf dem wir die Elefanten ansprechen und uns mit den Schwierigkeiten auseinandersetzen können, die sie üblicherweise verursachen. Die Basiskompetenzen umzusetzen, hat uns auch geholfen, ein neues Vokabular zu entwickeln. Zwei einfache, aber entscheidende neue Begriffe haben wir in unserer Gemeindekultur etabliert: *Fragen der Verwunderung* und *Kritik und Lösungsvorschläge*. Lassen Sie mich illustrieren, was das ist.

Wenn *ich mich etwas frage,* vermeide ich Vermutungen und negative Interpretationen. Statt zum Beispiel zu sagen: „Warum hast du die Küche so chaotisch hinterlassen?", könnte ich auch sagen: „Ich frage mich, warum du wohl die Küche nicht aufgeräumt hast." Statt „Du hättest aber schneller auf meine Mail antworten können", kann ich sagen: „Ich frage mich, warum du erst so spät auf meine Mail geantwortet hast." Die Formulierung *Ich frage mich …* drückt aus, dass ich den Grund nicht kenne. Sie hilft dabei, nicht zu vorschnellen Schlussfolgerungen zu kommen.

Eine weitere Strategie, die wir in New Life kultivieren, ist *Kritik und Lösungsvorschläge.* Sie hilft, unerwünschtes Verhalten anzusprechen, ohne zu verurteilen oder Vorwürfe zu machen – und zugleich Kommunikationsmuster zu *ver*lernen, die die meisten von uns aus ihren Ursprungsfamilien übernommen haben. Bei „Kritik und Lösungsvorschläge" verwenden wir die Formulierungen: *Mir ist aufgefallen, dass ...* und *Mir wäre es lieber, wenn ...* Statt zu sagen: „Du bist zu unserem Termin zu spät gekommen. Wenn du nicht pünktlich bist, kann ich nicht mehr mit dir arbeiten", könnte ich sagen: „Mir ist aufgefallen, dass du zwanzig Minuten später gekommen bist als vereinbart. Es wäre mir lieber, wenn du anrufst und Bescheid sagst, dass es später wird, dann kann ich mich terminlich darauf einstellen."

Es klingt vielleicht simpel, aber diese einfachen Formulierungen wirken wie Stützräder für die Kommunikation. Sie helfen uns, uns die kleinen Irritationen und Ärgernisse bewusst zu machen, die jeder Tag mit sich bringt, und verantwortlich damit umzugehen.[5]

Wie kann es konkret aussehen, wenn wir bewusst die „Elefanten im Raum" ansprechen, und zwar so, dass es der Persönlichkeitsreifung und dem Glaubenswachstum aller Beteiligten dient? Zwei Beispiele:

Steve. Geri und ich saßen mit Steve, einem unserer Hauskreisleiter, zusammen. Er erzählte von einer guten Präsentation, die er in seinem Job abgeliefert hatte, und dass sein Chef sich hinterher per Mail bei allen im Team bedankt hatte, nur nicht bei Steve. „Ich weiß, er hat mich auf dem Kieker", sagte Steve merklich verärgert.

„Weißt du das ganz sicher?", fragte Geri. „Hat er etwas in der Richtung zu dir gesagt?"

Dann sprachen wir über eine weitere Strategie emotional gesunder Kommunikation: *Keine Vermutungen anstellen.* Ich demonstrierte Steve im Rollenspiel, welche falschen Interpretationen hier möglicherweise im Spiel waren. Und ich zeigte auch eine mögliche Reaktion auf: Steve könnte zu seinem Chef gehen und sagen: „Mr. XY, da gibt es etwas, das ich nicht recht zu deuten weiß. Sie haben allen Ihren Dank für die Präsentation ausgesprochen, nur mir nicht.

Ich hatte allerdings den Eindruck, Sie waren recht angetan. Habe ich irgendetwas vergessen oder übersehen?“

Andy. Andy gehört zum Lobpreisteam seiner Gemeinde. Er hatte sich beim Pastor der Gemeinde beschwert, dass die Probe eine halbe Stunde länger gedauert hatte als vereinbart, weil zwischendurch so viel herumgealbert worden war und der Probenleiter das nicht unterbunden hatte. Der Probenleiter hatte Andys Missstimmung bemerkt und ihn ein paar Tage später darauf angesprochen: „Hi, Andy, was war denn neulich in der Probe los? Du warst hinterher so schnell verschwunden.“ Andy hatte geantwortet: „Ach nichts, ich hatte Rückenschmerzen. Ich wollte einfach schnell nach Hause.“ Das Problem war nur: Andy hatte gar keine Rückenschmerzen gehabt.

Der Pastor hat Andy auf den Vorfall angesprochen, sehr darauf bedacht, nicht vorschnell zu urteilen oder Andy zu beschämen. „Andy“, sagte er, „ich bin ein wenig neugierig. Ich hab gehört, wie du neulich zu XY von deinen Rückenschmerzen gesprochen hast. Ist das so? Du hast doch noch am Abend vorher mit dem Gemeindeteam Basketball gespielt.“

Es folgte ein sehr tief greifendes Gespräch, in dem Andy bewusst wurde, dass er schnell mal die Wahrheit verdreht, um Auseinandersetzungen zu vermeiden. Gemeinsam mit dem Pastor kam er einigen irrigen Annahmen über „Nett sein in der Gemeinde“ auf die Spur.

Es sind manchmal nur solche Kleinigkeiten. Aber wir haben immer wieder erlebt, dass es ermutigende Kreise zieht, wenn wir diese scheinbaren Belanglosigkeiten nicht übergehen, sondern ansprechen. Nach und nach prägt eine neue, offenere Kommunikation die gesamte Gemeindekultur positiv.

„Alle Wege führen nach Rom“, sagt der Volksmund. Ein weises Sprichwort. Wie die Speichen eines Rads um die Nabe geordnet sind, so führte das römische Straßennetz Reisende unweigerlich nach Rom. Ganz ähnlich ist es mit den kleinen, scheinbar oberflächlichen Problemen unseres Lebens. Letzen Endes führen sie uns zu tiefer liegenden Problemen in unserem Verhältnis zu uns selbst oder zu anderen. Deshalb lohnt es sich, an solchen „Kleinigkeiten“ zu arbeiten. Wenn man die kleinen Dinge gründlich angeht, wird auch Licht auf die großen Brocken fallen.

Es wird Zeit und Kraft in die persönliche geistliche Entwicklung der Mitarbeiter investiert

Einem emotional gesunden Leiter liegt etwas an der persönlichen Entwicklung seiner Mitarbeiter, nicht nur an ihrer professionellen Qualifikation. Denn eine gereifte und im Glauben gefestigte Persönlichkeit wirkt sich auch auf die Mitarbeit in der Gemeinde (oder in einem Unternehmen) nur positiv aus.

Jesus hat vor großen Menschenmengen gepredigt, aber besonders gewidmet hat er sich einer Kerngruppe von zwölf Jüngern, die dann später die Kultur der jungen Kirche prägten. Als Führungskräfte und Leiter sollten wir von ihm lernen und ganz bewusst einen Teil unserer Energie der gezielten Entwicklung unseres Kernteams widmen. Wir brauchen einen doppelten Fokus – wie Jesus: die Predigt des Evangeliums für das Volk und die persönliche Entwicklung unseres Kernteams. Je nach der Größe unseres Werkes oder unserer Organisation kann dieses „Kernteam“ zwei bis drei oder auch dreißig Menschen umfassen.

Das *Institut für natürliche Gemeindeentwicklung* ist weltweit führend im Blick auf die empirische Erforschung von Prinzipien eines gesunden Gemeindewachstums. Seit Ende der 90er-Jahre hat der internationale Zweig NCD (Natural Church Development) mehrere Zehntausend Umfragen in mehr als 70000 Gemeinden in über 70 Ländern durchgeführt. Um festzustellen, wie stabil und gesund eine Gemeinde ist, befragt NCD immer nur eine Kerngruppe von dreißig Personen – egal, wie groß die Gemeinde ist.[6] Die Personen in dieser Kerngruppe müssen drei Kriterien erfüllen: 1. Sie müssen zu einer Gemeindegruppe gehören (Chor, Hauskreis, Basarteam, Männertreff usw.). 2. Sie müssen aktiv an der Gemeindearbeit beteiligt sein (d. h. die Gruppe trifft sich nicht nur zum geselligen Beisammensein). 3. Sie müssen hinter den Inhalten und Zielen der Gemeinde stehen. Manchmal fragen Gemeindeleiter, ob sie nicht auch mehr als dreißig Mitglieder befragen können. Hier ist die Antwort von NCD:

> *Ja, das ist möglich, aber wir empfehlen es nicht. Man braucht nicht mehr als dreißig Personen für ein statistisch akkurates Ergebnis. Wir raten eher dazu, Zeit zu investieren, um die Liste der möglichen Teilnehmer auf dreißig zu reduzieren: Menschen, die die genannten Kriterien erfüllen, oder Personen, deren Meinung der Gemeindeleitung vor allem wichtig ist, oder Gemeindeglieder mit dem größten Einfluss auf das Gemeindeleben. Damit hat man eine repräsentative Gewebeprobe vom Herzen des ganzen Organismus.*[7]

Auch für eine zweite Befragung, wenn man Ergebnisse eines Veränderungsprozesses evaluieren will, werden 30 Personen (eventuell andere) aus der Kerngruppe befragt, auf die die oben genannten Kriterien zutreffen. Warum? Weil das die Personen sind, die die gesamte Gemeindekultur mit ihren Werten, ihrem Verhalten und ihrer Spiritualität prägen.

Auch in New Life konzentrieren wir uns auf einen Kern von 30 bis 40 Hauptamtlichen, Ältesten und Leitern von Arbeitsbereichen in der Gemeinde. In dieser Gruppe wollen wir die Prinzipien verankern, die in diesem Buch dargestellt werden. Von dort aus werden sie in die ganze Gemeinde hineingetragen.

Wie sieht es aus, wenn wir als Gemeinde in die geistliche und charakterliche Weiterbildung unserer Mitarbeiter investieren? Oft so, dass wir einen Teil unserer Sitzungszeit entsprechenden Themen widmen oder gemeinsam geistliche Übungen praktizieren. Im letzten Jahr etwa haben wir über die Übung des Tagesrückblicks gesprochen und sie gemeinsam durchgeführt; oder wir sprechen über unsere Erfahrungen mit dem Ruhetag. Wir tauschen uns aus über unsere jeweiligen spezifischen Berufungen und Aufgaben in der Gemeindeleitung. Oder wir informieren uns über neue neurowissenschaftliche Erkenntnisse darüber, wie Menschen sich verändern. Und erst dann widmen wir uns den Themen des Tagesgeschäfts.

Manchmal allerdings braucht es mehr Zeit und persönlichen Einsatz, um jemandem zum nächsten Schritt auf dem Weg seines Persönlichkeitswachstums zu helfen, wie im Fall von Phil, den ich oben beschrieben habe. Persönliche Gespräche, manchmal auch recht schmerzhafte, Mentoring oder Supervision und eine längere Begleitung können dazugehören.

Als Führungskräfte müssen wir jeden Tag Entscheidungen treffen, wie wir mit Ressourcen, Zeit und Kräften am besten umgehen – den eigenen und denen unserer Mitarbeiter oder unserer Organisation. Die Frage, wofür ich Zeit und Kraft investiere, gehört zu den wichtigsten Entscheidungen, die wir treffen. Es gibt keine Abkürzung und kein einfaches Rezept dafür, wie man eine Gemeinde- oder Unternehmenskultur prägt und ein verlässliches und effektives Mitarbeiterteam aufbaut. Aber im Alltag gibt es oft unverhofft Situationen, die sich dazu eignen, wichtige Werte und Prinzipien zu verdeutlichen. Meist erleben wir sie zunächst als schmerzhafte Eingriffe in unser Leben oder unsere innere Welt. Aber wenn wir sie nutzen, können sie wirksame Instrumente der Veränderung werden – für unser Team oder die Kultur der Organisation – und dann lohnen sich Zeit und Kraft, die wir hier investiert haben.

Die Qualität der Ehen bzw. des Singlelebens der Teammitglieder ist ein wesentlicher Faktor im Gemeindeklima

In den meisten beruflichen Kontexten geht es niemanden etwas an, wie es um Ihre Ehe steht oder wie glücklich Sie in Ihrem Singleleben sind. Aber in einer christlichen Organisation oder einer Gemeinde gelten andere Standards. Wir erwarten ein gewisses Maß an moralischem Verhalten und Verlässlichkeit. Außereheliche Affären, Pornosucht oder wechselnde intime Partnerschaften sind ganz klar inakzeptabel.

Wir würden alle sagen, wir glauben an stabile, gesunde Ehen und an gelungenes Leben als Single. Und manch einer wird sogar direkt nachfragen: „Ist zu Hause alles okay? Wie steht es mit deinem Privatleben?“ Aber ich vermute, wir hoffen im Stillen, dass wir ein rasches „Ja, bestens“ zur Antwort bekommen – schließlich haben wir ja noch wichtige Dinge zu erledigen.

Aber wenn wir wirklich davon überzeugt sind, dass christliche Ehen oder ein erfülltes Leben als Single leuchtende Botschaften der Liebe Gottes an diese Welt sind und dass wir das Evangelium nirgends so klar weitergeben können wie dadurch, wie wir unsere jeweilige Ehe- oder Singlesituation gestalten, dann muss uns diese Frage im Blick auf unsere Mitarbeiter bewegen. Deswegen ermutigen wir unsere Leute in New Life, in den regelmäßigen Mitarbeitergesprächen unbedingt auch nach der Ehe oder dem Privatleben des Mitarbeiters zu fragen. Die Antwort darauf offenbart wie ein Röntgenbild den Gesundheitszustand des Lebens und der Qualität der Mitarbeit unseres Gesprächspartners. In zwanzig Jahren hat sich das in jedem denkbaren Arbeitsbereich in der Gemeinde immer wieder bestätigt.

Wir waren auf der Suche nach einem hauptamtlichen Mitarbeiter, der unser Engagement für die Bedürftigen in unserem Stadtviertel organisieren und leiten sollte, nach jemandem, der aus der Wirtschaft kam und aus Überzeugung zu unserer Gemeinde gehörte und in der Nachbarschaft wohnte. Redd, der schon länger Gemeindemitglied war, erschien uns als idealer Kandidat. Also fragten wir ihn, ob er seinen Job als Projektleiter in einer Baufirma aufgeben, ein deutlich niedrigeres Gehalt in Kauf nehmen und hauptamtlich für New Life arbeiten würde. Während des Entscheidungsprozesses machte ich einen Besuch bei Redd und seiner Frau, vor allem, um die Perspektive seiner Frau Aya zu der möglichen Veränderung zu erfahren. Gegen Ende des Besuchs zeichnete sich ab, dass Redd unsere Anfrage wohl positiv beantworten würde. Das war der Moment, um ihm eine unserer Bedingungen mitzuteilen: Der Ehepartner muss sich geliebt fühlen.

„Redd“, sagte ich, „es ist ziemlich schwer, bei New Life rauszufliegen. Aber es gibt eine Sache, die todsicher dazu führen würde:

Wenn du zu viel arbeitest und Aya sich vernachlässigt fühlt, dann schmeißen wir dich raus."

Aya lächelte.

Redd sah mich ungläubig an.

„Ich meine es absolut ernst", fuhr ich fort. „Wir werden dich feuern. Der Job wird dich fordern, sehr fordern. Aber wir wollen, dass die Leute, die für uns arbeiten, ihre Ehe als Basis für ihr berufliches Engagement verstehen. Eine Ehe ist ein sprechendes Zeugnis der Liebe Gottes zu dieser Welt – und das soll sie wirklich sein. Deshalb werden wir nachfragen, bei dir, Redd, und auch bei Aya, ob deine Arbeit bei uns eurer Ehe dient oder ihr schadet."

Redd lachte. Dann sagte er: „Das läuft bei euch wirklich ganz anders als in der Wirtschaft."

Dieses Gespräch habe ich geführt, weil ich von einem überzeugt bin: Emotional gesunde Organisationen fußen darauf, dass ihre Mitarbeiter in ihrer Ehe oder ihrem Privatleben als Single glücklich und gesund sind. Paulus wusste, dass jemand in leitender Position keine gesunde Gemeinde aufbauen kann, wenn das eigene Leben nicht in Ordnung ist (1 Tim 3,8). Ich frage unsere Singlemitarbeiter, ob sie dafür sorgen, dass sie ausreichend Zeit haben für gute private Beziehungen. Und ich frage das mit demselben Ernst, wie ich verheiratete Mitarbeiter frage, ob sie sich genug Zeit für ihren Ehepartner nehmen. Ich interessiere mich für Hobbys, Interessen und was jemandem Freude macht. Ich verteidige den Ruhetag und einen guten Rhythmus von Arbeit und Freizeit für unsere Singles im Team ebenso nachdrücklich, wie ich es für die Mitarbeiter mit Familie tue.

Als Geri und ich Gott vor zwanzig Jahren erlaubten, unsere Ehe komplett neu zu gestalten, ging es uns nicht darum, New Life zu verändern. Wir haben einfach so gut wir konnten versucht, neue Wege zu lernen, um Meinungsverschiedenheiten auszutragen, eigene Positionen zu vertreten, unsere Reaktionen zu verstehen und besser damit umzugehen, empathisch, aber zugleich uns selbst treu zu sein, und ehrlich und respektvoll miteinander zu reden – um nur ein paar Dinge zu nennen. Gott hat uns so geführt, dass wir einige negative Erbschaften aus unseren Ursprungsfamilien hinter uns lassen konnten. Wir haben uns verändert – wir haben eine andere Haltung zu uns selbst, zueinander und auch zu Gott gewonnen. Und nach nur wenigen Jahren ist diese grundstürzende Veränderung in unserer Ehe auf die Gemeinde übergeschwappt. Wie auch nicht? Gott hat nicht nur unsere Beziehung und unser Verhalten verändert, sondern auch unser persönliches und geistliches Innenleben. Es war unvermeidlich, dass diese Veränderung auch auf andere Beziehungen und letztlich auf das ganze Umfeld der Gemeinde übergriff.

Wenn ich über dieses Thema spreche – die Bedeutung des persönlichen Lebens als Basis für das berufliche Tun –, höre ich oft Kommentare wie diesen: „Pete, ich weiß, ich muss meine Leute fragen, wie es ihnen mit ihren Aufgaben geht, welche Ziele sie für sich sehen. Aber wie kann ich sie nach ihrer persönlichen Entwicklung fragen? Oder gar nach ihrer geistlichen Entwicklung?" Meine Antwort lautet: „Wie kannst du es nicht tun? Es gibt keinen besseren Weg, um dem Ziel zu dienen, das Gott schließlich mit uns verfolgt: Menschen zu verändern. Wie kann dein Team andere zu einem Leben mit Jesus einladen, das sie selbst nicht leben? Jesus hat auch gewusst, dass er dieses langwierige und mühsame Bemühen um seine Jünger nicht einfach übergehen konnte."

Vier Fragen, die Sie sich stellen sollten

Die folgenden Fragen können Ihnen helfen, für sich selbst eine Standortbestimmung vorzunehmen: Wo stehe ich in meiner Leitungsaufgabe im Hinblick auf die Kultur meiner Organisation und auf die Teamentwicklung? Sie können die Fragen aber auch adaptieren oder weiterentwickeln und als Grundlage für ein Gespräch mit Ihrem Team über diese Themen verwenden.

- **Sich dem Schatten stellen.** Wie gut kenne ich meinen Schatten? Gut genug, dass er die Kultur, die ich in unserem Team prägen möchte, nicht negativ beeinflusst? Habe ich in letzter Zeit eine

Situation erlebt, in der mein Verhalten nicht optimal war? Wie hätte ich besser, erwachsener reagieren können? Wer könnte mir in dieser Hinsicht als Spiegel für eigene blinde Flecken und Empfindlichkeiten dienen? Wen könnte ich darum bitten?

- **Führen aus einer guten Ehe oder einem erfüllten Singleleben.** Verstehe ich meine Ehe oder mein Leben als Single als Modell für den Aufbau einer emotional gesunden Kultur und eines gesunden Teams? Sorge ich dafür, dass mein privates Leben ein solches Modell mit Ausstrahlung ist? Wie schütze ich die Freiräume, die nötig sind, damit ich in meiner Ehe oder in meinem Singleleben zufrieden und erfüllt leben kann? Für Verheiratete: Was, würde mein Ehepartner sagen, ist die größte Herausforderung in unserer Ehe? Für Singles: Was würden meine besten Freunde als größte Herausforderung für mich als Single betrachten? Was würde ich sagen?
- **Der Liebe Gottes Raum geben.** In welchem Maß speist sich mein Einsatz für eine emotional gesunde Gemeindekultur und für die Teamentwicklung aus meinem „Sein vor Gott"? Ein wenig? Völlig? Überhaupt nicht? Welche geistlichen Übungen helfen mir zurzeit vor allem, mein Leben zu entschleunigen? Welche Ressourcen, die mich in meiner Beziehung zu Jesus voranbringen, könnte ich meinem Team weitergeben? Gibt es Dinge, die ich vielleicht ändern sollte, damit genug Raum bleibt für die Verbindung zu Gott? Worauf weist Gott mich hier vielleicht hin? Und wie kann es diesen Raum auch für mein Team geben?
- **Den Ruhetag feiern.** Wie gestalte ich meinen Arbeits-und-Ruhe-Rhythmus so, dass er etwas davon ausstrahlt, was wir uns für unser Miteinander in der Gemeinde auch wünschen? Was ist für mich besonders erholsam, was macht mir am Sabbat am meisten Freude? Und wie könnte ich diese Werte in meinem Team verankern? Was ist die größte Herausforderung für mich, um den Ruhetag wirklich zu genießen? Könnte das auch für andere im Team ein Problem sein oder haben sie ähnliche Schwierigkeiten zu überwinden? Ist mein Rhythmus von Arbeit

und Spiel ausgewogen? Ist er das bei meinen Mitarbeitern? Wie könnte ich helfen, dass es so wird?

Ich hoffe, dieses Kapitel hat Ihnen einen Eindruck verschafft, welche Auswirkungen es hat, wenn wir Zeit, Kraft und Mittel investieren, um eine emotional gesunde Gemeindekultur und ein ebensolches Team aufzubauen. Aber täuschen Sie sich nicht. Wenn wir uns auf diese Art von Führungsarbeit einlassen, wird es uns ziemlich ähnlich gehen wie Abraham, der aus seinem Haus, seiner Verwandtschaft, seinem Land fortziehen musste in fremdes Territorium (Gen 12,1). Mit anderen Worten: Wir betreten unbekanntes Terrain und das fühlt sich nicht immer behaglich an, zumindest nicht am Anfang. Aber eins ist sicher: Mitten in diesem Neuland wird Gott Ihnen auf unerwartete Weise begegnen und Sie vor Neuanfänge stellen, die Ihnen, Ihrem Team und den Menschen, denen Sie dienen, zum Segen werden.

Machen Sie den Test!

Prüfen Sie, wie gut es Ihnen gelingt, für eine emotional gesunde Gemeindekultur und Teamentwicklung zu sorgen. Selbsteinschätzungstest und Auswertung finden Sie unter: www.glaubensriesen.de → für Leiter

8

Macht und gesunde Grenzen

Die schmerzhaftesten Lektionen, die ich in meinen jetzt 35 Jahren als Gemeindeleiter zu lernen hatte, hatten mit dem Umgang mit Macht und der Frage zu tun, wie man gesunde Grenzen setzt. Wie man sicher die Klippen umschifft, die eine Machtposition mit sich bringt, das ist der wahre Test für den eigenen Charakter und die eigene Führungsfähigkeit. Und besonders in christlichen Kreisen reden wir nicht gern davon, welches Minenfeld die Ausübung von Autorität und Macht umgibt – wenn wir überhaupt erkennen, dass es so ist. Aber dieses Schweigen hat das Potenzial, nicht nur die Früchte lebenslanger Arbeit zu verderben, sondern auch die gesamte Organisation auf Jahre hinaus zu destabilisieren. Die gute Nachricht lautet jedoch: Wir können *lernen*, verantwortlich mit Macht umzugehen und kluge und gesunde Grenzen zu setzen.

Und wer hat dich hier zum Bestimmer gemacht?

Als wir New Life gegründet haben, bestand die Gemeinde im Wesentlichen aus jungen Familien in den Zwanzigern, die die gemeinsame Vision hatten, nach dem Modell von Apostelgeschichte 2 als Gemeinde zusammenzuleben. Viele zogen bewusst in die Nachbarschaft. Unsere Kinder spielten zusammen. Wir teilten unser Leben, unsere Wohnungen, unsere Zeit und manchmal auch unser Geld. Ich war zwar der leitende Pastor der Gemeinde, aber ich sah mich selbst nicht unbedingt in dieser Rolle. Für mich waren wir einfach Freunde, Mitarbeiter im Reich Gottes, die Gott gemeinsam in ein spannendes Abenteuer verwickelt hatte.

Ein paar Jahre lang war das auch kein Problem. Aber dann zeigten sich erste Risse. Ein solcher Riss war eine Meinungsverschiedenheit zwischen mir und Felipe, einem unserer wichtigsten Bereichsleiter. Wir hatten unterschiedliche Vorstellungen von der künftigen Ausrichtung und Strategie der Gemeinde. Felipe hatte die Vision von kleinen Hauskirchen, die durch ihr gemeinsames Leben ein prophetisches Zeugnis für Christus sein würden. Wenn er davon sprach, war ich fasziniert. Aber zugleich hatte ich meine eigene Vision für unsere Gemeinde. Natürlich waren Kleingruppen wichtig, aber was ich vor allem wollte, war ein Sonntagsgottesdienst als Zentrum des Gemeindelebens, der nicht nur Anlaufstelle für Glaubende sein sollte, sondern auch ein sicherer Hafen für Menschen, die noch auf der Suche waren. Felipe und ich hatten dasselbe Ziel – wir wollten Reich Gottes bauen –, aber wir hatten unterschiedliche Visionen und verfolgten unterschiedliche Strategien, um dieses Ziel zu erreichen.

„Woher nimmst du dir eigentlich das Recht zu entscheiden, welche Richtung New Life nehmen soll?“, fragte Felipe schließlich während einer Teamsitzung. „Wir haben schließlich alle unser Leben in die Gemeinde investiert.“ Es verschlug mir die Sprache.

„Wir sind alle Glieder an einem Leib. Alle gleich wertvoll. Jeder leistet seinen Beitrag“, fuhr er fort. „Wir sind eine Familie. Wer gibt dir das Recht, einseitig diese Entscheidung für uns alle zu treffen?“

„Na ja, ich bin der Pastor“, sagte ich lahm. Meine Worte fühlten sich hohl an.

„Ich glaub's nicht!“, rief Felipe. „In all den Jahren hast du noch nie die Autoritätskarte gezückt. Und ausgerechnet jetzt kommst du damit an? Wow.“ Er starrte an die Wand, in die Augen sehen konnte er mir nicht. „Das ist echt traurig.“

Ich hatte nichts zu erwidern. Er hatte recht. Meine Führungsstrategie war unklar und verwirrend.

Das Ende der Geschichte war: Wir trennten uns. Felipe gründete eine dynamische Hauskirche. New Life kaufte ein Gemeindezentrum und wuchs weiter. Aber es brauchte Jahre, bis der Riss geheilt war, der in unserer Beziehung entstanden war. Für mich war alles nichts weiter als eine sehr unglückliche persönliche Meinungsverschiedenheit. Über die theologischen Fragen oder Probleme mit meinem Führungsstil, die die Sache aufwarf, machte ich mir kaum Gedanken.

Zehn Jahre später kam die Machtfrage wieder auf den Tisch und ich fand mich aufs Neue an einem Scheideweg. Geri und ich waren mit ein paar Familien aus der Gemeinde persönlich befreundet. Wir gingen zusammen ins Kino, fuhren gemeinsam in den Urlaub und Mitglieder dieser Familien gehörten auch zum Leitungsteam – die meisten als ehrenamtliche, zwei aber auch als bezahlte Mitarbeiter. Wie Felipe waren es alles gestandene Christen, die für unsere gemeinsamen Werte standen – Menschen, die ich zutiefst respektierte und liebte.

Im Lauf der Jahre war die Gemeinde langsam, aber kontinuierlich gewachsen. Statt der ursprünglichen Gründungsfamilien, die mehr oder weniger gleichrangig operierten, hatten wir inzwischen eine Gemeindestruktur mit Ältestenrat, Geschäftsführung, pastoralem Mitarbeiterteam und Personalausschuss. Einflussreiche Positionen nahmen inzwischen andere ein als die Gründungsmitglieder. Und das brachte es mit sich, dass meine Kommunikation mit den alten Freunden sich veränderte. Wenn wir privat zusammen waren, etwa zum Grillen oder im Urlaub, achtete ich mehr darauf, welche Einzelheiten aus der Gemeinde ich ansprach und was ich für mich behielt.

Natürlich blieb es meinen Freunden nicht verborgen, dass ich ihnen manche Informationen vorenthielt. Das brachte eine gewisse Spannung in unsere Beziehungen. Sie empfanden mich als distanziert. Als es schließlich intensive Diskussionen mit unserem Personalausschuss über den langfristigen Personalbedarf der Gemeinde gab, wusste ich, dass ich ein großes Problem hatte. Die Beziehungen zu meinen Freunden, die gleichzeitig bei New Life angestellt waren, waren kompliziert und so vielschichtig verflochten, dass ich unmöglich noch objektiv beurteilen konnte, welche Gaben und Fähigkeiten sie mitbrachten und ob sie noch am richtigen Platz in der Gemeinde waren. Andere im Personalausschuss erkannten, wie sensibel das Thema war, und hielten sich dementsprechend zurück. Ich fühlte mich so zerrissen und verstrickt, dass ich keine Worte dafür fand.

Ich überlegte, die Leitung der Gemeinde abzugeben. Mir war klar: Dass ich zugleich Vorgesetzter und Freund war, brachte mich in ein schreckliches Dilemma. Ich ging davon aus, dass wir eine unausgesprochene Vereinbarung hatten: Ein Freund, der bei New Life angestellt war, war das auf Lebenszeit – es sei denn, es gäbe ein moralisches oder ethisches Problem. Andererseits war ich dem Vorstand gegenüber dafür verantwortlich, mit unseren Ressourcen klug umzugehen. Und das bedeutete auch, dass ich Leute anstellte, die unsere Ziele effektiv voranbringen konnten.

Nach zahllosen schlaflosen Nächten entschied ich mich schließlich, diese unausgesprochene Regel zu brechen und einigen Freunden ihre hauptamtliche Mitarbeit zu kündigen. Ich glaube zwar, dass daraus letztlich etwas Gutes erwachsen ist; aber wie ich die Sache anging, war nicht gut. Ich handelte aus Verwirrung und Sorge. Im Rückblick ist es mir peinlich. Ich hatte ein völlig ungenügendes Verständnis dafür, wie Macht oder Autorität Beziehungen beeinträchtigt; und auch davon, wie nötig es ist, gesunde Grenzen zu ziehen, verstand ich erschreckend wenig. Ich versuchte, gleichzeitig ein guter Freund und ein guter „Boss“ zu sein; aber ich war weder das eine noch das andere.

Es war eine Verlustgeschichte. Die Gemeinde verlor an Vertrauen – nicht nur vonseiten derer, die ihre Jobs verloren, sondern auch im ganzen früheren Freundeskreis. Ich verlor etliche Beziehungen, die mir viel bedeuteten und in die ich jahrelang investiert hatte. Bis heute betrachte ich diese Angelegenheit als mein größtes Versagen in sechsundzwanzig Jahren als Gemeindeleiter. Und doch hat Gott die Situation gebraucht, um mich Neues zu lehren – offen gesagt, habe ich mehr gelernt, als mir lieb war: über das Wesen einer Gemeinde und einer Gemeinschaft, über angemessenen Umgang mit Macht und darüber, wie wichtig es ist, klare und gesunde Grenzen zu ziehen.

Fast jede Gemeinde oder kirchliche Organisation, die ich kenne, trägt tiefe Narben, die auf demselben Problem beruhen: einem unklugen Umgang mit Autorität. Eine Gemeinde ist ein fragiles, komplexes und vielschichtiges System. Sie ist eine Gemeinschaft, eine Familie, eine gemeinnützige Organisation. Sie ist zugleich ein Wirtschaftsbetrieb.

Im Folgenden kann ich die Frage nach einem klugen Umgang mit Macht und Autorität in einer Führungsrolle nicht annähernd umfassend behandeln. Aber ich hoffe, ich kann einige wenige Erkenntnisse weitergeben, einige Goldstücke aus meiner eigenen Erfahrung, die ich selbst gern früher verstanden hätte.

Was ist Macht im christlichen Kontext?

Die einfachste und eleganteste Beschreibung von Macht, die ich kenne, lautet: *Macht ist die Fähigkeit, Einfluss zu nehmen.*

> *[Macht] ist das, wodurch wir bewirken, dass etwas geschieht oder nicht geschieht. In diesem Sinn verfügt jeder Mensch über Macht, aber nicht alle im selben Ausmaß. Macht als Einfluss ist immer relativ zu unseren Ressourcen. Es gehört zu den wichtigsten Aspekten einer Selbstprüfung, die Quellen unserer Macht zu benennen. Denn wir stehen dann am meisten in Gefahr, uns ethisch danebenzubenehmen, wenn wir unsere Macht ignorieren oder bagatellisieren.*[1]

An dieser Definition überzeugt mich besonders die Feststellung: Eigentlich ist jeder ein Leiter. Jeder hat – mehr oder weniger – Einfluss; das bedeutet: Jeder verfügt über Macht. Und wir alle nutzen unsere Macht – gut oder weniger gut, zum Guten oder zum Bösen.

Das eigentliche Problem: Nur wenige Leiter sind sich über das Wesen ihrer gottgegebenen Macht im Klaren. Und noch weniger machen sich überhaupt Gedanken darüber. Das Ergebnis sind zwei Fehlformen von Machtgebrauch: aggressiver Machtmissbrauch und Tolerieren eines Machtvakuums.

Manche gebrauchen ihre Macht gedankenlos oder auch zum eigenen Vorteil. Sie merken nicht, oder es ist ihnen sogar egal, welche Wirkung das auf andere hat oder wie andere sie sehen. Die Bibel kennt zahlreiche Beispiele dafür, unter anderem Saul und Salomo.

Auf der anderen Seite gibt es Menschen in Leitungsverantwortung, die geradezu davor zurückschrecken, von ihrer Autorität Gebrauch zu machen. Das führt unter Umständen zu einem Machtvakuum, in dem die falschen Leute dann faktisch ihren Einfluss geltend machen können – das Chaos ist vorprogrammiert.

In den vielen Jahren, in denen ich nun schon Menschen in Leitungsverantwortung als Mentor begleite, habe ich erlebt, dass ebenso viel Schaden durch die zweite Gruppe angerichtet wird wie durch die erste: Führungskräfte, die sich mit der Autorität, die sie haben, nicht wohlfühlen. Ihnen erscheint es irgendwie verdächtig, vielleicht sogar unbiblisch, wenn sie die Zügel in die Hand nehmen und sagen, wo's langgeht – denn Macht klingt nach Privilegien, höherem Status, vielleicht nach Hochmut. Auszusprechen, dass sie als Leitende auch Macht ausüben, erscheint ihnen kalt oder distanziert. Und so leugnen sie die Macht, die sie tatsächlich haben. Das Ergebnis: Sie leben in einem Nebel, fühlen sich innerlich ohnmächtig und doch verantwortlich, ihre Macht zu gebrauchen, um andere zu führen.

Lassen Sie mich wiederholen: Wir *alle* haben Macht. Pastoren, Hauskreisleiter, Chorleiter, Kirchenvorstandsmitglieder, Älteste, Spender, langjährige Gemeindeglieder, Eltern, Jungscharleiter … wir alle haben Macht. Nur verstehen wir oft nicht, woher diese Macht kommt oder wie wir sie verantwortlich nutzen. Und das gilt für Leiter, die machtversessen sind, ebenso wie für die, die ihre Macht am liebsten nicht in Anspruch nehmen würden. Sehen wir uns einige entsprechende Beispielsituationen an:

– „Ich predige doch nur alle zwei Wochen", sagt Henry, der Lehrpastor einer großen Gemeinde. „Ich bin doch nicht der Manager der Gemeinde. Ich bin noch nicht mal im Leitungsteam. Da gibt's doch genug Leute mit Einfluss." Henry bleibt im Unklaren darüber, dass seine öffentliche Position in der Gemeinde und seine Redebegabung ihm viel Macht verleihen.

- „Ich werde nicht für diese neue Initiative stimmen", sagt Johanna, Mitglied des Gemeindevorstands, bei einer Gemeindeversammlung. „Ich bin ja schließlich nur eine Stimme. Und jeder muss entscheiden, was er für das Beste hält." Die Diskussion endet und die Gemeinde stimmt ab – gegen den neuen Vorschlag. Johannas Bemerkung zeigt, dass sie sich nicht bewusst ist, welche Macht die Gemeindeglieder ihr geben, weil sie eine gute Bibellehrerin ist und schon lange zur Gemeinde gehört. Sie ist eben nicht nur „eine Stimme"; sie ist eine einflussreiche Stimme.
- „Ich bin zwar die Frau des Pastors, aber ich sage meine Meinung wie jeder andere auch", erklärt Maria. „Da bin ich genau wie alle anderen Gemeindeglieder." Aber als Frau des Gemeindeleiters ist sie eben nicht wie alle anderen. Durch ihre Ehe mit dem Pastor hat sie enormen Einfluss. Übrigens: Nicht selten ist die Macht des Ehepartners des Pastors hinter den Kulissen der größte Elefant im Raum.

Wenn wir verstehen wollen, wie wir Macht ausüben und andere beeinflussen, müssen wir uns darüber klar werden, woher unsere Macht kommt. Jeder Mensch in Leitungsverantwortung sollte die sechs vorrangigen Machtquellen kennen.[2]

Amtsautorität. Diese Art von Macht ist am leichtesten zu erkennen, denn sie ist an eine Position oder einen Titel gebunden. Jemand wird mit einer besonderen Aufgabe betraut – er soll Pastor, Direktor, Ältester, Hauskreisleiter, Finanzchef oder Prediger sein. Diese Position bietet ihm zugleich eine Bühne, auf der er Einfluss auf andere ausübt.

Persönliche Macht. Persönliche Macht gründet darin, was wir aus der einzigartigen Persönlichkeit machen, die Gott uns gegeben hat. Sie speist sich aus unseren Gaben, unserer Persönlichkeit, unserem Wissen, unserer Ausbildung und unseren Kompetenzen. Diese Grundausstattung ist uns zum Teil von Geburt an mitgegeben, zum Teil ist sie eine Folge von Privilegien (etwa einer guten Bildung), oder von einmaligen Gelegenheiten (gute Mentoren, neue Erfahrungen, offene Türen usw.).

„Stellvertreter"-Macht. Sie beruht auf einer Position, in der wir in gewisser Weise für Gott oder in seinem Namen sprechen. Wenn jemand im Namen Gottes oder im Namen der Gemeinde spricht, nehmen die Menschen das anders auf, als wenn jemand seine Privatmeinung kundtut. Als Pastor oder Prediger stehen wir für mehr als nur unsere persönliche Meinung. In diesem Sinn haben christliche Leiter weit mehr Macht als Politiker oder Wirtschaftsbosse und auch mehr als Angehörige helfender Berufe. Wir repräsentieren Gott – auch wenn wir uns dieser Aufgabe vielleicht nicht gewachsen fühlen. Wir dienen den Menschen im Namen Jesu.[3] Und das erwirbt uns bei vielen Menschen ein Vorschussvertrauen.

Projizierte Macht. Das ist Macht, die andere auf uns projizieren. Die Psychologie spricht hier von einem Übertragungsphänomen. Menschen projizieren eigene unerfüllte Bedürfnisse oder ungelöste Probleme auf einen anderen, in der unbewussten Hoffnung, der werde sie lösen. Wenn wir „im Namen Gottes" reden und handeln, müssen wir damit rechnen, dass Menschen ihre ungelösten Abhängigkeitsgefühle, ihre Feindseligkeit, romantische Wünsche oder Zorn auf frühere Autoritätsfiguren auf uns übertragen.[4] Als Faustregel kann gelten: Je unglücklicher jemand ist, umso mehr unsichtbare Macht wird er einer Führungsfigur zuschreiben.

Beziehungsmacht. Unser Einfluss wächst, wenn Menschen uns ihre Ängste und Sorgen, ihre Geheimnisse anvertrauen. Etwas über einen anderen zu wissen, was nur wenige andere auch wissen, ist ein Ausdruck von Intimität. Als Seelsorger begegnen wir Menschen in Situationen, in denen sie sehr verletzlich sind – angesichts des Todes (Verlust von Angehörigen, Selbstmord in der Familie oder auch das Sterben einer Ehe durch Scheidung), an Lebensübergängen (Geburten, Hochzeiten, Pensionierungen) und in Glaubenskrisen (Zweifel, zerbrochene Beziehungen, Seelenfinsternis). Je mehr Menschen wir in solchen Situationen begleiten dürfen, umso mehr wächst unsere Macht.

Kulturelle Macht. Dies umfasst alles von Alter und Rasse bis zu

Geschlecht und ethnischer Zugehörigkeit. In asiatischen und afrikanischen Kulturen verleiht zum Beispiel allein das Alter den Alten in der Gruppe Macht. In den meisten Ländern der Erde haben Männer mehr Macht als Frauen. Je nach geografischem, sozialem und historischem Kontext entscheidet die Hautfarbe darüber, wie viel Macht jemand besitzt.

Egal aus welcher Quelle unsere Macht oder unser Einfluss stammt und wie groß sie ist – Macht ist eine Gabe Gottes. Je mehr Macht wir haben, umso mehr Einfluss haben wir auch auf andere – beabsichtigt oder nicht. Entscheidend ist daher, dass wir verstehen, wie wir diese Macht verantwortungsvoll gebrauchen und wie wir in unseren Beziehungen zu anderen gesunde und klare Grenzen ziehen können.

Kennzeichen für klare Grenzen und einen emotional gesunden Umgang mit Macht

Ein guter Charaktertest besteht darin, wie jemand mit Schwierigkeiten umgeht. Aber der beste Charaktertest für einen Menschen mit Leitungsverantwortung ist, wie er mit Macht umgeht. Wenn wir unsere Macht als Menschen, die im Namen Jesu handeln, gut gebrauchen wollen, müssen wir drei Dinge tun:

- unsere Macht identifizieren und uns aneignen,
- unsere Macht klug ausüben, sodass sie sich anderen *unterordnet,*
- Rollenkonflikte erkennen und gut gestalten.

Unsere Macht identifizieren und uns aneignen

Emotional gesunde Leiter sind sich der Quellen ihrer Macht ebenso deutlich bewusst wie der Nuancen in ihrer Machtausübung. Um dieses Bewusstsein zu schulen, können wir nichts Besseres tun, als klar zu identifizieren, welche Macht genau Gott uns verliehen hat, und uns diese Macht dann auch anzueignen. Mit „aneignen" meine ich nicht nur, dass wir darüber nachdenken, sondern dass wir uns intensiv damit beschäftigen und sie uns wirklich zu eigen machen. Bevor Sie weiterlesen, legen Sie Papier und Stift bereit, damit Sie Ihre Antworten direkt notieren können.

Amtsautorität. Welche Position hat Gott Ihnen anvertraut (Teamleiter, Gemeindeältester, Sonntagsschullehrer …)? Welche Privilegien und Chancen eröffnet Ihnen diese Position?

Persönliche Macht. Welche besonderen Gaben, Fähigkeiten und finanziellen Möglichkeiten hat Gott Ihnen geschenkt? Welche Erfahrungen, welche Ausbildung, Kompetenzen, natürlichen Begabungen und sonstigen Fähigkeiten bringen Sie mit? Was davon verleiht Ihnen Einfluss auf andere? Etwa: Sind Sie introvertiert oder extrovertiert, detailgenau, visionär …?

„Stellvertreter"-Macht. In welcher Hinsicht hat Ihr Tun oder Reden bei anderen in der Gemeinde, am Arbeitsplatz, in ihrer Familie und bei Freunden „heiliges Gewicht"? Inwiefern suchen Menschen bei Ihnen geistlichen Rat? Welche Menschen sehen in Ihnen eine geistliche Autorität, die „im Namen Gottes" spricht?

Projizierte Macht. Welche Einzelpersonen oder Gruppen schreiben Ihnen Macht zu aufgrund Ihrer Leitungsposition? Wie viel dieser zugeschriebenen Macht erwächst aus unbefriedigten Bedürfnissen der anderen? Wer idealisiert Sie womöglich und misst Ihnen mehr Weisheit und geistliche Reife zu, als Sie tatsächlich besitzen?

Beziehungsmacht. Mit wem und seit wann haben Sie eine Beziehungsgeschichte (Menschen, die Sie als Seelsorger, Mentor, Freund … begleiten)? Denken Sie an Einzelne, Familien oder Gruppen. Wie beeinflusst die Verletzlichkeit und das Vertrauen dieser Menschen die Art, wie sie Sie sehen, und ihre Erwartungen an Sie?

Kulturelle Macht. Inwiefern verleihen Ihr Alter, Ihr Geschlecht, Ihre ethnische Zugehörigkeit und andere kulturelle Faktoren Ihnen Macht? Trifft das in gleicher Weise auf alle Gruppen von Menschen zu, mit denen Sie zu tun haben? (Etwa: Menschen aus unterschiedlichen kulturellen Hintergründen behandeln Sie vielleicht unterschiedlich; ältere Menschen respektieren Sie aufgrund Ihrer Position, Jüngere vielleicht nicht unbedingt usw.)?[5]

Nehmen Sie sich ein wenig Zeit, Ihre Antworten zu reflektieren. Was fällt Ihnen besonders auf? Bringen Sie Ihre Ergebnisse ins Gebet. Sie können dafür danken, dass Ihre Machtposition Ihnen viele Chancen eröffnet, im Reich Gottes mitzuarbeiten. Sie können um die Gnade bitten, weise und verantwortlich mit den anvertrauten Gaben und Einflussmöglichkeiten umzugehen.

Unsere Macht klug ausüben, sodass sie sich anderen *unterordnet*

Vor einigen Jahren hatte ich für ein Buchprojekt mehrere Angebote großer Verlage. Ich beriet mich mit meiner Agentin, einer Frau mit mehr als dreißig Jahren Erfahrung in der Branche. Schließlich stellte ich ihr eine für mich wichtige Frage. Ich fragte sie, was ihrer Meinung nach die größte Versuchung sei, vor der ein Autor sich hüten sollte.

„Das kann ich Ihnen sagen", antwortete sie. „*Anspruchsdenken.* Ein bekannter Autor hat großen Einfluss. Und manchen bekommt das schlecht. Sie verändern sich. Sie betreten einen Raum und benehmen sich, als müsse die ganze Welt sich um sie drehen. Mit solchen Leuten zu arbeiten, ist ein einziges Elend."

Die Worte meiner Agentin werde ich nie vergessen. Was sie beschrieb, ist eine Haltung, die ich „Führen durch *Macht über* andere" nenne. Das Gegenteil davon ist erstrebenswert.

Das Gegenteil von Anspruchsdenken ist Dankbarkeit. Ein dankbarer Leiter rechnet sich seine Verdienste nicht selbst zu. Er weiß, dass Gaben und Erfolge Geschenke Gottes sind. Wo die Dankbarkeit schwindet, wächst das Anspruchsdenken.

Die Welt praktiziert eine Strategie der Macht *über* andere durch Dominanz und Konkurrenz, in der es nur Gewinner und Verlierer gibt. Jesus zeigt uns eine Strategie der Macht durch *Unterordnung*, ein Führungsverhalten, das sich durch Demut und hingebungsvollen Dienst auszeichnet. In der Welt, sagt Jesus, führen die Herrscher sich als Herren der Völker auf. Aber „bei euch ist es nicht so ... Wer unter euch groß werden will, soll den anderen dienen“ (Mk 10,42-43). Jesus, der unsichtbare Gott, der alle Dinge in Händen hält – der Allmächtige, Ewige, Unsterbliche, Unendliche –, Jesus wurde Mensch, wurde sterblich, endlich, zeitlich begrenzt. Jesus erwies seine Macht nicht durch Gewalt oder Kontrolle, sondern dadurch, dass er sich entschied, *unter* uns zu leben – ganz wörtlich genommen: uns die Füße zu waschen und für uns zu sterben. „Er, der Gott in allem gleich war und auf einer Stufe mit ihm stand, nutzte seine Macht nicht zu seinem eigenen Vorteil aus. Im Gegenteil: Er verzichtete auf alle seine Vorrechte und stellte sich auf dieselbe Stufe wie ein Diener“ (Phil 2,6-7).

Die Kirche ist kein Unternehmen. Wir sind keine Angestellten, die alles tun, um ihren „Job“ zu erledigen. Die Gemeinde ist nicht unser Familienbetrieb. Nein, wir sind Leib Christi, Tempel Gottes, die neue Familie von Jesus, Braut Christi. Als leitende Mitarbeiter in Kirche und Gemeinde sind wir Verwalter der Macht, die Gott uns für eine kurze Zeit verliehen hat. Ich spreche hier ganz bewusst von der Position des *Verwalters.* Die Kirche gehört Gott, nicht uns. Unsere Macht ist uns *verliehen,* damit wir sie zum Wohl der Menschen einsetzen, als dienende Macht, durch die andere gefördert werden.

Woran erkennen wir, ob wir so im Sinn Jesu mit unserer Macht umgehen? Ein Kennzeichen ist sicher, wenn wir Dinge tun, die für uns schwierig sind, aber jemand anders davon profitiert. Das kann bedeuten, einen Mitarbeiter auf einen blinden Fleck hinzuweisen – niemand führt solche Gespräche gern. Aber dürfen wir einander diesen Dienst schuldig bleiben – auch wenn es ein Risiko für die Beziehung bedeutet?

Ein anderer Gradmesser, an dem ich selbst prüfe, ob ich noch ein dienender Leiter bin, ist die Selbstprüfung. Ich befrage mein Herz, ob ich noch dankbar bin für das Vorrecht, im Namen Jesu reden und handeln zu dürfen und Menschen in seinem Sinn beeinflussen zu können. Und die grellste Warnlampe dafür, dass ich gerade dabei bin, den Weg des dienenden Leitens zu verlassen, ist es, wenn ich es anderen übelnehme, wenn sie mich als den Diener behandeln, der ich doch sein will.[6]

Rollenkonflikte erkennen und gut gestalten

Macht richtig einzusetzen und klare Grenzen in unseren Beziehungen zu ziehen, kann eine komplexe Führungsaufgabe sein, unabhängig von der konkreten Situation. Und wenn es dann in kirchlichen Organisationen noch um die „Stellvertreter"-Macht geht, also um die Ausübung von geistlichem Einfluss, wird die Sache noch komplexer. Vielleicht gibt es keine größere Herausforderung für christliche Leiter als die Gestaltung von Beziehungen mit Familie und engen Freunden, in denen es zu Rollenkonflikten kommen kann.

Rollenkonflikte als besondere Herausforderung

Ein Rollenkonflikt entsteht, wenn wir im Leben eines anderen mehr als nur eine Rolle spielen: wenn der eigene Hausarzt zum Golfpartner wird, wenn ein Pastor ein Familienmitglied in der Gemeinde anstellt, wenn ein Freund auch zum Seelsorger wird usw. Wenn wir professionelle Hilfe etwa bei einem Arzt, Therapeuten, Lehrer oder Coach suchen, dann ist die Beziehung klar abgegrenzt. Wir erwarten eine Dienstleistung und zahlen dafür. Er ist der Experte, ich bin der Kunde. Und wir fahren nicht zusammen in Urlaub. Ich biete auch keinen persönlichen Rat für mögliche Probleme des anderen an. Die Grenzen und Rollenerwartungen sind klar.

Implizit bedeutet das eine Anerkennung der Tatsache, dass in solchen Beziehungen ein Machtgefälle besteht. Der andere ist der Experte. Ich bin Empfänger einer Dienstleistung. Der Experte ist einem bestimmten ethischen und juristischen Kodex verpflichtet. Therapeuten beginnen keine Beziehung mit ihren Klienten. Alles andere wäre Machtmissbrauch.

Ich bin nicht der Meinung, dass es gesund oder biblisch ist zu versuchen, als christliche Führungspersonen jegliche Beziehungen zu vermeiden, in denen es zu Rollenkonflikten kommen könnte. In einer Gemeinde oder einem christlichen Werk rigide professionelle Grenzen zu ziehen, könnte bedeuten, dass wir auch dem, was Gott tun möchte, Grenzen setzen. Aber wenn wir Beziehungen eingehen, die Rollenkonflikte mit sich bringen, müssen sie klug und mit besonderer Sorgfalt gestaltet werden.

Wichtig in derartigen Beziehungen ist vor allem, dass wir die Grenzen der unterschiedlichen Rollen klar definieren. Grenzen sind wichtig; sie helfen uns zu erkennen, wo unser Garten endet und der unseres Nachbarn beginnt. Wenn es klare Grenzen gibt, weiß jeder, wofür er verantwortlich ist und wofür nicht.

Die Verantwortung dafür, gesunde Grenzen zu ziehen, liegt bei dem, der die Leitungsaufgabe hat, nicht bei den Menschen, die ihm untergeordnet sind. Warum? Weil der Leiter die größere Macht hat. Und diese Verantwortung wahrzunehmen, ist alles andere als einfach. Es erfordert Selbsterkenntnis, Voraussicht, die Fähigkeit, klar und offen zu kommunizieren, und ein gesundes Maß an Selbstbewusstsein und persönlicher Reife. Woher ich das weiß? Durch die Fehler, die ich selbst gemacht habe. Jede Menge Fehler. Das folgende Beispiel ist nur eine meiner zahlreichen schmerzhaften Erfahrungen.

Über einige Jahre hinweg hatte ich eine Entwicklung zugelassen, in der ich für unsere Jugendpastorin Joan zu einer Art Ersatzvater geworden war. Geri und ich luden sie an Feiertagen zu uns ein; wir aßen zusammen und wir boten ihr viel Unterstützung, damit sie in ihre Aufgabe hineinwachsen und darin erfolgreich sein konnte. Unsere Töchter liebten und bewunderten Joan. Im Lauf der Zeit wurde ich für sie eine Art Ersatzvater, ihr Pastor, ihr Mentor, ihr Supervisor – alles gleichzeitig. Und Joan war dafür sehr dankbar und hielt unerschütterlich zu mir.

Aber dann kam eine Zeit, in der die Dinge in ihrem persönlichen Leben und in ihrem Gemeindedienst nicht mehr so glatt liefen. Im Gemeindevorstand wurden erste besorgte Stimmen laut. Es entstand eine Situation, in der ich als ihr Supervisor eingreifen musste.

Wenn sie weiterhin für New Life arbeiten wollte, würde Joan einige gravierende Veränderungen in ihrem Leben vornehmen müssen. Mir war zu diesem Zeitpunkt in keiner Weise bewusst, wie unklar und verwickelt unsere Beziehung und unsere Rollenerwartungen geworden waren. Als ich das klärende Gespräch mit Joan führte und Kritik an ihrer Arbeit äußerte, fühlte sie sich verraten und war extrem verletzt. Mein Angebot, sie könne eine andere Aufgabe in der Gemeinde übernehmen, traf auf taube Ohren. Meine Kritik hatte sie zu tief getroffen.

Und ich verstehe auch, warum. Aus ihrer Sicht war ich der wichtigste Unterstützer und Verfechter ihrer Sache; ich war der ältere Mann in ihrem Leben, auf den sie zählen konnte, wenn alles andere schiefging. Ich hatte Zeit und Mühe in sie investiert, bis sie von der Praktikantin zu einer einflussreichen Mitarbeiterin und Leiterin eines wichtigen Arbeitsbereichs geworden war. Ich war der Pastor, der sie ebenso bedingungslos liebte, wie Gott das tat. Nur eins war ich nicht: ihr „Boss".

Mir war das alles überhaupt nicht bewusst. Ich war sehr fahrlässig mit meiner Macht umgegangen.

Joan kündigte.

Es war unfair von mir, dass ich unsere Jugendpastorin in diese Situation gebracht hatte. Ich war ihr Supervisor, ich hatte in unserer Beziehung die größere Macht. Ich hätte nicht auch ihr Mentor sein sollen. Ich hätte dafür sorgen müssen, dass in regelmäßigen Gesprächen eine Bilanz ihrer Arbeit gezogen wurde – wie das bei allen unseren Mitarbeitern üblich ist. Aber indem ich sie als Teil der Familie behandelte, ließ ich zu, dass ich andere Erwartungen in sie setzte. Stellen Sie sich vor, eine solche Situation betrifft tatsächlich jemanden aus der eigenen Familie – dann wird das Dilemma noch verzwickter.

Wenn Ehepartner oder Verwandte gemeinsam leiten

Immer mehr Pfarrerehepaare in Deutschland teilen sich eine Pfarrstelle oder arbeiten gemeinsam in einer Gemeinde. In den USA mit seiner freien Gemeindestruktur arbeiten nicht selten Vater und Sohn oder Tochter in der Leitung einer Gemeinde zusammen. Darin liegen Chancen, aber auch Gefahren. Die Bibel kennt viele Beispiele dafür, dass Verwandte gemeinsam Leitungsaufgaben für das Volk Gottes wahrnehmen.

- Mose wird in seiner Führungsaufgabe für Israel von seinem Bruder Aaron und seiner Schwester Miriam unterstützt.
- Die Brüder Johannes und Jakobus gehören zum selben apostolischen Team.
- Petrus und sein Bruder Andreas gehören beide zum Jüngerkreis.
- Priszilla und Aquila leiten als Ehepaar gemeinsam die Gemeinde.

Die Bibel deutet zwar an, dass es mit dieser Verflechtung von Verwandtschaftsbeziehung und Leitungsaufgabe auch Schwierigkeiten gab (etwa zwischen Mose, Aaron und Miriam), aber sehr viel wissen wir nicht darüber. In den USA haben nicht wenige Gemeinden so schlechte Erfahrungen mit derartigen Personalkonstruktionen gemacht, dass sie inzwischen ausschließen, dass nahe Verwandte im selben Team sein dürfen.

Aber wenn Gott Menschen begabt, in seiner Gemeinde zu dienen, sollte auch ein Platz für sie da sein – wie es für Aaron und Miriam einen Platz neben Mose gab. Allerdings müssen wir alle Sorge tragen, dass die Probleme, die dabei entstehen können, allen bewusst sind. Wir sind es allen Beteiligten schuldig, offen anzusprechen,

- wie das Machtgefälle aussieht,
- welche Rollenkonflikte entstehen,
- wo und wie Grenzen gezogen werden,
- wie man sicherstellt, dass all das auch gut gehandhabt wird.

Das Leitungsgremium der Gemeinde muss so gefestigt, diszipliniert und ausdifferenziert sein, dass es sicherstellen kann, dass keine rote Linie überschritten wird und sich keine Situation entwickelt, die als Begünstigung ausgelegt werden könnte.

In New Life hatten wir eine solche Situation, als mein bereits bestimmter Nachfolger Rich seine Frau als Leiterin für unsere Kinderarbeit vorschlug. Rosie war eindeutig für diese Aufgabe am besten qualifiziert. Aber im Gemeindevorstand sprachen wir offen über die Risiken. Wenn es nicht klappte, verloren wir womöglich beide, Rich und Rosie. Und das wäre in der Tat ein herber Verlust und würde die Nachfolgeregelung infrage stellen. Schließlich beschlossen die Ältesten als Hüter unserer Kultur und unserer Werte Folgendes: Rosie würde der Leiterin der Seelsorgearbeit verantwortlich sein. Die wiederum würde einmal im Jahr der Gemeindeleitung berichten, und falls sie der Ansicht wäre, Rosie sei nicht mehr die richtige Besetzung für die Kinderarbeit, hätte sie die Unterstützung der Gemeindeleitung für eine Veränderung. Wir stellten Rosie ein, weil wir glaubten, dass wir den Freiraum, die Kapazität und die Reife und Erfahrung besaßen, diese besonders komplexe Situation gut zu handhaben.

Enge Freundschaften

Lassen Sie es mich noch einmal sagen: Ich bin nicht der Meinung, es sei gesund oder biblisch, wenn Leiter christlicher Organisationen Rollenkonflikte um jeden Preis vermeiden. Das gilt auch für enge Freundschaften. Aber auch hier muss die Rollenerwartung gut geklärt und klug gehandhabt werden.

Was eine Freundschaft auszeichnet, ist ja gerade das Fehlen eines Machtgefälles. Freunde begegnen einander auf gleicher Ebene. Dieses Gleichgewicht leidet, wenn ein Partner zum geistlichen Leiter oder Supervisor des anderen wird. Die wesentlichen Qualitäten einer Freundschaft können in verschiedener Hinsicht mit Führungsaufgaben in christlichen Werken in Konflikt geraten.[7]

Freie Wahl. Freunde wählen sich gegenseitig als Freunde. Das bedeutet auch: Sie wählen andere *nicht.* Sie schließen andere aus dieser Freundschaftsbeziehung aus. Als Leiter einer Gemeinschaft bedeutet Ausschluss immer ein Risiko: das Risiko, parteiisch zu sein und ungewollt zu bestimmen, wer „in" ist und wer nicht. Freunden steht man natürlich näher als anderen Menschen. Und das gibt ihnen mehr Einfluss als anderen in der Gemeinde.

Gleichheit. Zwischen Freunden gibt es kein Gefälle an Macht oder Status. Als Gemeindegründer und -leiter standen mir manche Möglichkeiten offen, die es für meine Freunde nicht gab: von Urlaubseinladungen über Spenden bis zur Berechtigung, Personalentscheidungen zu treffen. Ich war auch in der Lage, für meine Freunde Türen zu öffnen, sie umgekehrt für mich nicht. Es bestand eine besondere Mischung aus persönlicher Macht und Amtsautorität; in meinen Freundschaften mit Hauptamtlichen in New Life gab es durchaus Ungleichheit. Eben diese Ungleichheit kann in Freundschaften, die einen Rollenkonflikt beinhalten, problematisch werden.

Gegenseitigkeit. In einer Freundschaft herrscht ein ausgewogenes Geben und Nehmen. Ich habe versucht, das in meinen Freundschaften aufrechtzuerhalten, aber es war nicht immer möglich. Freunde aus der Gründungszeit der Gemeinde, die viele Kämpfe mit mir durchgestanden hatten, erwarteten etwa (durchaus verständlich), dass ich weiterhin offen über alle Gemeindebelange mit ihnen sprach. Aber es gab Situationen, in denen das nicht angemessen war – bestimmte Themen gehörten in den Gemeindevorstand und sonst nirgendwo hin. Ich konnte ihre Offenheit nicht im selben Maß erwidern. Im Lauf der Zeit hat das zu einer Kluft zwischen uns geführt.

Wissen voneinander. Eine Freundschaft bietet Raum für ehrliche Selbstoffenbarung, in dem einer vom anderen weiß. Und wenn der Freund auch noch der eigene Pastor ist, gilt das vielleicht in besonderem Maß. Allerdings gilt das nicht umgekehrt. Ich konnte mich nicht immer so offen in unserem engsten Freundeskreis äußern wie unsere Freunde, denn natürlich betrafen die Gemeindebelange auch mich persönlich und manches davon war nicht für den Freundeskreis bestimmt.

Ich nenne hier diese vier Kriterien von Freundschaft, um einen Maßstab anzubieten, anhand dessen Sie Ihre Beziehungen mit Rollenkonflikten überprüfen können. Ich bin nicht gegen solche Beziehungen; aber sie bedürfen besonderer Sorgfalt und persönlicher Reife, wenn nicht entweder die Freundschaft oder die Führungsaufgabe beeinträchtigt werden soll.

Vier Fragen, die Sie stellen sollten

Eine Leitungsverantwortung im Reich Gottes zu übernehmen, ist nicht ohne Risiken. Sie setzen Beziehungen aufs Spiel, die Ihnen viel bedeuten. Sie können der Sache oder dem Werk, das Sie lieben, schaden. Wie alles andere, was wir hier im Zusammenhang mit emotional gesunder Leitungskultur diskutiert haben, ist es auch in der Frage von Macht und Grenzen nicht damit getan, dass wir ein paar spezielle Techniken erlernen – es geht immer um den Kern unserer Person. Unser Umgang mit Macht und Grenzen rührt an unsere Unsicherheiten und unser Bedürfnis nach Anerkennung. Er offenbart wie kaum etwas anderes den Grad unserer persönlichen Reife. Er ist anfällig für unseren Schatten.

Auch zum Ende dieses Kapitels möchte ich Ihnen und Ihrem Team vier Fragen mitgeben, mit deren Hilfe Sie in Ihrem Umgang mit Macht und Grenzen den nächsten nötigen Schritt gehen können – persönlich und als Team.

- **Sich dem Schatten stellen.** Inwiefern könnte mein Schatten meinen Umgang mit Macht (oder meine Vermeidung von Machtausübung) in meiner Führungsaufgabe beeinträchtigen? Welche Muster aus meiner Ursprungsfamilie oder Kultur wirken in meinem ambivalenten Verhältnis zur Macht nach oder könnten mich verleiten, machtgierig zu werden? Welche Erfahrungen mit Autoritätspersonen haben meine Sicht von Macht und Grenzen geprägt?

- **Führen aus einer guten Ehe oder einem erfüllten Singleleben.** Ob verheiratet oder Single – bin ich mir bewusst, dass andere Menschen Erwartungen und Wünsche auf mich projizieren und dass sie mich eventuell idealisieren? Welche Grenzen brauche ich, um sicherzustellen, dass ich meine Aufgaben auf der Basis meiner Ehe oder meines Singlelebens mit ganzer Integrität wahrnehme? Wie kann ich meinen Ehepartner, meine Kinder oder meinen Freundeskreis ausreichend vor den Anforderungen der Leitungsaufgabe schützen?
- **Der Liebe Gottes Raum geben.** Wie können die Zeiten, in denen ich die Beziehung zu Jesus pflege, mir helfen, die mir verliehene Macht behutsamer, weiser und effektiver einzusetzen? Auf wessen Meinung dazu, wie ich mit Macht umgehe, sollte ich mehr hören? Wer kann mich beraten, wenn es darum geht, gesunde Grenzen zu setzen? Könnte und sollte ich meinen Einfluss nutzen, um andere im Umgang mit Macht und Grenzen zu fördern?
- **Den Ruhetag feiern.** Wie kann meine Sabbatpraxis mich – und unser Team – wöchentlich daran erinnern, dass meine Macht nur vorübergehend verliehen und vergänglich ist? Wie kann der Sabbat mir als Schutzmaßnahme dienen, dass ich mich in meiner Leitungsaufgabe nicht zu ernst nehme? Finde ich Wege, die gewichtigen Themen von Macht und Grenzen auf leichte, spielerische Weise anzugehen, im Geist des Sabbats?

Wenn ich die Prinzipien zum Umgang mit Macht und Grenzen, die ich hier entfaltet habe, schon zu Beginn meiner Verantwortung als Gemeindeleiter gekannt hätte, hätte ich vermutlich die schlimmsten Fehler meiner Leitungstätigkeit vermeiden können. Es ist unerlässlich für kluges Leitungshandeln, diese Fragen gründlich zu durchdenken und im Gebet zu bewegen. Sorgen Sie dafür, dass Sie Kontrollmechanismen einbauen – suchen Sie sich vertrauenswürdige Mentoren und Berater. Sie werden es keinesfalls bereuen.

So wichtig es ist, verantwortungsvoll mit der Macht umzugehen, die uns verliehen ist – eines Tages werden wir sie an andere weitergeben. Auch dieser Gedanke kann helfen, uns nicht an Machtpositionen zu klammern, sondern bei allem Gewicht, das diesem Thema zukommt, auch etwas Leichtigkeit im Umgang damit einzuüben.

Machen Sie den Test!

Prüfen Sie, wie gut es Ihnen gelingt, verantwortungsvoll mit Macht umzugehen und gesunde Grenzen zu setzen.
Selbsteinschätzungstest und Auswertung finden Sie unter:
www.glaubensriesen.de → für Leiter

9

Abschied und Neuanfang

Die Tatsache zu akzeptieren, dass etwas zu Ende geht und etwas Neues beginnt, ist eine der grundlegenden Aufgaben im geistlichen Leben. Für Christen in Leitungsverantwortung gilt das in besonderer Weise. Nicht jedes Problem kann oder sollte gelöst werden; manchmal muss man auch etwas sterben lassen können. Das bedeutet nicht immer ein Scheitern. Oft ist es nur der sichtbare Hinweis, dass ein Kapitel zu Ende geht und ein neues geschrieben werden soll. Das geschieht in unserem persönlichen Leben genauso wie in unserer Führungsaufgabe.

Im persönlichen Leben ist uns die Erfahrung des Abschieds geläufig. Ein uns lieber Mensch stirbt oder erkrankt bedrohlich. Eine Ehe stirbt und wird geschieden. Ein Arbeitsverhältnis wird gekündigt. Ein Lebenstraum zerbricht. Wir werden älter. Der Schmerz des Abschieds gehört zum Leben: „Jedes Ereignis, alles auf der Welt hat seine Zeit" (Koh 3,1). Wir können den Lauf der Jahreszeiten nicht kontrollieren. Sie kommen und gehen, wie Gott es will.

Auch als Leiter erleben wir Abschiede. Ich würde sogar sagen, wir erleben mehr Abschiede und Verluste als andere – große und kleine. Aber ein Verlust ist ein Verlust und geht nicht spurlos an uns vorüber. Verluste rauben uns mehr oder weniger viel Kraft und Bereitschaft, uns auf neue Herausforderungen einzulassen. Sie bringen uns aus dem Gleichgewicht – zumindest eine Zeit lang.

Auf der einen Seite gibt es die kleinen Verluste, die aber doch ihren eigenen Schmerz mit sich bringen:

– Die Gemeinde wächst von 25 Gründern auf über 100 Mitglieder. Die ursprünglichen Gründer müssen neu nach ihrem Platz

im Ganzen suchen und vermissen die persönlichen Beziehungen, die in der kleinen Gruppe bestanden. Auch als Leiter müssen Sie sich mit der neuen Realität arrangieren.
- Eine Familie, die sich in der Gemeinde stark engagiert hat, wechselt in eine andere Gemeinde, die eine attraktivere Kinderarbeit hat.
- Ein langjähriges Mitglied des Kirchenvorstands, auf dessen Rat Sie viel geben, erklärt seinen Austritt aus Altersgründen. Sie wissen, dass diese Person Ihnen in diesem Gremium sehr fehlen wird.

Und dann gibt es die großen Abschiede, die Brüche, die uns aus der Bahn werfen, uns schlaflose Nächte bereiten und ein „Davor" und „Danach" in unserem Leben markieren:

- Nach zehn Jahren sehr guter und fruchtbarer Zusammenarbeit kündigt Ihr wichtigster Mitarbeiter, um eine besser bezahlte Stelle anzunehmen.
- Ein tragendes Ehepaar aus der Gemeinde lässt sich scheiden.
- Sie bekommen eine Krebsdiagnose und müssen Ihr Leben radikal umstellen.
- Eine Entscheidung des Gemeindevorstands führt zu viel Missstimmung und letzten Endes zu einer Reihe von Austritten.

Für die meisten Menschen sind Veränderungen schwierig. Wir erleben den Wandel als unwillkommenen Eindringling, der unsere Pläne und Hoffnungen durchkreuzt. Wir haben lieber selbst die Zügel in der Hand und bewegen uns in vertrauten Bahnen, selbst wenn wir bereits merken, dass die ausgetretenen Pfade uns nicht mehr guttun. Wir wissen zwar, dass Gott aus unseren Verlusten Gutes erwachsen lassen kann, aber irgendwie mildert das den Abschiedsschmerz nicht. Es ist nicht leicht, der inneren Stimme des Geistes zu vertrauen, die uns einlädt, uns auf neues und schmerzhaft unbekanntes Territorium zu wagen.

Wenn wir die Sichtweise unserer westlichen Kultur auf Abschiede übernehmen – nämlich dass ein Abschied immer ein Scheitern bedeutet und unbedingt zu vermeiden ist –, werden wir eine der wichtigsten Führungsaufgaben vernachlässigen: anderen zu helfen, gut mit Abschieden und Neuanfängen umzugehen, kurz: *veränderungsfähig* zu werden. Es ist ein Zeichen von Führungskompetenz, wenn wir Übergänge gut gestalten – so, dass wir uns und anderen die Fallen von Bitterkeit, Hartherzigkeit oder Widerstand gegen das Neue ersparen, das Gott unter uns tun will. Um das tun zu können, muss unsere Perspektive auf Abschiede von der Wahrheit der Schrift geprägt sein und nicht von den Werten unserer Gesellschaft. Aber wie sieht es in christlichen Kreisen diesbezüglich aus?

Üblicher Umgang mit Abschieden und Neuanfängen

Warum gelingen Abschiede und Übergänge in den meisten christlichen Organisationen so schlecht? Warum verkennen wir so oft das Neue, das Gott beginnen möchte und schon tut? Weil wir oft die zentrale Wahrheit übersehen, dass der Tod eine notwendige Voraussetzung der Auferstehung ist. Wenn wir auf Dauer fruchtbare Arbeit im Reich Gottes leisten wollen, müssen wir erkennen: Manches muss sterben, damit etwas Neues wachsen kann.

Wir betrachten jeden Abschied als Scheitern, das es zu vermeiden gilt

Wenn etwas zu Ende geht, empfinden wir das als Scheitern. Und Scheitern tut weh. Was tun wir also? Wir tun unser Möglichstes, um Abschiede zu vermeiden. Wir verharren in dem Irrglauben, als Leiter müssten wir die Dinge am Laufen halten – selbst dann, wenn sie sich nicht bewähren – und uns und anderen die schmerzhafte Erfahrung von Verlusten ersparen. Kommt Ihnen an den folgenden Beispielen etwas bekannt vor?

- Georg leitet die Männerarbeit der Gemeinde. Er wird seiner Aufgabe nicht wirklich gerecht und das schon seit Jahren. Das fällt nicht nur Ihnen auf. Aber Sie schieben ein Gespräch mit ihm vor sich her. Sie wissen, Georg ist empfindlich gegen Kritik. Sie befürchten, das Problem anzusprechen, würde als persönlicher Angriff verstanden und eventuell dazu führen, dass Georg sich ganz zurückzieht. Es gibt niemanden, der seine Stelle einnehmen könnte. Und es ist schließlich nicht Ihr Job, wichtige Arbeitsbereiche zu ruinieren. Da Ihnen kein Weg einfällt, wie Sie die Situation verbessern können, ohne Georg zu verlieren, lassen Sie alles beim Alten. Ein Leiter mit Defiziten ist schließlich besser als gar kein Leiter, oder?
- Carolin hat ihr Studium abgeschlossen und ist bereit, in der Gemeinde intensiver mitzuarbeiten. Sie übernimmt die Leitung eines Hauskreises und lässt sich auch dafür schulen. Aber sie muss rasch feststellen, dass das keine leichte Aufgabe ist. Das Gespräch in der Gruppe ist schwierig. Ein junges Ehepaar hat offensichtlich Probleme, spricht aber nicht darüber. Ein Teilnehmer redet viel zu viel; erst spät erfährt Carolin, dass er eine spezielle Behinderung hat und sich nicht gut selbst steuern kann. Zwei weitere Teilnehmer, beide neu in der Gemeinde, sagen kaum etwas und bleiben nach einigen Wochen ganz fort. Carolin sieht den wöchentlichen Treffen inzwischen mit Anspannung entgegen. Am liebsten würde sie aufgeben. Aber wo sollen die restlichen Teilnehmer dann hingehen? Und würde man ihr jemals wieder eine Aufgabe anvertrauen? Carolin unternimmt nichts, um die Situation zu ändern.

Es liegt auf der Hand: Diese Situationen verlangen nach einem Abschied. Zweifellos wird es schwierige Gespräche geben, die weise und sensibel geführt werden müssen. Das Problem ist in beiden Fällen dasselbe: Die Leitenden verstehen ein Ende als Versagen. Sie können nicht sehen, dass es nur eine neue Zukunft geben wird, wenn zuvor etwas Altes verabschiedet wird. Wenn ein Leiter es dagegen versteht zu vermitteln, dass Abschiede zum Leben gehören und auch Chancen bergen, müssen auch die anderen nicht mehr so tun, als sei alles in bester Ordnung, und könnten sich für etwas Neues öffnen.

Wir übersehen, dass Abschiede für unser Glaubenswachstum wichtig sind

Die längste Zeit in meinem Leben als Gemeindeleiter habe ich Abschiede als Widrigkeiten verstanden, die man so schnell wie möglich aus dem Weg räumen sollte. Sobald ich Anzeichen dafür sah, dass in irgendeinem Bereich etwas nicht optimal lief, stieg meine Anspannung – auch körperlich. Ich mobilisierte die letzten Reserven, um den möglichen Schmerz eines Verlustes zu vermeiden. In meinem Denken waren diese Situationen die unvermeidlichen Schläge und Widrigkeiten, die mit einer Leitungsaufgabe einhergehen. Nicht ein einziges Mal kam es mir in den Sinn, dass sie etwas mit der Vertiefung meines Glaubens zu tun haben könnten. Wenn überhaupt, habe ich in solchen Zeiten eher weniger, nicht intensiver, danach gefragt, was Gott mir vielleicht durch den Schmerz sagen wollte. Ein Beispiel:

Die Mitteilung, dass Kevin, unser begabter zweiter Pastor, die Gemeinde verlassen wollte, stürzte mich in tieftrübe Gedanken. Das Leben in der Stadt sei zu schwierig, sagte er, und seine Kinder sollten in einer anderen Umgebung aufwachsen. Außerdem seien Häuser in der Vorstadt günstiger zu haben.

Mich überfiel ein Gefühl von Verrat und Einsamkeit. Wo sollten wir jemanden finden, der Kevin ersetzen konnte? Und würde das Beispiel nicht Schule machen, sodass auch andere junge Familien wegziehen würden? War Kevin denn die Entwicklung der Gemeinde so gleichgültig?

Ich versuchte, die Enttäuschung aus meiner Seele zu verbannen und einfach weiterzumachen. Was mir gar nicht in den Sinn kam, waren Fragen ganz anderer Art: Herr, willst du mir dadurch zeigen, dass ich dir mehr vertrauen soll? Wie kann ich das Evangelium neu und anders lesen? Du hast ja auch Einsamkeit erfahren. Welches verborgene Geschenk könnte in diesem Verlust stecken? Stehe ich, stehen wir als Gemeinde vielleicht kurz vor einer Auferstehungserfahrung, die wir nur machen können, weil dies jetzt geschieht?

Können Sie nachvollziehen, dass wir viel verpassen, wenn wir den Schmerz eines notwendigen Abschieds nicht in Verbindung bringen mit unserem geistlichen Reifungsweg? Wenn wir die Möglichkeit ausschließen, dass schmerzhafte Erfahrungen unsere Beziehung zu Jesus vertiefen können? Wir müssen tiefer verstehen, was es bedeutet, auf Gott und seine Zeit zu warten. Sonst verpassen wir die Chance, an den unvermeidlichen Abschieden zu wachsen, die mit einer Leitungsaufgabe verbunden sind. Stattdessen entwickeln wir eine Schutzschicht um unsere Seele, eine emotionale Rüstung, die uns hilft, den Schmerz zu überleben. Was wir dabei verkennen, ist: Jesus starb, bevor er auferweckt wurde. Das ist nicht nur die zentrale Botschaft des Christentums, sie zeigt auch das unerlässliche Muster unseres eigenen Lebens.

Wir verkennen den Zusammenhang von Abschied und unseren Erfahrungen in unserer Ursprungsfamilie

Die unbewussten Prägungen, die die Erfahrungen in unserer Ursprungsfamilie hinterlassen, sind tief und langlebig. Wie tief, das wird uns meist erst in fortgeschrittenem Alter deutlich. Gerade für Leiter von christlichen Organisationen ist es zwingend geboten, sich darüber klar zu werden, wie in unserer Ursprungsfamilie mit Schmerz und Verlust umgegangen wurde.

- Wurden Verluste und Abschiede verdrängt oder heruntergespielt?
- War es bei uns üblich, Schuldige zu suchen – weil schließlich irgendwer daran schuld sein musste, wenn wir einen Schmerz erlebten?
- Oder machte man sich selbst Vorwürfe, reagierte vielleicht mit Depression oder Rückzug?

- Wurden die Ursachen für schmerzhafte Trennungen intellektualisiert oder „wegerklärt“, damit man den Schmerz nicht so stark spüren musste?
- Wurde der Schmerz von Trennungserfahrungen betäubt – durch Sucht- oder Zwangsverhalten?
- Gab es in meiner Familie Hoffnung am Horizont? Konnte man sich auch wieder darauf freuen, was die Zukunft bringen würde – selbst, wenn die Lage trostlos aussah? Oder herrschten Verzweiflung und Mutlosigkeit, wenn man mit schwierigen Veränderungen konfrontiert war?

In meiner Familie gab es nur eine Reaktion auf Veränderung, Wandel und Verlust: Man hasste es. Meine Großmutter war aus Italien nach New York ausgewandert, weil sie sich dort ein besseres Leben für ihre sechs Kinder aufbauen wollte. Als ihr Mann früh starb – er war erst 48 –, trug sie für den Rest ihres Lebens Schwarz. In der nächsten Generation wurde es nicht viel besser. Meine Mutter wütete und fluchte und bombardierte den Rest der Familie mit Vorwürfen. Sie hasste jede Form von Veränderung – von Umziehen über Stellenwechsel bis zu den Entwicklungsphasen ihrer Kinder. Mein Vater war zwar optimistisch eingestellt – Veränderungen liebte er aber auch nicht. Er stürzte sich in die Arbeit, oft sieben Tage die Woche, und vermied es so, einem Abschiedsschmerz standhalten zu müssen.

Ist es da ein Wunder, dass ich Veränderungen ebenfalls hasste und diese Aversion auch in meine Aufgabe als Gemeindeleiter mitbrachte? Als zielstrebiger und visionärer Gemeindegründer war ich ein Meister im neu Anfangen – jedenfalls so lange, wie ein Neuanfang keine Abbrüche und Abschiede beinhaltete. Solange mir ein biblischer Bezugsrahmen fehlte, um Verluste und Schmerz anders zu verstehen, hinderte ich mich selbst und auch die Gemeinde erfolgreich daran, emotional und geistlich zu wachsen.

Unsere Gesellschaft schult uns nicht in der Kunst des Abschiednehmens. Unsere Gemeinden tun es allzu oft auch nicht. Und auch die wenigsten Familien akzeptieren Abschiede als notwendigen

Teil des Lebens. Hinzu kommen noch unsere Unsicherheiten und Ängste. Aber wenn wir Abschiede um jeden Preis zu vermeiden suchen, blockieren wir das Neue, das Gott in uns und durch uns in die Welt bringen will.

Sie wissen, dass Sie nicht gut mit Abschied und Verlust umgehen, wenn …

- Sie nicht aufhören können, über die Vergangenheit nachzugrübeln.
- Sie ständig beschäftigt sein müssen, um einen Verlust oder Abschied nicht betrauern oder mit der Möglichkeit rechnen zu müssen, dass Sie in diesem Prozess Gott neu begegnen könnten.
- Sie den Schmerz eines Verlustes oder Abschieds leugnen statt ihn zu betrauern, sich über die Gründe Ihrer Trauer klar zu werden und Gott zu erlauben, durch den Schmerz an Ihnen zu arbeiten.
- die Erfahrung von Schmerz und Trauer, die das Leben unvermeidlich mit sich bringt, Sie zornig macht oder frustriert.
- Sie Schmerz oder Trauer über einen Verlust vermeiden oder betäuben (Medikamente, zu viel essen/trinken/fernsehen/Internet, unangemessene Beziehungen, Pornografie …).
- Sie feststellen, dass Sie manchmal neidisch sind auf Menschen, die es im Leben weniger hart getroffen zu haben scheint.
- Sie oft mit dem Gedanken spielen, Ihre Leitungsposition aufzugeben, um die Schwierigkeiten, Enttäuschungen und Rückschläge zu vermeiden, die mit einer solchen Position nun mal verbunden sind.
- Sie eine Fassade wahren und sich Ihre wahren Gefühle, Zweifel und Verletzungen nicht ehrlich eingestehen können.
- Sie kaum je oder nur selten eingestehen können, dass ein Vorhaben oder Projekt nicht gelungen ist, und den Schmerz darüber vermeiden, indem Sie die Wahrheit zurechtbiegen oder Enttäuschungen und Schwierigkeiten beschönigen.
- Sie selten darüber nachdenken, ob Sie sich eine andere Aufgabe oder Position suchen wollen, weil Ihnen Veränderung so schwerfällt.

Kennzeichen eines emotional gesunden Umgangs mit Abschieden und Neuanfängen

Abschiede und Neuanfänge gut zu gestalten, ist immer eine komplexe Angelegenheit. Dennoch können wir sagen, dass uns ein Übergang gut gelungen ist, wenn der Weg dahin vier Phasen durchlaufen hat:

- Wir akzeptieren, dass ein Abschied ein Sterben bedeutet.
- Wir erkennen, dass die Wartezeit in einem verwirrenden „Zwischenzustand“, nachdem etwas zu Ende gegangen ist, oft viel länger dauert, als uns lieb ist.
- Wir verstehen Abschied und Wartezeit als unverzichtbare Wegstrecken auf unserem geistlichen Reifungsweg.
- Wir bejahen Abschiede und Wartezeiten als Tor zu etwas Neuem.[1]

Jede dieser Phasen hat ihre charakteristischen Kennzeichen. Aber sie vollziehen sich nicht unbedingt nacheinander; häufig greifen sie auch ineinander oder überlagern sich.

Wir akzeptieren, dass ein Abschied ein Sterben bedeutet

Bevor etwas Neues sich entwickeln kann, muss etwas enden – und zwar *unwiderruflich.*[2] Viele Jahre habe ich ganz automatisch versucht, am Alten festzuhalten, während ich gleichzeitig das Neue zu fassen versuchte – für alle Fälle. Aber diese Strategie hat nie funktioniert. Ein Abschied bedeutet ein Sterben – und Sterben ist unwiderruflich.

Nichts Neues ereignet sich, ohne dass vorher etwas zu Ende gegangen ist. Oder um es mit dem römischen Philosophen Seneca zu sagen: „Jeder Neuanfang erwächst daraus, dass ein anderer Neuanfang an sein Ende kommt.“ Dass wir dieses Ende nicht erkennen und uns auf den unvermeidlichen Schmerz vorbereiten, ist vielleicht das entscheidende Hindernis dafür, dann auch auf etwas Neues zugehen zu können.

Hiob musste akzeptieren, dass ein Verlust ein Sterben bedeutet, als er seinen Wohlstand, seine Kinder, seine Gesundheit und sein bisheriges Bild von Gott verlor. Der Prophet Jeremia machte die gleiche Erfahrung, als Jerusalem zerstört und der Tempel niedergerissen wurde. Die zwölf Jünger erlebten den Tod ganz real – Jesus starb und nahm all ihre Hoffnungen und Träume mit ins Grab.

So notwendig diese Tode auch sein mögen – sie stürzen uns in der Regel in große innere Verwirrung. Ein wirkliches Ende – ein endgültiges Sterben – ruft in uns Gefühle von Auflösung und Vernichtetwerden wach. Wir stürzen ins Bodenlose. Es fühlt sich so an, weil der Tod genau das ist: ein Ende, das uns plötzlich in einen dunklen Tunnel versetzt, den wir durchqueren müssen, ohne sicher zu sein, dass je wieder irgendwo ein Licht auftaucht.

Die meisten von uns leben gern in der Illusion, dass Gott uns doch wohl nicht absichtlich einem solchen Schmerz aussetzen würde – und schon gar nicht immer wieder. Wir können keinen Sinn darin erkennen, dass die Menschen und die Dinge, die wir lieben, ganz real oder im übertragenen Sinn einen endgültigen Tod sterben müssen. Und wenn dann ein solches Ende kommt, sind wir schockiert, verwirrt, ängstlich.[3]

Manche Abschiede vollziehen sich im Stillen. Andere kommen brutal daher, wie eine Kreuzigung. Eine Leitungsaufgabe ermöglicht uns insbesondere die ganz eigene Erfahrung, Jesus auch im Blick auf seinen Führungsstil nachzufolgen. Und das ist eines der größten Geschenke, die wir von ihm empfangen. Niemand von uns würde diese Art von Sterben freiwillig wählen. Aber genau das wird zu einem Werkzeug der Gnade Gottes: Wir lernen Christus immer besser kennen, indem wir „an seinen Leiden teilhaben" und ihm „bis in sein Sterben hinein ähnlich" werden (Phil 3,10). Paulus kann von diesen leidvollen Seiten unserer Leitungsaufgabe sagen, sie sind „Bedrängnisse um Christi willen, die nach Gottes Plan noch ausstehen" und die wir an unserem eigenen Körper erleiden (Kol 1,24). Wenn wir also diese Todeserfahrungen als die harte

Gnade annehmen, die sie sind, wirkt Gott in uns und durch uns auf seine eigene geheimnisvolle Weise, die Paulus so beschreibt: „Unser Dienst bringt es also mit sich, dass an uns der Tod zur Auswirkung kommt; aber er führt auch dazu, dass an euch das Leben wirksam ist“ (2 Kor 4,12).

Ich habe mittlerweile genügend Abschiede und Verluste erlebt und durchlitten, um zu verstehen, warum so wenige Leiter und Organisationen bereit sind, sich dieser Art von Schmerz auszusetzen. Und weil ich dieselbe Neigung in mir trage und eher widerstrebend akzeptiere, dass Abschiede notwendig sind, habe ich mir vier Dinge zur Regel gemacht, um auf der richtigen Spur zu bleiben:

- Ich stelle mich den harten Fakten, wenn Dinge in eine falsche Richtung gehen, und suche das schwierige Gespräch, auch wenn alles in mir lieber wegschauen oder weglaufen möchte.
- Ich erinnere mich bewusst daran, dass Zeiten, in denen ich einen unvermeidlichen Abschied als Sterben annehmen muss, *nicht* die Zeiten sind, in denen man seinen Gefühlen folgen soll. Meine Gefühle würden mich unweigerlich dazu bringen, die Augen vor genau den Tatsachen zu verschließen, denen ich mich stellen muss.
- Ich hole mir Rat bei älteren und erfahreneren Mentoren und frage sie nach ihrer Sicht der Dinge.
- Ich stelle mir zwei Fragen: Was sollte ich loslassen – in meinem persönlichen Leben oder in meiner Leitungsaufgabe? Und: Wenn ich diesen Tod akzeptiere, was könnte an Neuem auf mich warten – in meinem persönlichen Leben oder in meiner Leitungsaufgabe? Vor allem die zweite Frage hilft mir, meine Ängste hinter mir zu lassen. Sie erinnert mich daran, dass Gott in der Zukunft Neues und Gutes für mich bereithält, auch wenn ich noch keine Spur davon sehe, was das sein könnte.

Vielleicht finden Sie diese vier Grundhaltungen sinnvoll. Oder Sie erarbeiten sich Ihre eigene Liste von Grundregeln für Zeiten, in denen es um ein Sterben und das geduldige Warten auf einen Neuanfang geht. Solche Anker sind wichtig. Denn Abschiede versetzen uns in ein verwirrendes Niemandsland, wo das Alte zwar vergangen, das Neue aber noch nicht sichtbar ist. Wir können nur warten.

Wir erkennen, dass die Wartezeit in einem verwirrenden „Zwischenzustand" oft viel länger dauert, als uns lieb ist.

Niemand wartet gern. Aber das Warten auf Gott und seine Zeit ist eine wesentliche Erfahrung im Leben eines Christen. Es ist außerdem eine der schwersten Lektionen, die wir als Leiter lernen müssen.

- Abraham wartete fast 25 Jahre darauf, dass Gott seine Verheißung erfüllen und ihm einen Sohn schenken würde.
- Mose wartete 40 Jahre in der Wüste darauf, dass Gott seinem Leben einen neuen Sinn geben würde.
- Hiob wartete eher Jahre, nicht Monate, dass Gott sich ihm neu zeigte und einen neuen Anfang mit ihm machte.
- Jesus wartete 30 Jahre, bis der Zeitpunkt für sein öffentliches Auftreten kam.

„Schön und gut", sagen Sie vielleicht. „Aber *wie lange muss ich noch warten,* bis sich aus einem schmerzhaften Abschied etwas Neues zeigt?"

Meine Antwort: „Das Warten ist viel schwerer und dauert sehr wahrscheinlich viel länger, als Sie vermuten."

Als wir 1987 New Life gründeten, träumte ich von einer dynamischen, ethnisch vielfältigen Gemeinde in Queens, die für die Armen und Benachteiligten in unserer Umgebung da war und so wachsen würde, dass daraus weitere Gemeinden hervorgehen würden – und das letzten Endes auch ohne mich. Bis es so weit war, waren viele Wartezeiten in einem verwirrenden Niemandsland zu durchleben.

Ich habe Jahre gewartet, bis sich eine Kerngruppe gebildet hatte, um die Gemeinde zu gründen, und Anfänge eines Leitungsteams

Gestalt annahmen. Ich brauchte elf Jahre, bevor ich auch nur anfing zu begreifen, was es heißt, Pastor zu sein, und mich und meinen Führungsstil von den unguten Verstrickungen und Prägungen aus meiner Ursprungsfamilie zu lösen (und ich lerne immer noch!). Ich habe über 20 Jahre gewartet, bis ein Nachfolger für mich und ein Leiter für unsere gemeinnützige Stadtteilinitiative am Horizont auftauchten. Und es hat fast 25 Jahre gedauert, bis die Tür für ein breiteres Hineinwirken in die weltweite Kirche aufging – nachdem wir unser Programm für eine emotional gesunde Spiritualität entwickelt hatten.

Die Liste ließe sich fortsetzen. Ich wiederhole: Die Wartezeiten im Niemandsland sind länger, als wir annehmen. Und: Sie sind eine Art Normalzustand für Christen in Leitungspositionen.

Was ist so wichtig am Warten? Gott geht es mit seinem Lebensgesetz von Sterben und Neuanfang ja nicht nur darum, unsere äußeren Umstände zu ändern. Er tut etwas viel Größeres – er verändert uns auf einer tieferen Ebene, oft weit mehr, als uns lieb ist.

Wir verstehen Abschied und Wartezeit als unverzichtbare Wegstrecken auf unserem geistlichen Reifungsweg

Wenn wir Abschiede und Verluste vertrauensvoll aus Gottes Hand nehmen können, dann gewinnt Christus in uns Gestalt. Denn diese Erfahrungen stellen uns unter das Kreuz, bringen uns in Kontakt mit dem Sterben, mit dem reinigenden Feuer, das Johannes vom Kreuz eine „dunkle Nacht der Seele“ nennt. Die dunkle Nacht ist eine Erfahrung geistlicher Trostlosigkeit. Sie ist der normale Weg, um auch als Leiter im Glauben zu wachsen. Johannes vom Kreuz beschreibt den Sinn dieser Erfahrung folgendermaßen:

> *Gott sieht die Unvollkommenheiten in uns, und weil er uns liebt, drängt er uns, erwachsen zu werden. Gottes Liebe gibt sich nicht damit zufrieden, uns in unserer Schwäche zu lassen, und aus diesem Grund führt er uns in eine dunkle Nacht. Er*

entwöhnt uns von all den Vergnügungen, indem er uns Dürrezeiten schenkt und innere Dunkelheit. ... Eine Seele wird geistlich nur in die Tiefe wachsen, wenn Gott passiv an ihr arbeitet, und zwar durch die dunkle Nacht.[4]

In dieser Dürrezeit können wir uns hilflos, müde und leer fühlen. Ein Gefühl des Scheiterns, der Niederlage erfüllt uns. Gott tröstet uns nicht mehr; wir können seine Gegenwart nicht mehr spüren. Es gibt keinen Weg zurück zu den Erfahrungen, die wir kannten, und auch die Zukunft liegt im Dunkeln. Gott schickt uns, mit Johannes' vom Kreuz Worten, in die „dunkle Nacht des Liebesfeuers", um uns zu reinigen und zu befreien. Es ist seine Weise, uns von unseren Leidenschaften und Anhänglichkeiten zu reinigen, damit wir seine Liebe umso tiefer empfinden und in eine reichere und umfassendere Gemeinschaft mit ihm gelangen.[5]

Vieles, was mich in meiner Leitungskompetenz wachsen ließ, ist aus solchen schmerzlichen, geheimnisvollen und verwirrenden Erfahrungen erwachsen – aus den Zwischenzeiten im Niemandsland –, über die ich so wenig Kontrolle habe. Aber wenn ich mich ihnen ausgesetzt habe, habe ich entdeckt: Das Niemandsland der Orientierungslosigkeit war reich an Einsichten und Gnadengaben Gottes. Was aussah wie eine leere, unklare und vertane Zeit, erwies sich als Ort meiner tiefsten Verwandlung.

In den fast 40 Jahren, die ich nun im Glauben unterwegs bin, gab es vier oder fünf solcher dunklen Nächte. Die letzte, die ich zu Beginn des Buches als meine vierte Bekehrung beschrieben habe, war besonders lang und intensiv. Zu der Zeit arbeitete ich eine Reihe von Prägungen aus meiner Ursprungsfamilie auf, besonders solche, die meiner Leitungskompetenz im Weg standen. Dazu gehörte auch, dass es mir schwerfiel, mit wichtigen Mitarbeitern offene Gespräche zu führen. Auf der Spur meiner Lügen und Halbwahrheiten geriet ich an Orte meiner Lebensgeschichte, die ich lieber gemieden hätte.

Schließlich suchte ich mir sowohl einen Therapeuten als auch einen geistlichen Begleiter. Es war eine Zeit, die schmerzhaft und befreiend zugleich war. Und allmählich merkte ich, dass ich die Gemeinde klarer und energischer führen und längst fällige Veränderungen durchführen konnte, die langfristig die Zukunft der Gemeinde sicherten. Mitten in all diesen persönlichen Prozessen kam es zu einem schlimmen Missverständnis mit einigen Freunden, das mich sehr verletzte. Es waren knapp drei Jahre, die sich schrecklich anfühlten. Aber ich wusste, dass Gott an mir arbeitete und mich Dinge lehrte, die ich auf keine andere Weise hätte lernen können.

Was mich diese Zeit durchhalten ließ, war die tiefe Überzeugung: Auf den Tod folgt immer die Auferstehung.

Wir bejahen Abschiede und Wartezeiten als Tor zu etwas Neuem.

„Der Herr ist auferstanden." Dieser Kernsatz des christlichen Glaubens versetzt uns in die Lage, jeden Verlust und jeden schmerzhaften Abschied als Tor zu etwas Neuem zu bejahen – auch dann, wenn wir nicht im Geringsten erkennen können, inwiefern dieser Verlust etwas Heilsames in sich tragen könnte. Der Schlüssel liegt darin, dass wir bereit sind zu warten – und dabei mehr Zeit als gewöhnlich allein mit Gott zu verbringen. Vielleicht hilft uns ein Tagebuch, uns Gedanken und Gefühle bewusst zu machen oder zu verarbeiten. Wir machen uns erwartungsvoll auf einen Pilgerweg – hörend, lernend, mit offenen Augen, um die Zeichen neuen Lebens zu entdecken.

Und dann geschieht es. Mitten im dunklen Tunnel zeigt sich ein Silberstreif am Horizont. Er dringt durch eine offene Tür, von der wir nicht wussten, dass sie da ist. Der Pädagoge und Autor Parker Palmer findet dafür passende Worte:

> *Auf dem geistlichen Weg [ist es so]: Jedes Mal, wenn sich eine Tür schließt, öffnet sich der Rest der Welt für uns. Wir müssen nichts anderes tun, als aufhören, an die Tür zu pochen, die sich geschlossen hat, uns umdrehen – dann haben wir die Tür*

im Rücken – und das Leben in seiner ganzen Weite willkommen heißen, die jetzt offen vor unserer Seele liegt.[6]

Ich wünschte, ich könnte von mir sagen, dass mein Führungsstil sich dadurch ausgezeichnet hätte, dass ich immer wieder geschlossene Türen hinter mir gelassen und „das Leben in seiner ganzen Weite" willkommen geheißen habe, in das Gott mich rief. Aber so war es nicht. Ich war ein Gemeindeleiter, der immer wieder hartnäckig an verschlossene Türen gepocht hat. Sie gingen nicht auf. Aber sie haben sich mehr als einmal als die Durchgänge zu einem Neuanfang erwiesen, den Gott schon längst im Sinn hatte.

Leitungswechsel in New Life Fellowship: eine Fallstudie zur Nachfolgeregelung

Die letzten sieben Jahre haben mir Gelegenheit gegeben, voll und ganz in das Thema Abschied und Neuanfang einzutauchen – eine gründlichere Schulung hätte es nicht geben können. In dieser Zeit bin ich als Gemeindegründer und Hauptpastor zurückgetreten. Meine Zuständigkeiten als Pastor umfassen jetzt unter anderem Lehre und Predigt und allgemeine pastorale Aufgaben.

Dieser Übergang war nicht einfach. Aber er hat mich ungeahnte Schätze in dem vielschichtigen biblischen Thema von Abschied und Neubeginn entdecken lassen. Wenn ich diese Erfahrungen in der Frage meiner Nachfolgeregelung mit Ihnen teile, dann will ich nicht wiederholen, was zu diesem Thema in vielen ausgezeichneten Büchern schon gesagt wurde. Aber ich möchte Ihnen gern Einblick geben, inwiefern erst das innere Leben eines Leiters den Prozess von Abschied und Neuanfang im äußeren Leben ermöglicht.

Aktive Nachfolgeplanung

Ob Sie es glauben oder nicht, aber ich habe tatsächlich schon über meine Nachfolge nachgedacht, als wir New Life Fellowship gerade erst gegründet hatten. Das hatte ich gelernt: Gott hatte mir ein Werk anvertraut und eines Tages würde ich es wieder aus den Händen geben, so wie Paulus es Timotheus empfiehlt: „Gib die Botschaft, die du von mir gehört hast und deren Wahrheit dir von vielen Zeugen bestätigt wurde, an vertrauenswürdige und zuverlässige Menschen weiter, die ebenfalls fähig sind, andere zu lehren" (2 Tim 2,2). Es dauerte dann allerdings noch etliche Jahre, bis wir 2003 unser Gemeindezentrum kauften und ich mich ganz ernsthaft mit der Nachfolgefrage beschäftigte. Mit dem beträchtlichen finanziellen Engagement, das die Gemeinde eingegangen war, war mir die Dringlichkeit dieser Verantwortung deutlich. Außerdem bewegte mich die Frage, wie New Life langfristig in unserem Umfeld segensreich wirken konnte, zutiefst.

Im Lauf der nächsten Jahre führte ich mit unseren Ältesten viele Gespräche darüber, dass wir einen Plan für den Leitungswechsel brauchten. Aber die Gemeinde wuchs und alles lief gut, sodass die Angelegenheit noch nicht dringend zu sein schien. Und die Geschichten aus anderen Gemeinden, in denen der Leitungswechsel katastrophal vonstattengegangen war, bremsten unseren Eifer, denselben Pfad einzuschlagen.

Dennoch unternahm ich erste Schritte, um die Gemeinde auf einen Wechsel in der Position des Hauptpastors vorzubereiten. Wir erweiterten das Predigt- und Lehrteam, damit die Menschen sich daran gewöhnen konnten, dass verschiedene Prediger auf der Kanzel standen. Ich kümmerte mich als Mentor gezielt um Nachwuchsmitarbeiter, die als Nachfolger infrage kommen könnten. Ich achtete darauf, keine Arbeitsfelder aufzubauen oder auszuweiten, die die Abhängigkeit der Gemeinde von meiner Person vergrößern würden. Ich betete. Und ich fing an, mich nach erfolgreichen Modellen eines Leitungswechsels umzusehen.

Ich wollte mir keine neue Stelle in einer anderen Gemeinde suchen. Ich wollte auch nicht Dozent an irgendeinem Seminar werden. Ich wollte gern weiter zu New Life gehören, auch wenn ich nicht mehr der Hauptpastor war, und die Arbeit unterstützen. Vor allem im benediktinischen Modell fand ich Inspiration: Der Abt tritt nach seiner Amtszeit wieder in den Kreis der Brüder zurück und gibt jede Sonderrolle auf. Die Regel Benedikts kommentiert dies mit dem Gedanken, dass die Unterstellung unter die Autorität eines anderen dazu dient, unseren Eigenwillen zu besiegen.[7] Ich kenne einen ehemaligen Abt, der seine Position als Leiter der Gemeinschaft nicht im Geringsten vermisst. Im Gegenteil: Er genießt es, mehr Zeit für Gebet und Kontemplation zu haben.

Ich war überzeugt, dass die Reise in eine emotional gesunde Spiritualität, die ich und die Gemeinde unternommen hatten, uns darauf vorbereitet hatte, eine gute Übergangsregelung zu finden. Im Februar 2009 schrieb ich einen Brief an die Gemeindeleitung und erklärte meinen Rücktritt für den Herbst 2013. Das gab uns noch vier Jahre Zeit, den Übergang gut zu gestalten. Dieser Brief änderte alles. Allen war bewusst, dass eine Ära zu Ende ging. Bei der nächsten Vorstandssitzung war die Unsicherheit spürbar.

„Pete, warum tust du das?", fragte einer der Ältesten. „Du bist jung [ich war 53]. Die Gemeinde wächst. Die Arbeit läuft gut."

„Glaubst du wirklich, dass Gott das so will?", fragte jemand anderes.

„Allerdings", antwortete ich. Und dann erklärte ich, dass dieser Schritt vielleicht meine wichtigste Leitungsentscheidung für eine gute Zukunft von New Life für die nächsten Jahrzehnte war.

„Angenommen, wir finden nicht rechtzeitig einen Nachfolger. Würdest du dann länger bleiben?"

Ich hatte gewusst, dass die Frage kommen würde.

„Nein", sagte ich ruhig.

Es wurde ziemlich still im Raum. Wir hatten ein Datum festgelegt und das brachte die Dinge unaufhaltbar ins Rollen. Ich war seit 22 Jahren Hauptpastor der Gemeinde. Für viele war ich nicht nur der Gemeindegründer; ich verkörperte die Gemeinde. Im Verlauf der Sitzung war es uns eine Hilfe, dass ich einen sehr erfahrenen Gemeindeberater engagiert hatte, der sich per Videokonferenz zuschaltete. Er brachte eine klare, unemotionale und erfahrungsgesättigte Perspektive auf den geplanten Leitungswechsel ein und bestätigte unseren Weg.

Als ich an diesem Abend nach Hause ging, war ich ziemlich aufgewühlt. *Wo würde mein klarer Entschluss hinführen? Angenommen, es ginge schlecht aus: Würde die Gemeinde sich spalten – in die unterschiedlichen ethnischen Gruppen? Wie sollte meine neue Rolle in der Gemeinde aussehen? Und was würde ich tun, wenn mein Nachfolger mich gar nicht mehr in der Gemeinde haben wollte?* Und dann war da noch eine leise Stimme im Hintergrund: *Warum hatte die Gemeindeleitung nicht energischer gegen meine Entscheidung protestiert? Waren sie vielleicht sogar erleichtert, wenn ich ging?*

Warten

Der ganze Leitungswechselprozess dauerte viereinhalb Jahre. Wir informierten uns, wie andere Gemeinden den Wechsel vom Gemeindegründer zu einem neuen Gemeindeleiter gestaltet hatten. Es gab nur wenige Erfolgsgeschichten. Wenn uns dieser Übergang gut gelang, würde eine neue Generation fruchtbare Arbeit für das Reich Gottes leisten. Wenn nicht, würde die Gemeinde vor sich hinkränkeln und vielleicht nie mehr auf die Beine kommen. Die meisten Gemeinden, so erfuhren wir, fanden nach einem solchen Schritt nie mehr zurück zu den „goldenen Zeiten" unter der Leitung des Gemeindegründers. Ich war dennoch überzeugt: New Life hat seine besten Tage noch vor sich.

Ich erhielt nicht wenige gut gemeinte Warnungen. Ein bekannter Pastor, den ich sehr respektiere, ein Mann mit vierzig Jahren Erfahrung im Gemeindedienst, schrieb mir eine lange Mail. Die Gemeinde würde nicht nur mich verletzen, sondern auch meine Familie. Sie würden kein Verständnis für unsere Situation aufbringen. Er empfahl mir, ich solle sechs Monate, bevor ich gehen wollte, kündigen. Und dann meine Sachen packen, den Wohnort wechseln und nie mehr zurückschauen.

Andere äußerten sich ähnlich. Ich würde es ganz sicher nicht ertragen, in einer Sitzung nur einer unter vielen zu sein und nicht mehr die Entscheidungsverantwortung zu haben. Es mochte ja mein Anliegen sein, jüngere Menschen in Leitungsverantwortung zu bringen. Aber wenn es dann so weit wäre, würde sich das ganz anders anfühlen. Selbst einige Mitglieder des Gemeindevorstands befürchteten, dass der vorgeschlagene Schritt und der Weg dahin der Gemeinde nachhaltig schaden würden.

Sieben Schritte im Prozess des Leitungswechsels

Unser Weg sollte sieben Schritte umfassen, die wir gemeinsam im Gemeindevorstand entwickelt hatten. Im Jahr 2011 stellte ich sie auch der Gemeinde vor:

1. **Die neue Rolle des Gemeindegründers definieren.** Da ich in der Gemeinde bleiben wollte, mussten wir zuerst überlegen, wie meine neue Rolle aussehen konnte. Welchen Beitrag sollte ich weiterhin leisten, wenn ein neuer Hauptpastor eingeführt war? Dies würde die Aufgabenbeschreibung für den neuen Hauptpastor wesentlich beeinflussen. Ich war überzeugt: Gottes Führung besagte, dass ich auch unter einem neuen Hauptpastor etwas für eine gute Zukunft der Gemeinde tun konnte.
2. **Die Rolle des neuen Hauptpastors definieren.** Wir entwickelten eine Arbeitsplatzbeschreibung für den Nachfolger, in der wir auch die Beziehung zum Gemeindevorstand detailliert regelten.
3. **Ein Bewerbungskomitee einsetzen.** Dieser Ausschuss sollte beginnen, sich nach geeigneten Kandidaten für die Leitungsposition umzusehen.
4. **Mögliche Kandidaten bestimmen.** Bewerbungskomitee und Gemeindevorstand waren sich einig: Es gab in unserem Team zwei geeignete Kandidaten. Wir führten Gespräche mit beiden. Wir durchliefen einen Unterscheidungsprozess, um den Willen Gottes in der Frage der Nachfolge zu erkennen. Im Verlauf dieses Prozesses kam einer der beiden zu dem Schluss, dass er nicht länger in New Life bleiben sollte.

5. **Den Kandidaten ein Jahr lang „testen".** Der Gemeindevorstand entwickelte ein „Testprogramm", in dem der Kandidat sich ein Jahr lang bewähren sollte. Das sollte uns eine gute Grundlage für eine mögliche Berufung geben.
6. **Den neuen Hauptpastor benennen.** Der „Testlauf" endete 2011 – und war erfolgreich gewesen. Der Gemeindevorstand benannte Rich als meinen offiziellen Nachfolger. Bis zu meinem Ausscheiden als Hauptpastor würde er als mein Stellvertreter und „Nummer zwei" arbeiten, dem der Rest des Mitarbeiterteams unterstellt war.
7. **Den Wechsel öffentlich machen.** Im Juni 2012 wurde in der Gemeinde öffentlich bekannt gegeben, dass der Wechsel in der Position des Hauptpastors im September/Oktober 2013 erfolgen würde. Das gab uns noch 15 Monate Zeit, um Rich auf seine neue Aufgabe vorzubereiten. Und es gab der Gemeinde 15 Monate Zeit, sich emotional auf die neue Situation einzustellen.

Was während des Übergabeprozesses in mir vorging

Es gab mir regelrecht Auftrieb, dass ich die Gemeinde durch diesen Übergang steuern und mich auch langfristig noch engagieren konnte. In meinen ersten Jahren als Pastor hatte ich mir immer einen älteren und erfahrenen Kollegen als Mentor an der Seite gewünscht. Ein solcher Ratgeber und Begleiter wollte ich nun für die nächste Generation sein. Die Menschen von New Life waren mir anvertraut – vorübergehend –, damit ich zu ihrem und zum Wohl der Gemeinde den Kurs vorgab; aber es war Gottes Gemeinde, nicht meine. Ich war wirklich überzeugt: Das Beste, was ich New Life hinterlassen konnte, war ein geglückter Leitungswechsel. Und Geri hatte ebenfalls den Eindruck, dass jetzt der richtige Zeitpunkt war. Wir waren noch relativ jung. Wer konnte wissen, was Gott noch mit uns vorhatte – auch wenn wir beide gern in New Life bleiben wollten?

Insofern war alles im Lot. Trotzdem spürte ich, wie sich allmählich in mir eine große Traurigkeit breitmachte.

Trauer bis zum Rand der Depression

Mein Trauerprozess dauerte fast zwei Jahre. Warum die Sache mich so niederdrückte, verstand ich selbst nicht – schließlich hatte ich sie ja eigenhändig ins Rollen gebracht. Und ich war mir sicher: Wir taten, was Gott wollte. Aber ein anderer Teil von mir wollte die vertraute Position nicht aufgeben, die ich so lange gehabt hatte. Denn ich spürte bald, dass die Gemeindeglieder mir schon jetzt anders begegneten.

Meine Gefühle lagen blank und das zeigte mir: Ich musste mir Hilfe holen – am besten bei Menschen, die ähnliche Übergänge erfolgreich bewältigt hatten. Die drei Menschen, deren Rat ich suchte, erwiesen sich als unschätzbare Hilfe – auf unterschiedliche Weise: Ich ging noch einmal den Prägungen aus meiner Ursprungsfamilie im Blick auf diesen besonderen Abschied auf den Grund. Ich durfte meine Situation aus der Perspektive eines anderen beleuchtet sehen. Und ich erhielt das Geschenk, dass jemand mich auf die Fehler hinwies, die er selbst gemacht hatte, und mir vertrauensvollen Einblick in seine inneren Kämpfe gewährte, die meinen ganz ähnlich gewesen waren.

Diese Gespräche hielten mich aufrecht. Ja, was ich tat, war das, was Gott wollte. Aber ich fragte mich hin und wieder, ob ich die schmerzhafte Beschneidung überleben würde, die Gott da an mir vornahm. Meine Lebensaufgabe loszulassen – das war ein viel blutigerer und unschönerer Tod, als ich gedacht hatte.

Halt finden bei Gott

Es brauchte Zeit, bis ich mir erlauben konnte zu spüren, welchen Verlust dieser Übergang für mich bedeutete. Statt des in unserem Team üblichen einen Stillen Tags im Monat nahm ich mir jetzt einen zweiten. Ich brauchte diese Zeiten mit Gott unbedingt.

Nie zuvor hatte ich mich so intensiv mit den Texten der Passionsberichte beschäftigt. Wie hatte Jesus das gemacht, alles – buchstäblich alles! – loszulassen, bis dahin, dass er nackt und wehrlos an einem Kreuz hing, ein Gescheiterter, dessen Leben und Botschaft niemand verstanden hatte? Die Worte, die Jesus nach seiner Auferstehung dem Petrus sagt, wurden mir wichtig: „Als du noch jung warst … bist [du] gegangen, wohin du wolltest. Doch wenn du einmal alt bist, wirst du deine Hände ausstrecken und ein anderer wird … dich dahin führen, wo du nicht hingehen willst“ (Joh 21,18).

Zuzusehen, wie mein Einfluss abnahm und der von Rich wuchs, war eine ernüchternde Erfahrung. Ich stellte fest, wie sehr es mich irritierte zu erleben, mit welcher natürlichen Autorität er seine Aufgabe ausfüllte, wie entschlussfreudig und klar er führte. Die Gemeinde wuchs und alles lief weiter, als hätte es keinen Wechsel gegeben. Leute, die früher jeden Sonntag eine Umarmung von mir gebraucht hatten, wandten sich nun an Rich. Auf meiner Mailbox waren halb so viele Anrufe wie früher.

Mein Kopf sagte: *Wunderbar. Genau so soll es sein.* Aber in meinem Herzen kämpfte ich gegen eine leise Stimme: *Da siehst du's. Niemand braucht dich. Geh besser jetzt. Wenigstens bist du von selbst gegangen, bevor sie dich vor die Tür gesetzt hätten.*

Der Ort, an den Gott mich führte, war definitiv einer, an den ich nicht gewollt hatte: eine Verletzlichkeit, die ich nicht beherrschen konnte. Auf einer ganz neuen Ebene forderte Gott mich auf, das Kreuz anzunehmen, ja, zu sterben – und es war alles andere als erfreulich.

Unter dem Kreuz eine neue Identität finden

Irgendwann gestand ich es mir ein: Meine Identität gründete sich zu einem guten Teil auf meine Rolle als Hauptpastor. Und das war nach mehr als einem Vierteljahrhundert in dieser Position ja auch normal. Das war ich: Pete Scazzero, Gründer und Hauptpastor von New Life Fellowship, New York.

Und nun war da auf einmal ein Riss. Ein Abbruch. Die Worte,

die diese emotionale Wunde am besten für mich beschreiben, sind: *grausam, höchst qualvoll, erschreckend.* Es fühlte sich an, als würde ich sterben – ganz wörtlich. Diese Leitungsübergabe stellte mich plötzlich vor ganz andere Fragen als die, wie wir sie am besten organisierten. Es waren Fragen an mich selbst: Was waren wirklich meine Stärken und Schwächen, meine Gaben und Grenzen, meine Erfolge – und Misserfolge? Richs Rolle als leitender Pastor und seinen Führungsstil anzuerkennen, kostete mich manchmal viel. Besonders, wenn er Dinge besser machte als ich.

Und dann waren da die inneren Stimmen, die mich für wertlos erklärten, die ich oben schon genannt habe.

Jeder Abschied erfordert innere Arbeit. Aber dieser verlangte sie in ganz besonderem Maß und rührte an ungeheilte Wunden und Schwachstellen. Ich verstand langsam, wieso diese Übergänge so selten gelingen: Der Schmerz ist tief und unerbittlich, besonders für den, der einen Schritt zurücktritt.

Meine Gottesbeziehung war stark kontemplativ geprägt. Ich kannte mich einigermaßen gut mit mir selbst aus. Meine Identität bestand darin, dass ich „geliebter Sohn Gottes" bin (das dachte ich jedenfalls). Ich hielt Predigten und schrieb Bücher und Artikel darüber, wie man in Christus das eigene wahre Selbst findet. Aber dieser Abschied brachte es mit sich, dass eine weitere Schicht meines falschen Selbst verbrannt wurde – und das erschütterte mich fast bis ins Mark.

In diesen zwei Jahren erlebte ich aber auch Gottes Gnade. Der Schmerz ließ irgendwann nach. Langsam erlebte ich eine Art Auferstehung und – in den Jahren drei und vier – sogar so etwas wie übersprühende Lebensfreude. Aus dem Brief, den ich der Gemeinde 15 Monate vor der offiziellen Stabübergabe schrieb, hier ein Auszug:

> *Mein wichtigstes Anliegen ist und bleibt, dass New Life keinen Schaden nimmt und dass wir uns selbst treu bleiben. Ich werde Rich und das Leitungsteam vorbehaltlos unterstützen. … Ich leiste weiterhin meinen Beitrag in Predigt und Lehre,*

werde Einkehrtage leiten und auch als Mentor und Kleingruppenleiter zur Verfügung stehen – das alles unter der Leitung von Rich. Natürlich spüre ich auch Abschiedsschmerz, aber vor allem wünsche ich mir, dass wir gemeinsam erwartungsvoll und positiv auf die Zukunft zugehen. New Life ist eine Bewegung, keine Institution; es geht um unsere Gemeinschaft, nicht um einen Einzelnen, dem ein Denkmal gebaut werden müsste. … Deshalb: Bitte freut euch mit mir, dass wir mit Rich ab September 2013 einen neuen leitenden Pastor haben. Machen wir uns gemeinsam auf den Weg, den Gott mit uns gehen will; tun wir die Dinge, die er durch uns tun will. Ich glaube, wir gehen auf eine höchst aufregende Zeit in der Geschichte der Gemeinde zu, eine Zeit, in der wir wachsen und aufblühen werden.

Den Neuanfang gestalten

Mit diesem Brief begann bereits der Rollenwechsel zwischen Rich und mir – für 15 Monate noch auf Probe. Ich nahm nicht mehr an Sitzungen der Gemeindeleitung teil. Rich traf alle Leitungsentscheidungen zusammen mit den Gremien. Er gab den Kurs vor, brachte eine neue Vision ein. Wir hatten ein sehr gutes Jahr. Sowohl Geri als auch ich gaben in Predigten und Vorträgen die wichtigsten Erkenntnisse aus unserer Leitungszeit weiter. Als dann 2013 die Stabübergabe ganz offiziell und mit einem großen Fest gefeiert wurde, veränderte sich für das Mitarbeiterteam und die Gemeindeleitung gar nicht mehr viel. Wir lebten die neue Wirklichkeit ja bereits.

Während unseres gemeinsamen geistlichen Suchprozesses hatten wir den Eindruck gewonnen, es sei angemessen, wenn wir Richs Amtseinsetzung als Bundesschluss gestalteten: als feierliche Übereinkunft zweier Parteien, die beide bestimmte Verantwortlichkeiten und Verpflichtungen übernehmen. Es ist wie bei einer Eheschließung: Sobald dieser Bund geschlossen wird, geschieht etwas geistlich sehr Bedeutsames.

Im Einführungsgottesdienst am 6. Oktober 2013 bekräftigten Rich gegenüber der Gemeinde und die Gemeinde gegenüber Rich feierlich die Erklärungen, die wir gemeinsam formuliert hatten.[8] Die Gemeinde hatte nun ganz offiziell Rich als ihren leitenden Pastor anzunehmen. Wir spürten: Es wurde geistliche Autorität übertragen. Zugleich war es für mich fast so, als würde ich meine Tochter ihrem Ehemann zuführen – schließlich war die Gemeinde ja das Kind, das ich zur Welt gebracht hatte. Der Psychologe Edwin Friedman schreibt über derartige Übergänge: „Dass sie gelingen, hängt davon ab, dass der Vorgänger in der Lage ist loszulassen – und zugleich die Verbindung aufrechtzuerhalten."[9]

Nach diesem Tag änderte sich in der Arbeitsbeziehung zwischen Rich und mir nichts. Und doch hatte sich alles verändert. Die geistliche Autorität war von einem Leiter auf einen anderen übergegangen. Jeder, der an einem der drei Einführungsgottesdienste teilgenommen hatte, die wir gefeiert hatten, hatte gespürt: Hier war etwas wirklich Schönes und etwas Übernatürliches geschehen.

Geri hatte mir schon früher immer gesagt: „Pete, du hältst dich für unersetzlich. Warte nur ab: Es dauert kein halbes Jahr und sie haben dich vergessen." Sie lag falsch. Die meisten Leute hatten mich schon vergessen, *bevor* ich meinen Posten als Hauptpastor offiziell abgegeben hatte. Wir alle spürten so deutlich, dass Gott unter uns am Werk war, dass es keine Rolle mehr spielte, wer der leitende Pastor war. Immer noch kamen Menschen zum Glauben und erlebten, wie ihr Leben sich veränderte. Immer noch investierten Geri und ich unsere besten Kräfte in die Gemeinde. Nur dass jetzt noch frische Ideen, eine neue Vision und mehr Energie dazukamen, die Rich und eine neue Generation von verantwortlichen Leitern einbrachten.

Diese letzten Jahre haben weit mehr gute Früchte gebracht, als wir uns je hätten vorstellen können. Die Gemeinde wuchs weiter, die Arbeit weitete sich aus und wir sind dabei, andere Standorte zu eröffnen. Das Programm „Emotional gesunde Spiritualität" zieht über New Life hinaus weite Kreise – bisher in über 25 Ländern weltweit. Geri und ich freuen uns über die weiterhin gute Arbeitsbeziehung zu Rich und unsere bleibende Verbundenheit mit New Life.

Ich schreibe dies beinahe zwei Jahre, nachdem ich nicht mehr Hauptpastor bin. Geri und ich müssen uns noch immer in unserer neuen Normalität orientieren. Es gibt immer noch Tage, an denen ich nach meinem Platz suche. Aber alles in allem muss ich sagen: Der Abschied aus der Rolle des leitenden Pastors und der Neuanfang unter einem neuen Hauptpastor gehören für mich zu den schönsten Höhepunkten meiner sechsundzwanzig Jahre in New Life Fellowship.

Die Perspektive des Nachfolgers

Mein Weg dahin, die Rolle des leitenden Pastors von New Life zu übernehmen, war vor allem von zwei Dingen gekennzeichnet: Freude und neuer Lebendigkeit. Natürlich habe ich auch einige Ängste durchlebt, ich könne die Aufgabe nicht ausfüllen. Aber insgesamt konnte ich mit Klarheit und Vertrauen auf meine neue Position als Hauptpastor zugehen. Dass das so war, schreibe ich fünf Geschenken zu, die ich erhielt und die für mich emotional gesunde Führungsqualitäten darstellen.

1. Pete hat eine Kultur geschaffen, die New Life in die Lage versetzen sollte, auch ohne ihn als Hauptpastor gut zu gedeihen. Damit hat er einem möglichen Nachfolger sozusagen eine Vollmacht ausgestellt. Schon Jahre vor dem Wechsel hat er das Predigtteam erweitert und so der Gemeinde die Chance gegeben, sich an unterschiedliche Stimmen von der Kanzel zu gewöhnen. Als seine Position dann tatsächlich übergeben wurde, war es für niemanden mehr ungewohnt.
2. Pete hat mir die Chance gegeben, sozusagen eine „Testfahrt" als Hauptpastor zu machen, ohne ihn an der Seite zu haben, indem er eine halbjährliche Sabbatzeit nahm, in der er nicht in New Life auftauchte. Ich musste in dieser Zeit Entscheidungen treffen, das Team leiten, häufig predigen und konnte einen Vorgeschmack davon bekommen, was es bedeutet, leitender Pastor der Gemeinde zu sein. Auf diese Zeit hätte ich nicht verzichten wollen.

3. Pete, Geri und die Ältesten respektierten, dass meine Frau ihren eigenen Weg in dieser Frage ging. Zu keinem Zeitpunkt drängte man sie in eine bestimmte Rolle als Frau des leitenden Pastors. Vielmehr machten Geri, Pete und die Ältesten ihr Mut, ihren Platz zu finden und ganz sie selbst zu sein. Wäre es anders gewesen, hätte mir das ein Zugehen auf meine neue Aufgabe sehr erschwert.
4. Dass wir die einzelnen Stationen des Übergabeprozesses klar benannt hatten, war entscheidend, damit der Wechsel reibungslos vonstattengehen konnte. Jedes der vier Jahre bis zum Wechsel war sorgfältig so strukturiert, dass wir die Veränderungen wahrnehmen und reflektieren konnten. Im vierten Jahr (dem „Testlauf") lief intern alles bereits so, als habe der Wechsel schon offiziell stattgefunden. Dass wir Erwartungen klar formuliert hatten, half uns in unseren Gesprächen und Planungen.
5. Dass ich voller Freude auf die neue Verantwortung zugehen konnte, verdanke ich der Bestätigung und Ermutigung, die ich immer wieder von Pete, von der Gemeindeleitung und vom Mitarbeiterteam erhielt. Sie gaben mir das Zutrauen, dass ich meine Sache gut machte und die Gemeinde wirklich als Hauptpastor leiten konnte. Die anerkennenden Worte schenkten mir auch inneren Frieden und die Gewissheit, dass ich auf der richtigen Spur war.

Vier Fragen, die Sie sich stellen sollten

Werfen wir abschließend noch einmal einen Blick auf die vier zentralen Aspekte des inneren Lebens eines emotional gesunden Leiters – und wie sich diese auf den Umgang mit Abschieden und Neuanfängen anwenden lassen.

- **Sich dem eigenen Schatten stellen.** Inwiefern könnten mein Schatten und Erfahrungen aus meiner Ursprungsfamilie es mir erschweren zu erkennen, wann ein Abschied oder Neuanfang nötig ist? Könnte ich aufgrund bestimmter Erfahrungen versucht sein, notwendigen Wartezeiten oder „dunklen Nächten" auszuweichen? Gibt es frühere Prägungen, die mich daran hindern, loszulassen und mich in Zeiten der Orientierungslosigkeit an Gott zu klammern, besonders wenn meine Welt sich aufzulösen droht?

- **Führen aus einer guten Ehe oder einem erfüllten Singleleben.** Wie könnte mein Ehepartner oder könnten gute Freunde mich darin unterstützen, in Abschiedssituationen ganz besonders die Nähe zu Gott zu suchen? Können sie mir in solchen Zeiten gute Berater sein? Inwiefern kann meine Berufung, ein lebendiges Zeugnis der Liebe Gottes zu sein – ob in einer Ehe oder als Single –, mir in Übergangsphasen Anker und Halt sein?
- **Der Liebe Gottes Raum geben.** Wie finde ich in Übergangssituationen ausreichend Zeit für die Gemeinschaft mit Jesus, um klar zu erkennen, was ich loslassen und worauf ich zugehen soll? Kenne ich geistliche Übungen, die mir helfen, auf Gottes Zeitpunkt zu warten? Folgende Fragen kann ich mir stellen: *Was sollte ich zum jetzigen Zeitpunkt meines Lebens loslassen – in meinem persönlichen Leben und in meiner Führungsaufgabe? Was wartet an Neuem auf mich – persönlich oder als Leiter?*
- **Den Ruhetag feiern.** Höre ich in den kleinen Abschieden, die mein wöchentlicher Ruhetag mit sich bringt, Gottes Stimme? Was möchte Gott mir sagen? Brauche ich vielleicht eine längere Sabbatzeit, um Klarheit über die nächste Wegstrecke zu gewinnen? Wie kann die Erfahrung von wohltuenden Grenzen und Pausen aus meiner Sabbatpraxis mir helfen, auch Aufgaben, Lebensphasen oder wichtige Dinge in meinem Leben loszulassen und gut abzuschließen?

Machen Sie den Test!

Prüfen Sie, wie gut es Ihnen gelingt, Abschiede und Neuanfänge zu gestalten. Selbsteinschätzungstest und Auswertung finden Sie unter: www.glaubensriesen.de → für Leiter

Wenn Sie Altes loslassen und Neues beginnen, ist eines garantiert: Sie werden sich mit unterschiedlichen Ängsten und Fragen auseinandersetzen müssen. Vielleicht geht es Ihnen so wie mir und Sie beißen sich an Gedanken an Worst-Case-Szenarios fest. Da kann man schon mal in Panik geraten. Für den Fall, dass das eintritt, möchte ich Sie ermutigen: Stehen Sie die Sache durch. Denn es stimmt: Auf der anderen Seite von Abschied und Tod wartet eine Auferstehung. Das ist der Kern unseres christlichen Glaubens: Das wahre Leben erwächst aus dem Tod. Wenn wir uns an Jesus halten, gibt es immer einen neuen Anfang.

Anmerkungen

Vom Agnostiker zum Pastor mit Führungsqualitäten

1 Geri beschreibt ihre Geschichte und ihren Weg zu einer emotional gesunden Spiritualität in: Geri Scazzero, *Ich geb auf mich acht. Eigene Bedürfnisse wahrnehmen, Nein sagen lernen* (Gießen: Brunnen, 2. Aufl. 2015).

2 Ausführlicher dazu in: Pete Scazzero, *Das Paulus-Prinzip. Warum Schwäche ein Gewinn sein kann* (Marburg: Francke, 2015), Kapitel 1.

Kapitel 1: Der emotional unreife Leiter

1 Weitere Materialien, Selbsteinschätzungstests und Auswertungshilfen zu den Themen der einzelnen Kapitel finden Sie unter: www.glaubens-riesen.de → für Leiter

2 Siehe dazu Der 5-Schritte-Prozess der Veränderung, S. 42 f.

Kapitel 2: Sich dem eigenen Schatten stellen

1 Parker Palmer, „Leading from Within", in: Larry Spears (Hg.), *Insights on Leadership: Service, Stewardship, Spirit, and Servant-Leadership* (John Wiley: New York, 1998), 202.

2 Connie Zweig und Jeremiah Abrams, „Introduction: The Shadow Side of Everyday Life", in: *Meeting the Shadow: The Hidden Power of the Dark Side of Human Nature* (New York: Tarcher/Penguin, 1991), xvii.

3 Auch Gemeinden und Organisationen können einen Schatten entwickeln. Der bezieht sich dann meist auf den jeweiligen Auftrag oder die Zielsetzung. Ein Beispiel: Der Wunsch nach höheren Mitgliederzahlen wird zum einzigen und ausschließlichen Maßstab, an dem eine Gemeinde ihren Erfolg misst und alle ihre Entscheidungen ausrichtet. Nun sind wachsende Mitgliederzahlen zwar ein legitimer Maßstab für Effizienz, aber sie sind nicht alles. Wenn nur noch Zahlen zählen, besteht die

Gefahr, dass Mitarbeiter irgendwann nur noch als Mittel zum Zweck betrachtet werden.

4 Travis Bardberry, Jean Greaves, *Emotional Intelligence 2.0* (San Diego, CA: Talent Smart, 2009), 20–21. Dt. Titel: *Emotionale Intelligenz 2.0* (München: mvg, 2016).

5 Ebd., 129–134.

6 *Weisung der Väter. Apophtegmata Patrum* (Trier: Paulinus, 1998), Nr. 323, 117.

7 Ernest Becker, *Denial of Death* (New York: Free Press, Simon and Schuster, 1973), 128. Dt. Titel: *Dynamik des Todes* (München: Goldmann, 1982).

8 Wir können mit der Hilfe Gottes mehr und mehr frei werden von der verborgenen Macht des Schattens, aber wir werden ihn nie ganz los. Er verschwindet nicht völlig. Ähnlich wie Jakob nach dem Kampf am Jabbok „hinken" wir. Aber anders als vorher wissen wir nun von unserem Schatten und vertrauen umso mehr bei jedem Schritt auf Gottes Gnade und Hilfe.

9 Joshua Wolf Shenk, *Lincoln's Melancholy: How Depression Challenged a President and Fueled His Greatness* (New York: Houghton Mifflin, 2005), 159.

10 Ausführlicher dazu Geri Scazzero, *Ich geb auf mich acht* (a.a.O.), Kap. 4.

11 Vorlage und Anleitung, um ein eigenes Genogramm zu erstellen, finden Sie unter: www.glaubensriesen.de → für Leiter

12 Im deutschen Sprachraum vor allem bekannt durch: Richard Rohr, Andreas Ebert, *Das Enneagramm. Die neun Gesichter der Seele* (München: Claudius, 44. Aufl. 2008).

Kapitel 3: Führen aus einer guten Ehe oder einem erfüllten Singleleben

1 Mehr dazu in: Peter Scazzero, Geri Scazzero, *Liebe redet Klartext. 8 Basiskompetenzen für ein gelingendes Miteinander. Praxisbuch für Kleingruppen* (Gießen: Brunnen, 2017), 43 ff.

2 Mehr zu Bubers Verständnis in: Peter Scazzero, *Glaubensriesen – Seelenzwerge?* (Gießen: Brunnen, 2008), 194 ff.

3 Zu diesem Thema sehr anregend zu lesen ist: Johannes Paul II., *Mann und Frau schuf er* (Oberpframmern: Neue Stadt, 1994).

4 Bis zum 5. Jahrhundert galt die Ehelosigkeit eindeutig als bevorzugter Stand der Heiligkeit. Gegenüber Jungfräulichkeit und Witwenstand

war die Ehe die Form eines „drittklassigen" Christseins. Siehe: Carolyn A. Osiek, David L. Balch, *Families in the New Testament World: Households and House Churches* (Louisville, KY: Westminster John Knox Press, 1997).

5 Diese Sicht der Ehe als oberste Priorität und wichtigste Evangliumspredigt verdanke ich Ron und Kathy Feher, den Gründern der Initiative Living in Love. Mehr auf www.livinginlove.org.

6 Erste Ansätze dieser Umsetzung biblischer Theologie gehen zurück auf einen Thinktank zum Eheverständnis, den der Jesuit und Priester Chuck Gallagher initiiert hat. Gallagher ging es darum, eine Spiritualität der Ehe zu formulieren, die in Christus und seiner Liebe wurzelt.

7 Papst Johannes Paul II hat treffend dargelegt: Gott wollte seine Vorstellung für die Ehe so offensichtlich machen, dass er sie unserem Körper aufgeprägt hat: Er schuf uns als Mann und Frau. Die sexuelle Vereinigung weist über sich hinaus; sie ist ein tiefes Geheimnis, letztlich ein Vorgeschmack auf unsere Vereinigung mit Jesus, der uns vollkommen liebt. Siehe dazu: Johannes Paul II., *Mann und Frau schuf er* (a. a. O.).

8 Die Formulierung verdanke ich Ron und Kathy Feher. S. Anm. 5.

9 Um nur einige Beispiele aus Deutschland bzw. Europa zu nennen: die Christusbruderschaft Selbitz, die Communität Casteller Ring, die Kommunität Imshausen und – wohl am bekanntesten – die gegen Ende des Zweiten Weltkriegs gegründete Communauté de Taizé. Ihr Gründer, Frère Roger Schutz, war evangelischer Pfarrer.

10 Nur der Prophet Jeremia erhielt den Auftrag, nicht zu heiraten – und das war eine prophetische Zeichenhandlung.

11 Parker Palmer, *Let Your Life Speak* (San Francisco: Jossey-Bass, 2000), 30–31.

12 Rodney Clapp, *Families at the Crossroads* (Downers Grove, IL: Intervarsity Press, 1993), 101.

13 Wenn uns die Lebensqualität unserer Mitarbeiter – Verheiratete und Singles – wirklich wichtig ist als Form der Evangeliumspredigt, dann müssen wir auch lernen, Beziehungen zwischen Männern und Frauen gut zu gestalten (und sie nicht nur als mögliche Quelle der Versuchung ansehen). Wenn diesem Thema keine Beachtung geschenkt wird, führt das häufig dazu, dass vor allem unverheiratete Frauen in ihren Führungsqualitäten zu wenig gefördert werden. Es sollte uns aber ein Anliegen sein, in der Gemeinde einen erwachsenen Umgang von Männern

und Frauen zu kultivieren, der beiden hilft, ihre jeweilige Berufung so gut wie möglich zu leben.

Kapitel 4: Der Liebe Gottes Raum geben

1 Aus Edwards' Predigt „Love More Excellent than the Extraordinary Gifts of the Spirit" zu 1 Kor 13,1; siehe www.biblebb.com/files/Edwards/charity2.htm; Zugriff am 23.11.2016.
2 Hans Urs von Balthasar, *Das betrachtende Gebet* (Freiburg: Johannes Verlag Einsiedeln, 5. Aufl. 2003).
3 Jesus war Gott. Und er war zugleich ganz Mensch. Als solcher stellt er uns vor Augen, wie ein Leben aussieht, das erlöst ist und im Heiligen Geist gelebt wird – nämlich in liebender Verbundenheit, ja Einheit mit dem Vater.
4 4 Mo 2,32.
5 Gern empfehle ich ein lesenswertes Buch zu diesem Thema: Alicia Britt Chole, *Anonymous: Jesus' Hidden Years and Yours* (Nashville: Nelson, 2006).
6 Robert C. Gregg, *Athanasius: The Life of Antony and the Letter to Marcellinus, Classics of Western Spirituality* (Mahwah, NJ: Paulist Press, 1980), 81.
7 *The Sayings of the Desert Fathers: The Alphabetical Collection* (Kalamazoo, MI: Cistercian, 1975), 8.
8 In meinem Buch *Glaubensriesen – Seelenzwerge?. Geistliches Wachstum und emotionale Reife* (Gießen: Brunnen 2008) widme ich dem Thema der Lebensregel ein ganzes Kapitel (S. 207–222).
9 Ausführlicheres zum Stundengebet und eine Anleitung für 40 Tage bietet: Peter Scazzero, *Mitten am Tag bist du mir nah* (Gießen: Brunnen, 2012).
10 Unter dem Stichwort „Gebet der liebenden Aufmerksamkeit" finden Sie viele Webseiten, die Näheres zu diesem Gebet und seinem Ursprung erläutern.

Kapitel 5: Den Ruhetag feiern

1 Ausführlicher zu diesem Thema siehe Peter Scazzero, *Glaubensriesen – Seelenzwerge?* (a.a.O.), 179–186.
2 Abraham Heschel, *The Sabbath: Its Meaning for Modern Man* (New York: Farrar, Straus, Giroux, 1951).
3 In Anlehnung an Brene Brown, *I Thought It Was Just Me (But It*

Isn't): Making the Journey from „What Will People Think?" to „I Am Enough" (New York: Gotham, 2012); Ernest Kurtz, *Shame & Guilt*, 2. Aufl. (New York: iUniverse, Kindle edition), location 211.

4 Auf der englischsprachigen Website: workaholics-anonymous.org (Zugriff am 4.1.2017) können Sie anhand von 20 Fragen herausfinden, ob Sie ein Workaholic sind. Ähnliche Tests finden sich auch auf deutschsprachigen Websites.

5 Francine Klagsbrun, *Jewish Days: A Book of Jewish Life and Culture around the Year, illustriert von Mark Podwal* (New York: Farrar Straus Giroux, 1996), 9–10.

6 Ich verdanke diese Einsicht vielen Büchern und Artikeln von Eugene Peterson zu diesem Thema und seiner gründlichen Exegese in: *Christ Plays in Ten Thousand Places: A Conversation in Spiritual Theology* (Grand Rapids, MI: Eerdmans, 2005).

7 Walter Wink, *Naming the Powers: The Language of Power in the New Testament* (Minneapolis, MN: Fortress Press, 1984), 5.

8 Walter Brueggemann, *Sabbath as Resistance: Saying No to the Culture of Now* (Louisville, KY: Westminster John Knox Press, 2014), 10.

9 Elie Wiesel, *All Rivers Run to the Sea: Memoirs* (New York: Alfred A. Knopf, 1995), 87.

10 Jürgen Moltmann, *Theology of Play* (New York: Harper and Row, 1972), 17. Dt. Ausgabe nicht zu ermitteln. Hier zitiert nach: https://www.theomag.de/24/pd1.htm; Zugriff am 10.1.2017; dort ohne Quellenangabe.

11 Moltmann, *Theology of Play* (a.a.O.), 18. Dt. Ausgabe nicht zu ermitteln.

12 Neukirchen-Vluyn: Neukirchener Verlag, 1990. In Deutschland erhältlich ist auch Franziskus Joest, *Den Sonntag feiern: Die Wiederentdeckung des ersten Tags der Woche* (Gnadenthal: Präsenz, 2012).

Kapitel 6: Planen und Entscheiden

1 So zitiert in: Jeannine K. Brown, Carla M. Dahl, Wyndy Corbin Reuschling, *Becoming Whole and Holy: An Integrative Conversation about Christian Formation* (Grand Rapids, MI: Baker Academic, 2011), 188.

2 Zitiert nach: Paul Geißendörfer, *Komme zu dir selbst* (Vellmar: Ev. Buchhilfe, 1990).

3 Ignatius von Loyola, *Geistliche Übungen* (Würzburg: Echter, 2008), „Prinzip und Fundament", 39.

4 Eine gute Anleitung, wie man einen solchen gemeinsamen Unterscheidungs- und Entscheidungsprozess angehen kann, bietet: Ruth Haley Barton, *Pursuing God's Will Together: A Discernment Practice for Leadership Groups* (Downers Grove, IL: InterVarsity Press, 2012), 187–200.
5 „Wenn du einen hochmütigen Spötter schlägst, werden Einfaltspinsel eine Lehre daraus ziehen" (Spr 19,25).
6 „Pläne scheitern, wo es keine Beratung gibt, aber mit vielen Ratgebern gelingen sie" (Spr 15,22).

Kapitel 7: Gemeindekultur und Teamentwicklung

1 Gefunden bei: Edwin H. Friedman, *Friedman's Fables* (New York: Guilford Press, 1990), 25–28.
2 Scott W. Sunquist, *Understanding Christian Mission: Participation in Suffering and Glory* (Grand Rapids, MI: Baker, 2013), 244.
3 Die Definition stammt von dem Journalisten Ken Myers, zitiert nach: Andy Crouch, *Playing God: Redeeming the Gift of Power* (Carol Stream, IL: InterVarsity Press, 2013), 17.
4 Ausführlichere Hinweise und praktische Übungen zur „Leiter der Wahrhaftigkeit" finden Sie in: Peter Scazzero, Geri Scazzero, *Liebe redet Klartext. 8 Basiskompetenzen für ein gelingendes Miteinander. Praxisbuch für Kleingruppen* (a.a.O.), 49ff.
5 Diese Technik ist für den Umgang mit kleineren Irritationen gedacht, nicht für große Konflikte. Ausführlichere Hinweise und praktische Übungen zu dieser und den anderen Basiskompetenzen finden Sie in: Peter Scazzero, Geri Scazzero, *Liebe redet Klartext. 8 Basiskompetenzen für ein gelingendes Miteinander. Praxisbuch für Kleingruppen* (a.a.O.).
6 Auf den deutschen Webseiten finden sich diese Kriterien in leicht veränderter Form. Näheres dazu unter http://www.nge-deutschland.de/GP-D/durchfuehrung/Gp_erstellen.htm und allgemein unter http://nge-deutschland.de/faq/faq.htm.
7 Siehe „How to Take the NCD survey" unter http://ncd-canada.com oder http://www.ncd-international.org.

Kapitel 8: Macht und gesunde Grenzen

1 Richard M. Gula, *Just Ministry: Professional Ethics for Pastoral Ministers* (Mahwah, NJ: Paulist Press, 2010), 123.

2 Das Folgende ist meine Adaptation von Richard Gulas Diskussion über die Dynamik der Macht in: *Just Ministry* (a. a. O.), 117–155.
3 Stanley Hauerwas, William H. Willimon, *Resident Aliens: A Provocative Christian Assessment of Culture and Ministry for People Who Know Something Is Wrong* (Nashville, TN.: Abingdon, 1989), 121–127.
4 Richard A. Blackmon, Archibald D. Hart, „Personal Growth for Clergy", in: Richard A. Hunt, John E. Hinkle, *Clergy Assessment and Career Development* (Nashville: Abingdon, 1990), 40.
5 Beispiele für eine mögliche Bestandsaufnahme der eigenen Einflussmöglichkeiten finden Sie unter: www.glaubensriesen.de → für Leiter
6 Unter www.glaubensriesen.de → für Leiter finden Sie zehn hilfreiche Prinzipien für den Umgang mit Macht und für gesunde Grenzen.
7 Im Folgenden beziehe ich mich auf die Arbeit der Ethikerin Martha Ellen Stortz, *PastorPower* (Nashville: Abingdon, 1993), 111–117.

Kapitel 9: Abschied und Neuanfang

1 Siehe dazu auch: Peter Scazzero, *Das Paulus-Prinzip* (Marburg: Francke, 2010), bes. 201–227.
2 Ich verdanke diese Einsicht William Bridges, *Transitions: Making Sense of Life's Changes: Strategies for Coping with the Difficult, Painful, and Confusing Times in Your Life* (Cambridge, MA: Da Capo Press, 2004). Dieses Buch hat mir viele biblische Texte über Abschied und Verlust neu erschlossen.
3 Es soll nicht unerwähnt bleiben, dass es natürlich auch Abschiede gibt, über die wir erleichtert sind. Aber vielleicht ist ein solcher Abschied für andere Beteiligte eher ein Tod. Als eine wichtige Mitarbeiterin New Life verließ, um in einen Orden einzutreten, war es für uns ein Tod – für sie der Beginn eines neuen Lebens.
4 Zitiert nach: John Ortberg, *Hüter meiner Seele. Ordne die verborgenen Welt deiner Seele – sie ist das Wertvollste, das du hast* (Asslar: Gerth Medien, 2015).
5 Ausführlicher dazu auch: Peter Scazzero, *Glaubensriesen – Seelenzwerge?* (a. a. O.), Kapitel 6: „Der Weg durch die Mauer".
6 Parker J. Palmer, *Let Your Life Speak: Listening to the Voice of Vocation* (San Francisco: Jossey-Bass, 2000), 54.
7 *Die Regel des heiligen Benedikt 5,7* (Beuron: Beuroner Kunstverlag 2006), 48.

8 Diese Erklärungen sind nachzulesen unter: www.emotionallyhealthy.org/succession; Zugriff am 4.1.2017.

9 Edwin Friedman, *Generation to Generation: Family Process in Church and Synagogue* (New York: Guilford Press, 1985), 250–273.

Peter Scazzero

Emotional gesunde Nachfolge

Kraftvolles Christsein leben.
Tiefe Veränderung erfahren.

256 Seiten, Hardcover
ISBN 978-3-7655-3729-5

Sehnen Sie sich nach einem kraftvollen Christsein, das von Liebe geprägt ist, das Gute in Verletzlichkeit und Grenzen sieht und aus der Ruhe bei Jesus kommt?

Dann nehmen Sie die Einladung an, Jesus auch an die tiefen Schichten Ihres Seins heranzulassen, falsche Muster zu durchbrechen und echte Veränderung zu erleben. Nur so kann ein tragfähiger Glaube wachsen, der Krisen nicht nur standhält, sondern sogar darin gedeiht. Wie man diesen Weg gehen und als Verantwortungsträger auch an das eigene Team weitergeben kann, beschreibt Bestsellerautor und Pastor Peter Scazzero anschaulich, packend und nachvollziehbar.

Den Begleitkurs zu „Emotional gesunde Nachfolge" von Peter Scazzero erhalten Sie unter der ISBN 978-3-7655-0888-2.

BRUNNEN VERLAG GIESSEN
www.brunnen-verlag.de